珍藏本
纪念版

汉译世界学术名著丛书

山中来信

〔法〕卢梭 著

李平沤 译

商务印书馆
SINCE 1897 The Commercial Press

2017年·北京

J. J. Rousseau
Lettres écrites de la Montagne
La Renaissance du Livre
Ed. Mignot, Editeur
根据米涅奥出版社新生丛书译出

卢梭　像

汉译世界学术名著丛书
（120年纪念版·珍藏本）
出版说明

2017年2月11日，商务印书馆迎来120岁的生日。120年前，商务印书馆前贤怀揣文化救国的理想，抱持“昌明教育，开启民智”的使命，立足本土，放眼寰宇，以出版为津梁，沟通中西，为中国、为世界提供最富智慧的思想文化成果。无论世事白云苍狗，潮流左右激荡，甚至战火硝烟弥漫，始终践行学术报国之志，无改初心。

迻译世界各国学术名著，即其一端。早在20世纪初年便出版《原富》《天演论》等影响至今的代表性著作，1950年代后更致力于外国哲学和社会科学经典的译介，及至1980年代，辑为“汉译世界学术名著丛书”，汇涓为流，蔚为大观。丛书自1981年开始出版，历时三十余年，迄今已推出七百种，是我国现代出版史上规模最大、最为重要的学术翻译工程。

丛书所选之书，立场观点不囿于一派，学科领域不限于一门，皆为文明开启以来，各时代、各国家、各民族的思想与文化精粹，代表着人类已经到达过的精神境界。丛书系统译介世界学术经典，引领时代思想，为本土原创学术的发展提供丰富的文化滋养，为推动中国现代学术和现代化进程做出了突出的贡献。

为纪念商务印书馆成立120周年，我们整体推出"汉译世界学术名著丛书"120年纪念版的珍藏本，寄望既利于文化积累，又便于研读查考，同时向长期支持丛书出版的译者、编者和读者致以敬意。

两甲子后的今天，商务印书馆又站在了一个新的历史时间节点上。我们不仅要铭记先辈的身影和足迹，更须让我们的步伐充满新的时代精神。这是商务人代代相传的事业，更是与国家和民族的命运始终紧密相连的事业。我们责无旁贷，必须做好我们这代人的传承与创造，让我们的努力和成果不仅凝聚成民族文化的记忆，还能成为后来人可以接续的事业。唯此，才能不负前贤，无愧来者。

商务印书馆编辑部

2017年10月

译 者 前 言

卢梭的《山中来信》共九封信，信中讲述的，不是山中景色，而是“涉及全国人民利益的大事”①。这九封信，实际上是九篇政治论文，是 18 世纪论战类文章中的一部杰作，其笔法之明快和产生的效果之巨大，读之往往令人想起 17 世纪同类文章中的另一杰作：《致一位外省友人书》。②

《致一位外省友人书》是 1665 年帕斯卡尔③为支持冉森派教士而发表的一部作品；在冉森派与耶稣会的论战中，冉森派屡落下风，直到帕斯卡尔的《致一位外省友人书》发表后，才扭转战局，反败为胜。关于此事，拙译帕斯卡尔《覃思集》的译后记中有这样一段话：“想当年，一病弱之帕斯卡尔孤身与教徒遍布全法国的耶稣会作战，仅几封信，就好似几颗重磅炮弹，不仅打蒙了学问渊博的神学院经师，而且还惊动了法国政府，甚至炮声还传到了罗马教廷，竟致后来法国一个地方的高等法院只好下令将书焚毁。下令焚毁，就是此书取得轰动效应的证明。”④

① 见本书第 253 页。

② 《致一位外省友人书》是简称，其全题是《就索尔邦神学院当前争论的问题致一位外省友人书》(1656—1657)。

③ 帕斯卡尔(1623—1662)，法国哲学家和物理学家。

④ 帕斯卡尔：《覃思集》，李平沤译，百花文艺出版社 2002 年版，第 326 页。

同样，1764年，卢梭也以一多病之躯[①]孤军作战，在日内瓦的公民和有产者们为一方与日内瓦的政教两界权威人士为另一方的论战中，他为支持前者而发表的《山中来信》也好似几颗重磅炮弹，在日内瓦的公民和有产者们屡遭败北的时候，仅几封信就不仅扭转了战局，而且在日内瓦还引发了一场政治大地震，使实际掌握日内瓦政府权力的小议会几乎倒台，以致不得不下令将此书当众焚毁。[②] 下令将此书当众焚毁，就是此书取得轰动效应的明证。

一本薄薄的《山中来信》为什么会产生如此大的效果？它的作者采取了哪些战略和战术？它在哪一点上击中了对方的要害？书中有哪些论点值得我们今天深思？所有这些，都将成为我们深感兴趣的话题。

一、《山中来信》的写作起因

卢梭为什么要写《山中来信》这本书？这要从他的《爱弥儿》一书谈起。

1762年5月，《爱弥儿》问世不久，巴黎警察局就奉命查禁此书；6月9日，巴黎高等法院签发逮捕令捉拿卢梭，逼得卢梭不得不连夜逃离法国；6月19日，巴黎高等法院下令将《爱弥儿》当众焚毁。6月19日日内瓦小议会也步巴黎的后尘，将《爱弥儿》连同《社会契约论》一起撕成碎片焚烧，并下达命令："只要《爱弥儿》的

---

① 卢梭身体虚弱，历来多病，他在《忏悔录》中曾多次谈到他的病情，此次在《山中来信》的序言中也提到这一点，他说："我的身体状况不允许我接连不断地成天工作。"

② 在日内瓦之后，巴黎、海牙等地当局也下令焚烧此书。

作者一踏上日内瓦的领土，就立即逮捕。”

卢梭是日内瓦的公民。日内瓦的公民和有产者们认为，不经过审讯就下令逮捕一位公民，是不符合法律程序的，是践踏法律的违法行为。法律受到践踏，就不只是事关卢梭一个人的问题，如果容许小议会开此恶劣的先例，则全体人民的自由和人身安全就无法保障。于是纷纷表示抗议，在短短的两个月内就三次派代表团向小议会郑重提出《意见书》，要求撤销对卢梭的逮捕令，而小议会则利用手中的“否决权”，对公民和有产者们的《意见书》不是三言两语加以驳斥，就是干脆置之不理，最后由总检察长特农香匿名发表一本题名为《乡间来信》的小册子作为对公民和有产者们《意见书》的总的答复。果然，特农香的《乡间来信》一发表，公民和有产者们就被打得“哑口无言”。关于当时公民和有产者们阵脚大乱的情形，卢梭后来在《忏悔录》中有如下一段描述：

> 争吵的双方都发表了许多小册子，大打笔墨仗。正当双方打得难解难分之时，《乡间来信》这本支持小议会的小册子突然问世，一下子就把反对派打得哑口无言，有一段时间几乎溃不成军。这本小册子写得实在好；……它出自总检察长特农香之手。此人聪明干练，对共和国的法律和重大国策十分精通。大地一片沉寂。
>
> 反对派消沉一段时间之后，……把眼睛转过来望着我，认为只有我才能与那样的对手较量，并把他打倒在地。……在他们的敦促下，我便答应了承担这个批驳《乡间来信》的工作。首先，我要在文章的标题上与他们唱对台戏，我针锋相对地用

《山中来信》作为我的文章的标题。[①]

《山中来信》这本书，就是在这样的背景下产生的。

从卢梭的这段话中可以看出，他承担的这一工作是很艰巨的，因为对方是日内瓦政法部门的一位高官，对日内瓦的法律和重大国策十分精通；相反，卢梭只是一介平民，自1728年还不满十六周岁时就离开了日内瓦，在国外漂泊了大半生，不仅对日内瓦的政治、宗教和社会等各方面的情况已十分隔膜，而且正在逃亡途中，手中没有有关的资料可查，仅凭反对派即书中所说的持不同意见者们提供的一点材料，想与官居总检察长的特农香对垒，其困难之多和风险之大可想而知；万一胜不过对方，则日内瓦的公民和有产者们必将全军覆没，从此坠入万劫不复的深渊。较量的结果，卢梭胜利了。他选好时机，在1765年1月日内瓦举行选举前夕发表此书，为日内瓦的公民和有产者们提供了一个有力的理论武器，成功地反击了《乡间来信》和它所支持的小议会的图谋。

二、全书的文字布局

全书分两部分：第一部分和第二部分。第一部分论述的是神学和法学问题，第二部分论述的是政治问题。第一部分计六封信；前五封信集中为他自己的宗教信仰和他的著作《爱弥儿》辩护。他认为，在有关他的信仰问题上，只有教规督导委员会才有权审理，

① 卢梭：《忏悔录》，李平沤译，商务印书馆2010年版，下册，第794—795页。

小议会在教规督导委员会未审理前对他发布的逮捕令是不符合法律程序的,是非法的、无效的。至于说到他的《爱弥儿》中的那篇《信仰自白》,他认为其中讲述的都是有益世人的言论。他说:"只要稍微观察一下在我这本书出版时的欧洲的宗教状况,你(指收信人——引者)就会发现这本书定将到处大受欢迎……一本不指摘谁和不排斥谁的书,谁读起来会不高兴呢? ……它让每个人都诚心遵奉自己的信仰而且不干扰别人的信仰,人们到处都敬奉上帝,爱邻人,服从法律;这样一本把良好的宗教的种种要义全都讲得详详细细的书,谁不喜欢读呢?"①

在第二和第三封信中,他用了很长的篇幅谈论《圣经》中所说的"奇迹"问题。他说:耶稣基督宣讲的是真理,不需要用什么奇迹来证明他的使命;把《圣经》中的那些关于奇迹的荒诞不经的话都通通删去,则全世界的人都会对耶稣基督顶礼膜拜了。

第六封信是全书文字最短的一封信;信中谈论的是他的《社会契约论》。由于《乡间来信》的作者没有对这本书提出明确的指摘,所以卢梭无从对这位作者做出具体的反驳,只简述了一下《社会契约论》的要点,并提出一个令他感到十分奇怪的问题。他说他的书探讨的是一般的政治问题,而日内瓦的小议会却说它是旨在推翻各国的政府。他问:如果这本书真是像小议会所说的那样的话,为什么它"没有遭到任何一个国家的禁止"呢? 他说他在书中"只宣扬了一个政府,把这个政府作为楷模,然而就唯独我所宣扬的这个政府下令把它烧了,……这岂不是很奇怪的吗?"②

① 见本书第161页。
② 见本书第173页。

第二部分的三封信讲的是两个主题：一个是着重剖析日内瓦的公民和有产者们当前的处境及改变此种处境的途径；另一个是详细揭露小议会破坏法律的手段及如何防止小议会窃夺大议会的立法权力。

他告诉日内瓦人："既然已经知道你们的处境已经坏到不能再坏的地步，你们就应当起来果断行动。……当前的问题不是空谈而是行动；如何选择对策，这不是什么大问题，即使所选的对策不好，你们也要大家共同执行。只要你们共同执行，它就会变成好对策；只要你们齐心协力去做，你们就会把一切该做的事情做得非常圆满。以上就是我的忠告。我以提忠告开始写这几封信，也以提忠告结束这几封信。"①

一本书的谋篇布局，是与作者要达到的目的分不开的。卢梭从他个人谈起，他说他"谈论的问题虽小，但想达到的目的却很大。"②他谈他个人，但他不是为他个人的利益辩护；他谈他个人的时候，也想起了日内瓦人。他说："在谈及我个人的时候，我想到了你们。你们的问题同我的问题是如此紧密地联系在一起，以致，只要解决了其中的一个，也就解决了另一个。"③

这段言简意赅的话，概括了作者的目的。《山中来信》就是为达到这一目的而作的。

三、18世纪的日内瓦

最后，简要回顾一下18世纪的日内瓦，看一看《山中来信》是

① 见本书第284和286页。

② 见本书第3页。

③ 见本书第179页。

在怎样一个历史背景下发表的，这对我们了解它对当时日内瓦的政治生活和社会生活产生的影响，是有用的。

关于18世纪的日内瓦，首先要数达朗贝尔1757年发表在《百科全书》第7卷中的词条《日内瓦》对它讲述得最详细；他说：

> 这是一件非常奇怪的事情：一个仅有两万四千公民的城市，在它零零散散的土地上总共不到三十个村庄，也公然是一个主权国家，是欧洲最繁荣的城市之一。它以享有自由和善于经商而成为富国。在它的周围，战争从来没有间断过，但它一点也不感到战火纷飞之苦；那些震撼欧洲的大事件，在它看来只不过是一场戏，它袖手旁观，从来不参加。它和法国有条约和贸易关系，它和英国有宗教和贸易关系，但它十分明智，在这两个大国互相攻打的时候，从来不站在任何一边。它不偏不倚地给它们主持公道，评判各国的君王，既不吹捧谁，也不伤害谁，更不怕谁。……

达朗贝尔对这个地处欧洲中心的小共和国的内政和外交是如此的高度赞扬，以致认为：

> 我们对其他比日内瓦大的君主国，也许还写不出这么长的条目。在哲学家看来，蜜蜂的共和国的历史之引人入胜，并不次于大帝国的历史。也许正是在小国身上，我们可以找到一个完善的政府施政的模型。如果宗教不允许我们说日内瓦人没有很好地为他们的天堂生活积福的话，理智却使我们不能

不认为他们在这个世界上享受到了人间可能享受到的幸福。[①]

是的，1536年加尔文在日内瓦推行宗教改革，摆脱了主教派教会和萨瓦公国的统治后，便建立了一个城邦式的共和国，城市一天比一天繁荣，尽管1755年伏尔泰到日内瓦定居之后，给这个信奉加尔文教义的城市带来了自由主义的哲学思想，但日内瓦依然是一个政教合一的贵族制国家。城中的居民"分成好几等人，只有出生在日内瓦而且其父亲已经是公民即有财产的人，才够资格被称为公民。这一等人享有公民权和其他政治权利，有权从事各种各样的职业和当选为主要的官员。在公民之后，是有产者；这一等人是靠他们的财力取得这种资格的；他们虽不能谋得一官半职，但在大议会中有投票权。……在这两等人以外，民主的范围就缩小了。"一般的普通人，如士兵、雇佣军和耕种日内瓦人经营的土地的农民，都不享有公民和有产者享有的政治权利。

"然而，即使是公民与有产者享受的权利也是有限的。是的，他们在大议会都有一个席位，从理论上说都是主权者，但他们享受的特权也只不过是由他们在小议会提名的八位候选人中选四位行政官即主要的官员而已。真正的政府是小议会，成员有二十五个人，是由二百人议会中推选出来的，而这二百人议会的人选是由小议会指定的。这叫'民主'吗？至少从'民主'这个词的现代意义上

① 达朗贝尔的这篇《日内瓦》长约一万字，对日内瓦的政治、宗教和社会生活描述极详，卢梭对它也十分欣赏，他说："关于你们的政治体制，在达朗贝尔先生的那篇《日内瓦》中已经谈得很详细了，如果我为你们另外再写一篇文章的话，那是多余的。"关于这个词条，请参见本书第192页译者注。

说，日内瓦的‘民主’不是民主；它搞的那一套，实际上是几个富有的家族的寡头政治。”①

面对这样一个政治体制的国家，卢梭将如何为日内瓦人指出一条走出困境的道路呢？

1734 年，日内瓦发生了一场严重的内部纷争，纷争持续了三年多，直到 1738 年才由法国、苏黎世和伯尔尼三国的全权代表从中斡旋，按自然法学家主张的权力均衡原则制定了一部《调停法》，与日内瓦的宪法同为国家的基本大法。卢梭一条一条地分析了这部《调停法》的优点和缺点与文字表述含混不清的地方。他说：“我绝不冒冒失失地批评那个《调停法》，相反，我非常赞赏它的明智和公允；《调停法》是共和国的救星，只要没有人阻挠它的实施，它必能保持共和国的存在。”②

卢梭为日内瓦人指出的这条道路是否畅通？有哪些困难和障碍需要克服？这要等我们把《山中来信》全书读完以后，才能做出评论。

四、结束语

卢梭是一位政治哲学家，一生著述甚多，但他为某一特定国家撰写的著作，只有三部。一部就是这本为日内瓦人写的《山中来信》，另外两部是：1765 年为科西嘉人写的《科西嘉制宪意见书》和

① 雷蒙·特鲁松：《卢梭传》，李平沤、何三雅译，商务印书馆 1998 年版，第 3—4 页。

② 见本书第 190—191 页。

1771年为波兰人写的《论波兰的治国之道》。我们期待着这两部书能相继有中文译本问世，到时，把这三部书合起来研究，将有助于我们更深入地了解卢梭的政治思想和他如何把他的《社会契约论》运用于不同国情的国家。

李平沤

2011年5月

目　录

山中来信

第二部分

山中来信

序

我觉得，现在再来谈论一个已经有人多次谈论而且几乎已被人遗忘的老问题，实在是为时太晚了。我的身体状况不允许我接连不断地成天工作，再加上我对论战之类的事情已感到十分厌烦，因此我迟迟没有动笔写这几封信，更不愿意把我写的这几封信公开发表。如果问题只涉及我，我也许把这几封信完全销毁了，或者说得更确切一点，我根本就连一封信也不该写。然而，我的祖国并未变得与我如此的毫无关系，以致我可以眼睁睁地看着它的公民遭受压迫而无动于衷，尤其是在他们完全是为了我的事情奔走呼号才使他们的权利遭到侵害的时候，我就更不能坐视不管了。在这件事情上，如果我抱着一种比袖手旁观更糟糕的胆小怕事的心情撒手不管的话，我就会成为人类当中最可鄙的人。

我承认，对公众来说，这几封信中提到的事情并不那么重要。一个小共和国的宪法，一个小人物的命运，对某些不公正的事情的申诉，对某些似是而非的论调的驳斥：所有这些，它们的本身并不是关系重大到非要许多读者都知道不可的。不过，我谈论的问题虽小，但我想达到的目的却很大，值得一切正直的人们的关心。如果日内瓦独断专行就让它独断专行，卢梭蒙受冤屈就让他蒙受冤屈，这样下去，我们的宗教，我们的自由和正义，岂不堪虑！问题的关键就在这里。不论你是谁，都不能对它们等闲视之，说它们与你无关。

但愿人们不要以为这几封信是想以文笔的流畅来弥补它们所谈论的事情的枯燥无味。被我的尖锐笔锋激怒得暴跳如雷的人，也可以在信中找到足以使他们感到宽慰的词句。如果我是为别人仗义执言的话，那么，单单是为一个受压迫的人辩护，这一光荣的事情就会使我的心中燃起一团烈火，口诛笔伐，毫无顾忌；可是这一次，不幸的是为我自己辩护，所以，我只能采取讲说道理的办法。如果我情绪冲动、口不择言的话，那反而有损于我的为人。有些人认为：谈论真理的时候，重要的是，说话要冷静，要我讨某些人的好感；这一点，我实在难以苟同。当双方都唇枪舌剑的时候，怎么能让人使用冷冰冰的语言呢？阿基米德之所以欣喜若狂地光着身子在叙拉古大街上狂奔*，难道不正是因为他喜欢真理而又发现了真理吗？凡是发现真理的人，就没有一个不对真理表示热爱，而有些人之所以对它态度冷漠，是因为他们还没有发现它。

不论情况如何，我都要恳请各位读者先别欣赏我的笔调之美，***

---

* 阿基米德，古希腊数学家和科学家，公元前 287 年生于叙拉古。据说，有一次他洗浴完毕，跨出浴盆时，突然发现液体的浮力原理**，于是，欣喜若狂，连衣服都来不及穿，便赤身裸体跑出家门，在街上一边狂奔，一边大声叫喊："我发现了，我明白了！"——译者

** 浮力原理，即后来人们所说的"阿基米德原理"：浸在液体里的物体被液体浮力向上撑托的浮力的大小，等于物体排开的液体的重量。——译者

*** "我的笔调之美"这句话，并不是卢梭自夸之语，而是针对特农香而发的。特农香在其《乡间来信》中说：正是由于"这两本书**** 的笔调很美，所以更容易迷惑人。"卢梭不赞成特农香的这个看法；他认为，他的书之所以有影响力，不是由于笔调很美，而是由于他的书中讲述的是真理。——译者

**** "这两本书"，指卢梭的《爱弥儿》和《社会契约论》。——译者

而要把注意力集中于看我讲的道理是对还是不对，因为，归根结底，一个作者除了用明确的词句讲述他所论证的问题以外，我就看不出他还可以用其他的办法来表明他对他讲述的事情知道得很清楚。

第 一 部 分

第一封信

与本书的作者有关的问题。这个问题是否属于民事法庭权限管辖的范围。不公正的解决办法。*

不，先生，我一点也不责怪你没有同那些持不同意见者们一起去为我的事情多方呼吁。我本人也不赞成他们的做法；对于他们的做法，我是完全反对的。现在，我的亲友们在我的恳求下，已不再继续那样做了。他们在该发表意见的时候不发表，而在不该发表意见的时候却一再发表。我早已料到，不论递多少《意见书》都是没有用的；其结果如何，我也早已预见到了。我认为，其后果必将扰乱公众的安宁，甚或改变国家的宪法。事态的发展，完全证实了我的担忧。现在，他们迫不得已而采取的另一做法，使我更加感到惊异。目前，你们已陷入危境，所以必须另外想一个不再以我为事由的办法来处理这件事情。你根据过去采取的步骤问今后应当采取什么步骤；你认为这些步骤涉及整个有产阶层，其后果不仅对采取这些步骤的人产生影响，而且对那些没有采取这些步骤的人也同样产生影响。因此，不论开始的时候意见多么分歧，但共同的利益必然会把大家联合在一起。

---

* 这个提要及以后几封信的提要，均为原编者所加。——译者

你们现在所要求的权利和此前受到侵害的权利，是无可怀疑的；它们要么是得到承认，否则就会被取消。正是由于事情是如此明显，所以现在才非常紧迫。在狂风呼啸的时候固然不应当迎风高举火把，然而今天，我们的房子已经着火了，我们就应当有所作为。

尽管我的利益不受影响，但此事始终涉及我的荣誉；这一点，你非常清楚，而你却把我当作中立的人来同我商量问题：你以为我不会受偏见的影响，以为我不会因受感情的牵制而行事不公。我本人也希望如此。不过，在如此复杂的情况下，谁能保证自己做到这一点呢？我认为，在一场由我引起的争论中，要我看问题处处客观，这是不可能的，何况引起这场争论的第一个原因是我遭遇到了不幸。先生，我应当怎样做，才能不辜负你对我的信任和无负于你对我的敬重呢？由于我对我自己的行事是对还是错都没有把握，所以我对你只能少讲我的意见，而多谈我对事情的分析，由你去衡量，去比较和加以选择。你处处都要问个“为什么？”不过，你要注意的不是我想达到的目的（上天知道，我的目的是光明正大的），而是我做出的判断。最公正的人在心情愤懑的时候也是很难看清楚事实的真相的。我当然不会欺骗你，但我很可能把事情搞错。我在任何事情上都是很可能出错的，尤其是在这件事情上更是十之八九会出错的。因此，你千万要当心：我错了，你就指出我错了，切莫说什么我大部分是对的，只有一小部分是错的。

先生，你要注意的就是这一点；而我在这一点上，也要十分小心。我首先从我自己谈起,接着谈我受到的伤害,谈你们官员的武断作风。谈了这些之后,我的心情也许就会稍微感到轻松,忘记我自己。再往后,我就谈你们,谈你们的处境,也就是说,谈共和国当前的形势。按照这样的安排,如果我能秉公论述你向我提出的问题的话,我敢毫不夸口地说,我是能把它们解说清楚的。

我受到了侮辱;当我自信我应当受到祖国的感谢时,* 竟受此侮辱,就更加令人寒心。如果我的行为确实需要得到人们的宽恕,我当然是希望人们宽恕我的。然而他们事前不告知,不待我本人到庭申辩,就用恶毒的语言斥责我的书;这做得太过分了。更有甚者,他们公然不顾我的困难处境和健康状况,就匆匆对我发出逮捕令,甚至不惜用辱骂坏人的词句辱骂我。这些先生们即使没有宽宏的器量,难道说连一点儿公正的心都没有吗?我想同你一起探讨的,就是这一点。请你别担心,我是迫不得已才把我的信写得既长而又涉及更广泛的范围的。虽然出现的问题这么多,但我在谈论的时候,是自然会用心平气和的语言的。不过,先生,尽管我的语言平和,但道理是要一点不漏地讲清楚的。

他们对他们为什么要采取这一办案程序,说了许多理由,因此有必要在这里把他们所说的理由摘录出来公之于众。需要指出的是,我所摘录的,不是他们在起诉书中所说的理由,也不是他们在

* 卢梭在这里所说的:“我自信我应当受到祖国的感谢,”指他 1755 年在《论人与人之间不平等的起因和基础》中写了一篇长达数千言的“献词”歌颂日内瓦共和国,1757 年在《致达朗贝尔的信》中对日内瓦政府的官员及宗教界人士说了许多为他们辩护的话。卢梭认为他如此热爱祖国,如今竟遭到日内瓦政教两方面的迫害,因此感到“令人寒心”。——译者

暗中秘密①发出的逮捕令中所说的理由，而是小议会对公民和有产者的《意见书》所作的批复中所说的理由，说得更确切一点，是《乡间来信》中所说的理由。《乡间来信》是他们的宣言书，也只有在这本书中他们才稍许愿意同你们讲说道理。现在，让我把我摘录的他们所说的理由原文照录如次：

他们说我的书*是“亵渎宗教的、诱人为恶的和语言放肆的；书中通篇充满了诋毁神明和诬蔑宗教的言论。作者表面上说他只是质疑，而实际上处处都流露出他真正的意图是要破坏、动摇和摧毁基督教教义的基本原则。”

“这两本书攻击各国的政府。”

“尤其是由于这两本书都是用极富煽动性的笔调，以一个日内瓦公民的名义用法文撰写，所以就更加具有危害性。而且，作者还公然想把《爱弥儿》作为每个家庭的家长和教师教育孩子的指南。”

“在审查这两本书的时候，小议会不能不思考被认为是这两本书的作者究竟是何许样人。”

他们还说，对我发出的逮捕令“既不是判决书，也不是监禁令，

---

① 我的亲友曾正式去信要求告知逮捕令的内容。他们的回答如下：

1762 年 6 月 25 日

在小议会的例行会议上讨论了这封来信，认为没有必要把该逮捕令的内容告知提出这一要求的人。

吕南

巴黎高等法院的命令，一经签署，便立即印发，告知公众。没有料到：一个自由国家竟公然把这种伤害公民荣誉和自由的命令秘而不宣！——作者

* 指《爱弥儿》和《社会契约论》。——译者

而只是临时拘留，既不影响我申诉和抗辩的权利，又同时是为了此后按照政府的法令和《教会法》规定的程序进行审理做准备。”

对以上这些，持不同意见者们在反驳中没有提到我那两本书中的论点，而只是指出“小议会没有经过预审就下结论，这种做法是与《教会法》第88条相违背的；1562年，根据这条规定对让·莫雷里采取的审判程序，非常清楚地表明它已成为公认的判例，告诉人们千万不可无视司法原则；小议会所采取的新的处理方式，显然侵犯了各国人民一致承认的自然权利，即：法庭在未听取当事人的申辩之前，不得做出任何判决；一个被宣布为写了一本亵渎宗教并诱人为恶和语言放肆的书的人，还怎么能进行申诉和辩护呢？对他的书已经做出并执行了判决，他的书怎能不蒙受骂名？被一个刽子手点火焚烧的书，其火焰怎能不喷向作者？然而谁也不能因此就可以剥夺一个公民最珍贵的财富——他的荣誉；不先听取他的辩护，就不能做出有伤他的荣誉和身份的事情；他那两本受到谴责和焚烧的书，至少应当像那些讽刺宗教并在日内瓦城中广为印刷和散发的作品一样，受到宽容；最后，就政府而言，一直是允许在日内瓦对这类普普通通的事情自由谈论的，任何一本谈论这类问题的书都没有遭到过禁止；对于在书中谈论这类问题的作者，不论他的看法如何，都没有进行过恶毒的抨击；卢梭不仅没有攻击过共和国政府，而且还从来没有放过一次可以歌颂它的机会。” *

* 这几段话，摘自公民与有产者们递交的《第二次意见书》(1763年8月8日)；最后一句摘自《第一次意见书》(1763年6月25日)。——译者

对于这些意见，小议会反驳说：他们是在"经过仔细阅读和研究之后"才"谴责那本书，"所以他们的做法"没有违背不经过审讯就不能判处的规定；《教会法》第88条只适用于那些误讲教义的人，而不适用于一本试图摧毁基督教的书；谴责一本书，并不等于谴责该书的作者，除非该作者行事不谨慎或胡作非为，才会受到谴责；至于说到那些被容许在日内瓦流传甚至印刷的荒谬著作，人们切莫以为政府只要有一次睁只眼闭只眼听之任之，以后就次次都如此；嘲笑宗教的书，固然应当受到惩罚，而用毫不掩饰的语言攻击宗教的书，就更应当严加惩处；为了保持基督教的纯洁，为了公众的利益，为了法律的尊严和政府的荣誉，政府既然对该作者做出了决定，就决不容许更改，也不容许减轻。"

以上所引，并不是论辩双方批驳和反批驳的全部内容，而只是其中的要点。单从这些要点就足以看出这个问题所涉及的事实和权利，对我来说是何等重要了。

不过，这样来陈述，有点儿太笼统，因此，我将尽量用准确的词句和事例来阐明我的目的，以免你把我的叙述引申去解释我不打算说明的问题。

我是一个人，我写书当然会犯错误①；我本人已经发现我的错误是相当多的；我深信，由别人发现的错误，那就更多了，而我本人

① 也有没有错误的，例如几何课本和它们的作者就不出错误。不过，即使它们的命题本身没有错，但谁能保证它们推理的步骤和方式方法没有错呢？欧几里得证明了他提出的命题，达到了他的目的，然而他是采取什么途径达到的呢？他在论证的过程中不也是出了许多错误吗？任何一门学科要想一点错误都不出，是不可能的，而从事科学研究的人出错，那是常有的事。——作者

和他人尚未发现的错误,那就一定还有许许多多。如果他们说我只有那么几点错误的话,我也没有异议。

哪一个作者不是同我一样犯错误?哪一个作者敢自诩他不会同我一样出错?所以,在这一点上是没有什么可争议的。如果人们批评我,并批评得有道理,改正了我的错误,我什么话都不说;如果人们批评我,而又批评得没有道理,我就更加要什么话都不说,难道要我对别人说的话负责吗?不论情况如何,在听完了双方的陈述以后,公众自会做出判断,表明他们的意见。那时,我的书不是大获全胜,就是一败涂地,这场公案也就结束了。

作者们的错误往往是无关紧要的,但也有一些错误是有害的,甚至是同犯错误的人的本心相违背的。这类错误既有损于公众的利益,也有损于作者自己的利益;不过,这都是无心造成的。在法学、伦理学和宗教学方面的争论,往往就是如此。在争论的双方中,必然有一个是错的。在这些重要的问题上稍有差池,往往就会铸成大错。不过,只要人们认为它不是故意造成的,人们就不会惩罚它。一个人如果因为本心想帮助人而结果反损害了他人的话,人们大可不必责怪他。如果人们因为一个作者无心或粗心犯了错误,或者从他的著作中随便找出几句不妥当的话,就无情地迫害他,请问,还有哪一个作者可免于不受迫害?必须有圣灵的启示,才能成为作家;只有受过圣灵启示的人,才能当法官。

如果人们只责备我有这点儿错误,我也就只把它们当作小小的失误,而不会花许多力气为自己辩护。我不敢保证我没有犯过这类错误,因为我不是天使。然而人们自以为在我的著作中发现的那些错误，压根儿在我的书中就一个也没有，因为发现那些错误的人也不是天使。请问那些像我这样容易出错的人，根据什么硬要用他们的观点来评判我的观点？请问他们根据什么就可以因为我的想法同他们的想法不一样，便说我应当受到惩罚？

公众也是这类错误的评判者；公众的谴责，才是这类错误应当受到的惩罚。谁也逃不过他们的评判。他们谴责我，我是无话可说的。如果官员们真的在我的书中发现了有害的错误言论，他们当然可以查禁我那两本含有错误言论的书，不过，我重说一遍，他们不能因此就惩罚犯这些错误的作者。如果他们那样做的话，就等于是惩罚一个并非出自本心而犯错误的人。他们只能惩罚明知故犯的人，而我不是这种人。

事实上，一本含有错误论点的书与一本毒害公众的书之间，是大有区别的。书中提出的原理和一连串论据与由此而得出的结论，将非常清楚地表明作者的意图。这种以作者的意志为转移的意图，是要受法律的裁判的。如果这一意图明白无误地是坏的，那就不是什么过失或错误的问题，而是犯罪。在这种情况下，一切都变了，就不再是公众根据一般的道理就能评判的文字上的争论，而是应当严格按照法律的规定提交法院审理的刑事案件了。那些自以为正确的官员们一心想使我陷入的，就是这种危险的境地，而有些幸灾乐祸的作家还认为官员们这样来处理我，是相当宽大呢。在我面临牢狱、刽子手和锁链的情况下，谁再攻击我，谁就是一个落井下石者，因为他明明知道他攻击的，不仅只是一个作者，而是我这个人；他明明知道他写的文章将影响我的命运；[①]他试图毁灭的，不仅只是我的名声，而是我的荣誉、我的自由和我的生命。

这样一分析，先生，事情的关键何在，我们立刻就明白了；对于这一点，我觉得公众尚不了解。如果我的书中确实有一些有害的东西，人们当然可以谴责我，并销毁我的书，而要攻击我这个人，那就需要有更多的理由；只以我书中的错误为由，那是不够的。还需要指出我犯了什么错，犯了什么罪；还需要证明我确实是怀着恶意写这本有害的书。还需要拿出证据证明——不是像某个作者那样舞文弄墨地证明我错了，而是像一个控诉者在法官面前把被告说得哑口无言那样证明我心怀恶意。如果要把我当作一个恶人来审理，就要有足够的证据使我认识到我确实是一个恶人。这是我们需要研究的第一个问题。需要研究的第二个问题是：单单说我犯了错，这还不够，还需要说明我所犯的错误的性质和犯错误的地方，把我交什么法庭审理，根据什么法律判我什么刑。只有把这两个问题解决了，才能断定对我的审判是公正还是不公正。

为了弄清楚我写的书是不是有害的书，就需要研究书中的理

---

① 几年前，当那本有名的著作*刚刚出版的时候，我就准备批驳我在这本著作中发现的一些很危险的论点。然而，我动笔不久，便得知它的作者正受到人们的围攻，于是，我立刻把我已经写好的文章扔到火里烧掉了；因为我认为，不论从哪个角度说，我都不该卑劣到同那伙人一起去攻击一个遭受迫害的人的荣誉。在事情完全平息之后，我才找机会在我的其他著作中发表我对该书的一些危险论点的看法。不过，我只是就事论事，而没有提该书的书名和作者的名字。我认为，我既然一贯敬重他这个人，就应当体恤他艰难的处境。我相信，不只是我才有这种想法：一切正直的人都是有这种想法的。任何一件事情，只要一提交刑事法庭，除了被传唤去作证以外，正直的人们都会对该事情三缄其口，什么话都不说的。——作者

* 指1758年爱尔维修发表的《精神论》。——译者

论和如果采纳了这些理论就会产生什么结果。由于我在书中探讨的问题甚多,因此,在这里我只讨论人们据以迫害我的问题,即宗教问题和政府问题。让我们按照那些闭口不谈第二个问题的法官的例子,先谈第一个问题。

他们在《爱弥儿》中发现了一个天主教神甫的《信仰自白》,* 在《新爱洛伊丝》中发现了一个虔诚的女信徒的临终遗言。** 这两处文字的内容大体上是一致的,因此两者可以互相阐发,用这一个说明那一个;而且,正是由于这两者是那样的一致,所以人们可以在某种程度上看出写作这两本书的作者即使没有完全做到按这两篇文字表述的原则行事,但他至少是衷心赞同的。在这两篇表述信仰的文字中,以第一篇表述得最全面,而且人们所说的作者的罪过全都集中在这篇文字里,因此我们应当先研究这篇文字。

为了要达到这项研究工作的目的,还必须做一个必要的说明;因为,请注意,把那些指摘我的人杂乱无章地提出的问题分门别类地讲说明白了,就等于是回答了他们的指摘。由于他们争论的是事实,只要把事实一个一个地阐述清楚,就可以把他们驳得哑口无言了。

在宗教问题上,我把有关宗教的事情分成两部分;这两部分是:教义和道德。我还把教义细分成两部分,一部分是有关我们的义务的教义,这一部分教义是道德的基础。另一部分只涉及一些

---

* 这篇《信仰自白》见《爱弥儿》第 4 卷,李平沤译,商务印书馆 2007 年版,第 377 页。——译者

** 这篇"临终遗言"见《新爱洛伊丝》,第 6 卷,书信 11,李平沤、何三雅译,译林出版社 2002 年版,第 717 页。——译者

纯属思辨性质的问题的教义;它讨论的是信仰问题。

这样分法,我觉得很恰当。按照这样的分法,就产生了对宗教的看法问题:有些看法是正确的、错误的或值得怀疑的,另外一些看法是好的、坏的或无关紧要的。*

对涉及教义这一部分宗教问题的判断,纯属理智的范围。神学家们之所以要以从事这一判断为己任,是因为他们都是善于推理的人,是讲授在信仰问题上如何分辨真伪的教师。虽说这一部分的错误是有害的,但它们只害及那些误入歧途的人,只对他们的来生有害,而来生的祸与福,是不属于人间的法院管辖的范围。如果人间的法院硬要去过问这件事情的话,那他们也不能以裁决是与非的法官的身份去过问,而只能以督导敬拜仪式这一外在形式的民法监察员的身份从事这一工作。这个问题不在此处讨论之列,留待以后来谈论。

至于涉及道德的那一部分宗教问题,也就是说与正义、公共的福祉和对自然法与人为法的服从、对社会道德及个人与公民的义务的履行有关的问题,那是由政府去管的事情。只是在这一点上,宗教才直接归政府权限的管辖。政府应当过问的,不是错误的教义(因为政府不是审理错误教义的法官),而是各种必将割断社会

* 卢梭在1762年11月《致博蒙大主教的信》中有一段话也阐发了他在这里表述的见解。他说:"我认为研究和比较各种不同的宗教的方法有两个:一个是看它们的教义哪些是真的和哪些是假的,看它们的教义是建立在自然的事物之上还是建立在超自然的事物之上,看它们对至高的存在的概念和要求我们对至高的存在的敬拜仪式是否合乎我们的理性;另一个方法是根据它们在这个世界上产生的物质效果和精神效果,看它们对社会和人类是有益还是有害。"(卢梭:《致博蒙大主教的信》,巴黎,"七星从书",《卢梭全集》,第4卷,第969页)——译者

联系的有害言行。

先生，如果你们要把那篇《自白》提交法庭（不是教士的法庭，而是政府官员主持的法庭）去审理的话，就一定要先搞清楚这个区别。当然，这个区别并不是百分之百的对，其中也有一些不妥当和值得商榷的地方。不过，即使有不妥当和值得商榷的地方，但它绝大部分是正确的；在有关公民的宗教信仰的基本问题上，它的论述是正确的，条分缕析非常清楚的。在一切对永恒的上帝以及对邻人的爱、对正义与社会的安宁、对个人的幸福和国家的法律与种种道德问题的表述上，它的论断是如此的明确无误，以致它不妥和值得商榷的地方也有它们的可取之处。我敢向任何人挑战，请他向我指出，在我陈述的理论中，有哪一条理论的本身或它不可避免地产生的后果是有害于人的。*

宗教是有用的，甚至是人民必需的，这一点，在那篇《自白》中不是已经说了吗？不是已经论证过了吗？《自白》的作者不仅没有攻击真正的宗教教义，反而尽力对它们进行阐发。他所抨击的，他所批判和他认为必须驳斥的，是盲目的宗教狂热和迷信与愚蠢的偏见。可是他们说"这一切都应当遵行。"为什么呢？他们回答说："因为，只有这样，才能引导人民。"他们说得太对了：这样来引导人

---

* 卢梭在《致博蒙大主教的信》中再次对这篇《信仰自白》的正确性说了这样一段话："在宗教问题上，[《信仰自白》的]第一部分的文字是至关重要的，因此我行文甚为直率，甚至有些武断，但我对其中表述的论点是深信不疑、毫不动摇的。我的良心和我的理智促使我非把它写出来不可；我相信，而且敢肯定，这部分文字是很有说服力的。"（卢梭：《致博蒙大主教的信》，巴黎，"七星丛书"，《卢梭全集》，第4卷，第997页）——译者

民,必然会把人民引入万劫不复之地。迷信是人类最可怕的灾祸;它把头脑简单的人变成蠢人,它迫害贤哲之士,它束缚各国人民的思想,它制造千百种可怕的祸害。它给人民带来了什么好处?一点好处也没有。如果说它能带来好处的话,那也只是对暴君有好处。它是暴君手中最厉害的武器。在它酿成的祸害中,要数这一祸害是最大的。

他们说我表面上是在抨击迷信,而真实的目的是要破坏宗教信仰。请问:他们是怎么知道我有这个目的的?他们为什么要把我已经详加区别的信仰和迷信混为一谈呢?难道他们没有发现他们的这番论调将反过来抨击他们自己吗?他们岂不是在搬起石头砸自己的脚?因为,正是那些替迷信辩护的人,才是宗教最大的敌人。当需要花许多力气证明一个人的意图是好的时候,他们却如此草率地对一个人的意图妄加指摘;这做得太过分了。事实上,只要没有充分的证据证明一个人的意图是坏的,就应当说它是好的,否则,谁能免于不遭受敌人的任意指摘呢?怎么!他们笼统的一句话,就能说明他们了解他们根本不懂的事情吗?我的话,再加上我的行为,反而不能说明我自己的言论是正确的吗?我要用什么办法才能使他们了解我的内心呢?我没有做到充分表述我心中感到的善;这我承认。然而,哪一个恶人敢夸口说他看见了我心中根本就不存在的恶?

达朗贝尔先生说得对,他说:散布不信宗教的言论,固然有罪,而诬陷没有散布这种言论的人散布了这种言论,其罪过就更大之。那些公开议论我是否真的信奉基督教的人,只说他们信奉的是何种基督教；他们翻来覆去地说他们和我信奉的不是同一个宗教。*正是这一点，使他们感到十分恼恨。我觉得，他们在我的书中发现的那些所谓的恶使他们感到的不快，其程度，远不如他们在我的书中发现的善使他们感到的不快那样大。他们在我的书中发现的善，使他们十分生气，十分着急，因此不得不把好的也说成是坏的。结果，他们自己也觉得这样做，太过于暴露他们的本来面目。如果我的书不是写得那么好，他们要对付我，就容易多了！

他们不是根据我公开发表的意见来评判我，而是根据他们想当然地以为我打算发表的意见来评判我。他们试图在我的言行中发现我的文章中根本就不存在的恶。他们硬要这样做，叫我怎么办呢？他们硬说我口头上讲的是一套，而心里想的是另一套。我说的是“白”，他们硬说我心里想说的是“黑”。他们装扮成神的样子来干这种只有魔鬼才干的勾当。我的脑袋瓜怎么才能躲过他们从天上打来的棍棒呢？

为了证明作者没有他们所说的那些邪恶的意图，我认为只有一个办法；这个办法是：根据他的作品来论证其意图。啊！这样来论证，我完全同意。不过，这个工作，我本人不愿意做；要我这样来论证，我认为，这对我来说是很不恰当的。** 不，先生，不论遇到多么大的困难和挫折，我都不去做。因为，如果只草率地胡乱评说几

---

* 对于这一指摘，卢梭在《致博蒙大主教的信》中反驳说：“主教大人，我是基督徒，是《福音书》中所说的虔诚的基督徒；我是基督徒，但我不是教士们的门徒，而是耶稣基督的门徒。”——译者

** 1763 年 2 月 26 日卢梭在《致博夏多的信》中说：“我现在不，将来也不为《信仰自白》做什么辩护，因为，我认为，正如你所说的，没有这个必要。”（卢梭：《通信全集》，第 15 卷，第 239 页）——译者

句,我认为那是有辱作者、编者甚至读者的。如果说这样做并无不妥之处,那是有违良心的;如果说这种做法是对的,那是不符合事实的。不,还是由你自己去读我的著作,由你自己去判断为好。如果在阅读过程中,你的心不千百次称赞这个敢如此教导世人的道德高尚的作者,你一定会后悔不迭的!*

啊!我怎么能让我自己去替这部作品辩护呢?我,我认为,正是因为有了这部著作,我一生的过错才完全洗刷了;我把它给我招来的灾祸看作是对我所做的坏事应得的惩罚。我充满了信心,希望有朝一日能在最高的审判者面前说:请你以慈悲之心来评判这个弱小的人;我在世上作了恶,但我终于公开发表了这部作品以赎前愆。

亲爱的先生,请允许我的心有时发出几声叹息,然而,请你相信,在我的陈述中,我绝不说任何一句夸张或愤懑之言;我也不会像我的对手那样尖酸刻薄地话中带刺。我自始至终都要心平气和地讲说道理。现在,让我回头来谈我的主题。

现在让我们假定一个既能使你感到满意,也不使我感到不便的环境;假定在某个时候,那篇《信仰自白》在基督教世界的某个角落被采纳了,让我们看它产生的效果是好还是坏。这样做,既不是对它进行批评,也不是为它进行辩护,而是根据它的效果来评判它。

---

* 卢梭对他的著作之有益世人,是非常自信的,1762 年 12 月 28 日他在《致马尔泽尔布先生的信》中说:"当一个人体力衰弱到不能劳动的时候还能从他隐居之地向世人讲述真理,这是好样的。我提醒世人不要上那些坑害他们的人的言论的当,是为世人做了一件好事。"(卢梭:《一个孤独的散步者的梦》,李平沤译,商务印书馆 2008 年版,第 202 页)——译者

我首先看到的是：到处都出现了许多没有任何新奇外表的新事物。在敬拜的仪式上虽没有什么变化，但人们心里的变化却很大：人们诚心皈依宗教而不大肆宣扬，人们笃守信仰而不互相争论，对教义衷心奉行但不狂热盲信，行事理智而不乖张；空谈教条的人少，而力行美德的人多；到处都洋溢着哲学家的宽容和基督徒的仁爱。

我们的新皈依者有两个信条，即：遵行理性和《福音书》的教导（这两个信条可以合并成一个信条）。后者愈是与前者相结合，便愈是放之四海而皆准，不过，它并不与某些事物相混同，因为那些事物需要加以论证，从而使宗教需要受人的权威的制约。

他们同其他基督徒的全部区别在于：后者全都是一些夸夸其谈而不实践的人，而我们的人则重实践而不放言空论。

那些夸夸其谈的基督徒对他们说："你们自称是基督徒，但实际上不是，因为，作为基督徒，就应当信奉耶稣基督的教导，可是你们并没有听从他的教导。"对于这番话，心气平和的基督徒回答说："我们不知道我们在你们的心目中是不是信奉了耶稣基督的教导，因为我们不明白你们所说的'信奉'是怎样一个信奉方法。不过，耶稣基督对我们的要求，我们都照着做了。我们都是基督徒，让我们各人按各人的方式行事：我们着重的是听从他的教导，而你们着重的是相信他这个人。他有一颗怜悯世人的心，他希望我们都亲如兄弟，我们按照他的教导把你们视为我们的兄弟。既然你们爱他，你们就不要不让我们享有这个十分光荣的称号；* 这个称号，

* 这个称号指"基督徒"。——译者

对我们和你们都是十分珍贵的。”

那些夸夸其谈的基督徒肯定会继续争论的。他们说:“你们以耶稣的名义说了那么多话,请问你们有什么资格这样做?你们说你们按照他的教导行事,请问你们能让他的教导具有何种权威?你们承不承认神的启示?你们不承认吗?对于《福音书》,你们是全部接受,还是只接受其中的一部分?你们根据什么这样区别对待?你们这些可笑的基督徒竟敢和主*讨价还价,竟敢对他的教义挑挑拣拣:你们对你们喜欢的教义,就奉行;对不喜欢的,就抛弃!”

对于那些夸夸其谈的基督徒的这番话,我们的基督徒用非常平和的语气回答说:“我的兄弟,我们从来不讨价还价,因为我们的信仰不是做生意。你们想当然地说我们奉行或不奉行耶稣的教义,全看我们喜欢或不喜欢。你们说得不对,因为我们的理智是不服从我们的意志的;想把假的说成是真的,那是办不到的。不管我们愿意或不愿意,假的就是假的。唯一能由我们做主的,是我们心里怎么想的就怎么说呢,还是违心地另外说一套。我们唯一的罪过是,我们不愿意欺骗你们。”

“我们尊重耶稣基督的权威,因为我们的心完全接受他的教导。我们发现他的教导的寓意是非常深刻的。我们认识到:人们应当按照他的教导行事,不过,若要人们完全理解,那是人的智力难以做到的。我们虽然承认神的启示是来自圣灵,但不知道它是怎样来的,因此我们不想花力气去探索它。既然我们知道它是神说的,我们就用不着去思考它应当怎样讲说,才能使我们明白。我

* “主”,指耶稣。——译者

们就是这样来理解《福音书》中的神的权威性的。我们相信耶稣基督具有这种权威；我们承认他的行为中有一种超人的力量，他的教导中有一种超人的智慧。* 这一点，在我们看来是确定无疑的。为什么呢？这很难回答，我们一时还说不清楚。要是你们能说清楚，那就太好了，我们将衷心感谢你们。你们的理论也许比我们高明，但不能因此就说你们的理论是我们应当遵循的法律。我们承认你们是无所不知，不过，也请你们别责怪我们对某些事情确实不知道。”

“你们问我们是不是接受《福音书》的全部内容，我们回答说：我们全部接受，我们全部接受耶稣基督给我们的教导。他给我们的教导大部分是有用的，是我们需要的；我们将尽力按照他的话去做；只是其中有一些话超出了我们的理解力；它们显然是对那些比我们聪明的人说的。我们不相信我们已经达到了人类理智的极限，而只有悟性更强的人才需要研究更深奥的教义。”

“《福音书》中讲的事情，有许多超出了我们的理性，甚至与理性相背离，不过，我们并不因此就抛弃它们。对于我们不理解的事情，对于我们认识到非我们的智力所能达到的事情，我们也是很尊重的。为了作一个圣洁的人而需要知道的事情，在《福音书》中全都讲得很清楚了，既然如此，我们有什么必要去知道其他的事情

* 对于这段叙述，请参见《信仰自白》中这样一段有助于理解此处这句话的意思的评论：“《圣经》是那样的庄严，真使我感到惊奇；《福音书》是那样的神圣，简直是说服了我的心。你看哲学家的书尽管是那样的洋洋大观，但同这本书比较起来，就太渺小了。像这样一本既庄严又朴实的书，是人写得出来的吗？”（卢梭：《爱弥儿》，李平沤译，商务印书馆 2007 年版，下卷，第 446 页）——译者

呢？对于那些事情，我们虽然不知道，但可使我们免于谬误，而且，我们并不因此就不是好人。这种谦卑的态度，其本身就完全符合《福音书》的精神。”

“我们并不把《圣经》只当作一本书来看待；我们认为它是耶稣基督一生言行的记录，书中的真理、智慧和圣洁的教导，表明书中的论述基本上没有改动[①]，但我们认为书中并不是一点篡改的地方也没有。谁知道我们不明白的地方不是他人塞进去的错误言论呢？谁知道那些比耶稣差得多的信徒是不是真地懂了他的话，并一字不错地明白他的意思呢？对于这些问题，我们不回答，甚至连推测都不推测。我们只不过是因为你们问我们，我们才这样提出来，让你们去琢磨。”

“在我们的看法中也可能有错，在你们的看法中同样也可能有错；你们也是人，怎么会不出错误呢？你们也许和我们有同样多的好的信条，但只是同样多，而不是比我们更多；你们也许比我们知识渊博，但你们并不是永远不犯错误。谁来当我们双方的评判官呢？由你们来当吗？这不公平。更不能由我们来当，因为我们对我们自己是否正确都无把握，所以不能当。因此，只好由那个对我们双方都了解的共同的评判官去决定。既然我们在我们相互遵守的规则上的看法是一致的，那么，在其他方面就请你们也像我们宽待你们那样对我们多几分宽容。让我们都成为爱和平的人，让我们都情同手足，团结起来爱我们共同的主，实践他给我们的教导和

① 如果必须经过详细的讨论或教士们的权威解释才能懂得的话，那些头脑简单的信徒怎么能真地懂得呢？谁敢那么大胆竟公然使宗教信仰要依靠他夸夸其谈的讲解，才能树立起来呢？——作者

美德；这样做，才是真正的基督徒。”

“在竭尽全力想同你们和睦相处以后，如果你们还是固执己见，拒不让我们享有这个珍贵的称号的话，我们对你们这么武断的做法也不介意；我们认为‘称号’并不重要，耶稣的开头几个门徒都未拥有‘基督徒’这个称号；为殉道而死的司提反*就没有这个称号；当保罗皈依基督的时候，在地球上还没有任何一个人称作基督徒哩。”①

先生，你是否认为这样一场争论将十分激烈和花许多时间呢？如果双方当中的一方不愿意再争论了，另一方是否就会闭口不作声呢？

如果我们新皈依的教徒是他们国家的主人，他们就会规定一种与他们的信仰同样简单的敬拜形式。从这一切产生的宗教，正因为它简单，所以将成为对人类最有益的宗教。如果把他们用来代替美德的种种空话通通抛弃，不举行带迷信色彩的敬拜仪式，在教义中不掺杂任何神秘的语言，则宗教就会百分之百地达到它的真正目的，即：履行我们应当履行的义务。“虔诚的信徒”和“正统的教徒”将成为两个毫无用处的词；某些人的声调的高昂，并不表明他们是真的虔诚；只有恶人才不信宗教，只有好人才是宗教忠实的信徒。

* 关于基督教第一个殉道士司提反的故事，见《圣经·新约全书·使徒行传》，第8章，第1节。——译者

① 几年之后在安提阿才第一次给耶稣的门徒这个称号。** ——作者

** 关于耶稣的门徒第一次被称为“基督徒”的故事，《使徒行传》是这样记载的：“门徒称为‘基督徒’，是从安提阿起首。”（《圣经·新约全书·使徒行传》，第11章，第26节）——译者

这种宗教一建立，所有的人都必须按照法律的规定切实信奉，因为它不是由人的权威建立的，它完全符合自然的秩序；它没有任何一个信条无助于社会的福祉，它的教义全都有助于增进人的道德，没有任何一点只涉及纯属思辨性的事物。

我们的新教徒是不是因此就不宽容呢？不，恰恰相反；他们由于教义的教导，对人总是持宽容态度的。他们比那些按照其他教义行事的人都更宽容。他们认为，即使那些互不承认的宗教忽视了这一主要的教义，把不是主要的教义当作主要的教义来奉行，它们也是好宗教。我们的新教徒始终遵行这一主要的教义；如果别人把这一主要的教义当作次要的教义，他们也让别人这么做，只要这些人不抛弃这主要的教义就行了。他们让别人去解释他们不能解释的事物，让别人去解决他们不能解决的问题。他们让每一个人采取他愿意采取的敬拜仪式和信条。他们说：只要你们同我们一样尽人和公民应尽的义务，除此以外，你们愿意信奉哪种宗教，就信奉哪种宗教。但对于那些本质上是坏的宗教和导人行恶的宗教，他们是一点也不宽容的，因为无原则的宽容和真正的宽容是背道而驰的。真正的宽容的目的是敦进人类的和平；真正的宽容绝不宽容罪恶；对任何唆使人们成为坏人的教条，他们是不宽容的。

现在让我们作一个相反的假定，假定我们的教徒沦陷在其他国家的人民的统治之下；作为爱好和平的人，他们将服从他们主人的法律，甚至在宗教方面也服从他们主人的宗教，除非他们主人的宗教本质上是坏的。如果他们主人的宗教是坏宗教，他们也不冒犯那些信奉那个坏宗教的人，而只是他们自己不信奉就是了。他们将对他们的主人说：既然上帝要我们为你们效力，我们就尽力作一个好仆人，而你们的信条是有碍于我们成为好仆人的；我们知道我们有哪些义务，我们将忠实履行我们的义务，而不听从那些将使我们背离我们义务的教条；正是为了忠实于你们，我们才如此坚决地不采用那些荒谬的法规。

如果那个国家的宗教本身是好的，只是在个别教义的解释上或纯思辨性的信条的推理上是不好的，我们的教徒也将本着尊重法律和爱好和平的天性，顺从该国宗教的主要部分并宽容其余不好的部分。当他们被要求明确表明他们的信仰时，他们会明确表明的，因为他们从来不口是心非地说假话，甚至在必要的时候他们将斩钉截铁地表明他们的观点。如果人们批驳他们，他们将据理陈述自己的论点，不过，他们绝不会和他人发生争吵，也不坚持硬要说服对方。他们将怀着美好的愿望同他们的主人生活在一起，参加主人们的集会，采纳主人们的宗教仪式，其态度之真诚，并不亚于他们的主人。只要不损害良知，不影响他们的灵魂得救，他们看大多数人怎么做，他们就怎么做。

你也许会说我讲的这些是好的一面，可是也应当看到坏的一面。坏的一面，简单说来就是：上帝不再是惩罚人类恶行的神，宗教不再成为教士们独断专行和篡权者施行报复的工具。宗教将只被用来引导信徒成为正直善良的人；这对那些以引导信徒为职司的人来说，是不利的；如果宗教一无用处的话，那对他们是很糟糕的。

可见，我在前面所讲的教义，是有益于人类，而不利于那些压迫者的。这种教义，我们应当把它归入哪一种绝无仅有的门类呢？我已经如实地把有利的一面和不利的一面都陈述清楚了，现在应由你自己去比较和选择了。

经过这样一番详细论证之后，我相信你将对两件事情深信不疑。这两件事情，一件是：我所假想的那些人将非常坚决地按照那位牧师的话行事*；另一件是，他们的行为不仅无可指摘，而且是真实地符合基督徒的身份的；谁再拒绝称这些虔诚的人为基督徒，谁就会犯极大的错误，因为从他们的行为上看，他们完全无愧于这个称号。他们的观点与许多拥有这个称号的人的观点并不矛盾，何况他们并不与那些人争夺这个称号，更不批评那些教派中有几个教派的观点是互相冲突的。可以说，我所假想的那些人，不是圣保罗式的基督徒；圣保罗**是天生的迫害者，他不听从耶稣基督的教导。我所假想的那些人，是圣雅各式****的基督徒。圣雅各是主耶稣亲自挑选的；他聆听了耶稣基督的亲口教导，并把耶稣基督的教导传达给我们。我在这里讲的这番话，虽然非常简单，但我认为是无可辩驳的。

你也许会问我：怎么能把这种看法同一个认为《福音书》是荒谬的并对社会是有害的人的看法协调起来呢？我坦率地承认，要想把这两种看法协调起来，的确是很困难的。不过，让我反过来问

* “那位牧师”，指《爱弥儿》中的那位“萨瓦省的牧师”；参见卢梭：《爱弥儿》，李平沤译，商务印书馆 2007 年版，下卷，第 377 页的《一个萨瓦省的牧师的信仰自白》。——译者

** 圣保罗（公元 5—67），犹太人，早年与耶稣的门徒为敌，对他们大加迫害。据《圣经·新约全书·使徒行传》第 8 章第 1 节说：“扫罗***却残害教会，进各人的家，拉着男女下在监里。”后来，在一次去大马士革的途中突得灵感，受耶稣的感召，逐痛改前非，一心传播《福音书》的教义，被称为“好人的使徒”，在小亚细亚、马其顿和希腊等地传道，并最后在罗马以身殉道。——译者

*** 扫罗，圣保罗的犹太名字。——译者

**** 圣雅各，指耶稣基督的十二使徒之一的雅各。——译者

你：谁曾说过《福音书》是荒谬的并对社会是有害的？你的那些先生们*说这个话是我说的。请问我在哪里说过这个话？他们说我是在《社会契约论》中谈论公民的宗教信仰问题那一章说的。这太奇怪了！事实上，在这本书里，在这本书的这一章里，我说的话恰恰相反：我说《福音书》是崇高的，是社会最强有力的纽带。[①] 我虽不责怪那些先生们的谎言，但你得承认：在这本书和这本书的这一章中有两个如此相反的论调，是万万不可能的。

你难道没有发现他们的话里有某些意思不清楚的地方吗？你难道没有发现他们想利用这些意思含糊不明的论点把我说成是罪人或疯子吗？而事实上，我何罪之有？我在哪一点上说了疯话？人们须知："社会"这个词的意思是相当笼统的；在这个世界上有许多种社会；对某个社会有利的事物，也许对另一个社会就有害，这种情况不是不可能的。你看，那些攻击我的人最常用的手法就是这样巧妙地提出一些意思不明确的论点；现在让我们把他们说得不明确的地方详细讲述清楚。

从我所说的那一章的标题就可以看出，它是专门讨论宗教事务何以会纳入国家体制的，因此，它谈论的重点不是评说各种宗教是真的还是假的，更不是评说它们本身是好的还是坏的，而只是谈论它们与政治体的关系和它们如何构成立法的组成部分。

从这个观点出发，我在该章指出，所有一切古老的宗教（连犹太教也不例外）起初都是民族的，然后纳入国家的体制，形成立法

---

* 指特农香等日内瓦政教两界那些攻击卢梭的"先生们"。——译者

① 见《社会契约论》，第 4 卷，第 8 章，8 开本，第 310—311 页。——作者

体系的基础，或者说构成立法体系的组成部分。

相反，基督教本质上是一种普遍的宗教；它没有任何排他性，没有地方性，没有任何一点只适合于这个国家而不适合于另一国家；它的神毫无界限地接纳所有的人，让所有的人都得到他的慈爱。他将打破那些把各个国家分开的壁垒，让全人类都团结成一个亲如兄弟的民族："各国中那敬畏主行义的人都为主所悦纳。"①这是《福音书》的真正精神。

有些人想使基督教成为某一个国家的宗教，并使之成为立法体系的一部分。他们这样做，犯了两个错误：一个有害于宗教，另一个有害于国家。他们背离了耶稣基督的精神（耶稣基督治理的不是这个世界），他们把宗教的利益与地上的利益混为一谈，他们玷污了宗教神圣的纯洁性，使宗教变成了暴君手中的武器和压迫者手中的工具；他们还伤害了美好的政治原则，因为，他们不仅没有简化政府的机构，反而使之愈来愈复杂，给它增加了许多多余的部分，使它听从两个不同的而且经常是互相冲突的动力的驱使。他们在那些把宗教纳入政治体系的基督教国家里制造了许多麻烦和纠纷。

纯粹的基督教是普遍的社会团体；为了论证它不是一个政治团体，论证它不与其他的特殊的团体奔向同一个目标，就必须驳斥那些把宗教和其他团体混为一谈的人的诡辩，因为他们实际上是把宗教当作他们篡夺一切利益的敲门砖。人们须知，所有一切由人组成的团体，都是建立在人的欲望的基础上的，并由欲望的驱动

① 《使徒行传》，第10章，第35节。——作者

而得以存在。凡是阻碍和摧残欲望的事物，都是不利于这种团体的加强的。那些使人的心脱离尘世的论调，怎么能使我们更加关心今生的事情呢？那些使我们独一无二地只关注天国的教义，怎么能使我们更加关注地上的国家呢？*

民族的宗教，作为国家的组成部分，对国家是有用的，这一点是无可争议的；但对人类来说，民族的宗教就是有害的了。从另外一个角度来说，它甚至对国家也是有害的。它为什么对国家是有害的和它对国家有哪些害处，我已经论证过，这里就不重复了。

相反，基督教使人变得正直和谦逊，爱和平，因此，它对普遍的社会是有利的。然而它将削弱政治机构的力量，妨碍机构的运转，破坏政治体的统一。由于它不适合于政治体，因此，它必将日趋衰落，成为国家中的一个有害无益的团体。

由此可见，宗教对政治体是有害处和诸多弊病的。然而一个国家又不能没有宗教，这涉及许多重要的理由；对于这些理由，我已多次着重讲了**。不过，我认为：宁可一个宗教也没有，也不可要一个野蛮的和以迫害人为能事的宗教，因为它将使法律变得十分专横和暴虐，并有碍于公民尽他们的义务。在日内瓦发生的一切有关我的事情，正可成为这一章***的论点的证明，用我的经历来证明我阐述的论点是十分正确的。

明智的立法者在面临这种有选择余地的办法时，应当怎么办

---

* 卢梭在这里所说的这番话，实际上是他在《社会契约论》第 4 卷第 8 章《论公民的宗教信仰》的论点的补充。——译者

** 特别是在《社会契约论》第 4 卷第 8 章，卢梭讲得尤为详细。——译者

*** 指《社会契约论》第 4 卷第 8 章。——译者

呢？他可以二者取其一。第一个办法是：确立一套纯粹的公民宗教信仰，把所有一切好的宗教信条即真正有益于社会（不论它是普遍的社会还是特殊的社会）的信条都包括在内，把其他一切虽涉及信仰但无益于立法者唯一要达到的目的信条即无益于地上的幸福的信条都通通舍弃*，例如“三位一体说”**怎么能有助于建立国家的良好体制呢？国家的成员如果背离良好行为的准则，怎么能成为好公民呢？“原罪说”***对联系政治社会的纽带将产生什么影响？尽管真正的基督教是和平的宗教，但由于其僵化的或神学的教义太多，而且意思含混不清，因此它将永远是人与人互相攻打的战场；这种情况，难道不需要对教义详加解释和做出裁决，才能防止对所做的裁决发生新的争吵吗？

另一个办法是：基督教的真正精神是怎么样，就让它是怎么样；它的精神是自由的，摆脱了一切肉欲的羁绊，除了听从良心的声音以外，便不听从其他的声音；除了风俗和法律以外，便不受任何其他教义的束缚。这样的基督教，由于其道德的纯洁性，只要人们不使它成为国家体制的一部分，并在国家中只被看作是一种宗

* 这一点，卢梭在《社会契约论》第4卷第8章《论公民的宗教信仰》中讲得很清楚，他说：“对国家来说，重要的是，必须每个公民都信奉一种宗教，才能使他热爱他的天职。不过，这种宗教的信条只是在它们涉及道德和涉及信奉该宗教的人必须尽他对他人的义务时，才与国家和国家的成员有关。”——译者

** 三位一体说是基督教的教义之一；按这个教义的说法是：主宰宇宙的神只有一个，称为“上帝”。但上帝有三个称谓：在天上称为圣父（耶和华），降临人间称为圣子（耶稣），圣父和圣子共有的神性称为圣灵。这三个称谓指的是同一个主体的同一个神，故称“三位一体”。——译者

*** 原罪说，按基督教的说法是指亚当和夏娃在伊甸园偷吃禁果而犯的罪，据说，他们犯的罪，祸及他们的子孙，是后来人类一切罪恶的根源。——译者

教，一种观念和信仰，它在国家中便始终是好宗教。从政府法律的角度看，死守教条的基督教是一种坏宗教。

先生，我们从这一章中得出的明确结论，就是如此。我在这一章中不仅没有说纯洁的《福音书》是有害于社会的[①]，相反，我还指出它太过于社会性了，太过于想把整个人类都接纳在基督教里，以致给一个国家的排他性的立法工作带来不便；它向人们灌输的是人道主义，而不是爱国主义；它着力于培养人而不是培养公民[②]。我这些看法即使是错误的，我犯的是政治错误，怎么能说我亵渎宗教呢？

灵魂的拯救和政府的拯救是大不相同的。以为前者可以包括后者，这实在是无知的人的一种幻想；这同炼金术士一样，以为炼出了黄金，就可以找到一种包治百病的药；这也同伊斯兰教徒一样，以为在《古兰经》中什么知识都可找到。《福音书》的教义只有一个目的，那就是：召唤所有的人，使所有的人都得救，至于他们的自由和在尘世的幸福，在书中并无一语道及。这一点，耶稣已经说过千百次了[*]。如果把尘世的目的掺和进这个目的，那就会破坏

① 见《乡间来信》，第 30 页。——作者

② 看见人们把一些好的句子收集起来编排成书，这的确是一件很好玩的事情。不过，他们收集的也只是一些文字，而纸上的嘉言隽语是没有什么价值的，是不能铭刻在人的心里的；图画和现实之间是有很大的距离的。例如爱国主义和人道主义在效果上是两种互不相容的情操，尤其就一个国家的人民而言更是如此。立法者如果想把这两者都得到的话，其结果必然是既得不到前者，也得不到后者。这两者互相协调的情形，过去没有过，今后也不可能出现，因为这是违反人的天性的。人们不可能用同一种激情去同时达到两个目的。——作者

* 例如《约翰福音》第 10 章第 9 节说："我（耶稣——引者）就是门，凡从我进来的，必然得救。"又如《使徒行传》第 4 章第 12 节："除他（耶稣——引者）以外，别无拯救，因为在天下人间没有赐下别的名我们可以靠着得救。"——译者

它的崇高的纯朴性，就会以人世的利益玷污它的神圣性；这才是真正的亵渎宗教哩。

这些区别无论在任何时候都是存在的，而他们只是对我一个人不这样区分。我认为，只要不介入国家的体制，基督教就是人类最好的宗教。《论法的精神》的作者*走得更远，他说：伊斯兰教是亚洲地区最好的宗教；他是以政治学家的身份谈论这个问题的，我也是以政治学家的身份谈论这个问题的。他在哪个国家与人发生过争吵？我的意思不是说这位作者，而是说他那本书在哪个国家引起过争论？① 为什么我有罪，为什么他就没有罪？

先生，一个公正的评论家应当忠实地根据一本书的原文下断语，才能正确评介该书作者的真正思想和写作目的。但愿人们用这个方法来检验我的书；我毫不惧怕一切正直的人们对我的著作做出的评断。然而，那些先生们对我的著作的评语不是这样做的；他们过去没有，将来也不可能在我的书中找到他们想找的东西。他们按照他们不惜一切代价把我搞臭的计划，一方面避而不谈我那本书的真正的写作目的；另一方面却把书中每一个失误和疏忽的地方说成是它的写作意图。当他们偶尔发现一些意思不明确的句子时，他们便揪住不放，使劲加以曲解。在出产丰硕的土地上，他们不去寻找美好的果实，反而千方百计去寻找稗子和莠草，以此来指摘耕种这块土地的人，说他是一个坏农夫。

我书中的话，从上下文连起来看，没有一句是错的；按照我赋

---

* 指孟德斯鸠。——译者

① 需要指出的是，《论法的精神》的首版是在日内瓦印刷的，那些大学者们并未在书中发现任何一点可指摘之处，而且担任该书审校工作的，是一位牧师。——作者

予它们的意思，它们都是对世人有益的论述。是他们的曲解和篡改，才使我的论述变成该受指摘的。我的那些论述，在他们的书中读起来，就该批驳；而在我的书中读起来，就该受表扬。

对于这种阉割、篡改和断章取义地歪曲他人著作的丑恶行径，对于那些本人就是散布谬论和别有用心的攻击他人著作的指摘者，受他们伤害的作者和愤怒的公众不是已经对他们声讨过多次了吗？如果把拉・布吕耶尔*或拉・罗什福科**的惊世良言孤立起来看，那才妙不可言，不知道要闹出多少笑话哩。然而，把他们的文章和实际情况一加比较，方知他们讲的话都是正确的。在一本理论著作中，同一句话，不是由于作者表述的方法和人们理解的方法的不同，便很可能产生许多不同的意思吗？在他们指摘我的论点中，也许没有一个不会在我陈述这个论点的前面一页或后面一页找到我对该论点的进一步阐发，也没有一个论点不是我赋予它的意思与那些指摘我的人所理解的意思完全不同。这一点，你用不着读完这几封信，就可以见到许多使你感到吃惊的例子。

即使一本书中有一些话说错了，该受批评和谴责，难道单单凭这一点就可以说这本书是坏书吗？一本好书，并不是没有一点错

* 拉・布吕耶尔（1645—1696），法国文学家，早年在大孔代（即路易第二）家中当塾师时，发现常来亲王府的客人中，“美的丑的，忠的奸的，贤愚混杂，良莠不齐，遂择其优者，为之速写，分 16 章，编纂成书，题名《众生相，或本世纪的风气》……从 1688 年到 1694 年短短的 6 年间，连续 8 版。”（见《法国散文精选》，李平沤选编，北岳文艺出版社 1999 年版，第 51—52 页）——译者

** 拉・罗什福科（1613—1680），法国文学家，著有《警句集》一书，“反映了绝对君主专制统治下的社会日趋腐败和人们思想普遍悲观的现象。”（同上书，第 22—23 页）——译者

误的书，也不是一本没有任何一点可以被人误读的书；如果不这样看，那么，世上就没有任何一本书是好书了。一本书只要其内容好的地方多于坏的地方，就是好书；只要它总的效果是有益于人的，虽然其中也有一些不好之处，也是好书。唉！我的上帝呀！在一本充满了许多有用的真理和导人于善与为人虔诚正直的大部分著作里，我们能让某些人鸡蛋里挑骨头似地去挑毛病，挖空心思去寻找作者疏忽的地方与话说得不够明确和欠妥的地方吗？能让他们去任意指摘一个集中精力思考和满脑子有许多论点想阐述的作者的有些话是节外生枝，对不上茬儿吗？他心中要发挥的思想是那么多，哪能没有一句该说的话由于疏略而没有说呢？我们能让他们一方面把作者说得欠妥的话收集起来，把孤立的或分散在不同章节的文字串联起来，以便使它们的意思令人看起来是互相矛盾的；另一方面却只字不提作者为了阐明和印证其观点而条分缕析的详尽陈述吗？我们能把他们那一堆杂乱无章的鬼话说成是作者写作的真正目的吗？我们能让他们这样来歪曲作者的言论和评判作者吗？他们表面上说是在惩罚坏书，实际上是在惩罚好书；他们不顾作者的良苦用心和正确的意图，把作者无心而犯的小小过错说成是弥天大罪，请问：要跑到哪个荒野藏在哪个山洞，才能逃脱这帮人的迫害呢？在这个世界上，哪一本书（即使它写得非常出色）能逃脱他们这种专横武断的审查？没有，先生，一本也没有，甚至连《福音书》也逃不过他们的审查，因为书中原本不错的话，经过他们断章取义的曲解，也会被说成是错话和坏话。

他们竟敢这样说："我们提请你们审查的，是一本胆大妄为的亵渎宗教的书，此书公然主张让富人愈富、穷人愈穷[①]，并教唆孩子不认他们的母亲和弟兄[②]，鼓励人们要毫无顾忌地去抢夺别人的财产[③]，不要去教育坏人，以免他们悔过自新和得到宽恕[④]，要憎恨父亲、母亲、妻子、孩子和一切亲属[⑤]，"另外，此书还"到处煽风点火，唯恐天下不乱[⑥]，并教儿子如何拿起武器与父亲

① 参见《马太福音》，第13章，第12节；《路加福音》，第19章，第26节。——作者（原书此处的十二个注，作者只标注了《圣经》中的篇名和章次与节次，没有引录原文，现照录原文，以供参考。《马太福音》第13章第12节："凡有的，还要加给他，叫他有余；凡没有的，连他所有的也要夺去。"《路加福音》第19章第26节："凡有的，还要加给他；没有的，连他所有的也要夺过来。"——译者）

② 参见《马太福音》，第12章，第48节；《马可福音》，第3章，第33节。——作者（《马太福音》第12章第48节："他（指耶稣——引者）却回答那人说，谁是我的母亲？谁是我的弟兄？"《马可福音》第3章第33节："耶稣回答说，谁是我的母亲？谁是我的弟兄？"——译者）

③ 参见《马可福音》，第11章，第2节；《路加福音》，第19章，第30节。——作者（《马可福音》第11章第2节："耶稣对两个门徒说，你们往对面村子里去，一进去的时候，必看见一匹驴驹拴在那里，是从来没有人骑过的，可以解开牵来。"《路加福音》第19章第30节："你们往对面村子里去，进去的时候，必看见一匹驴驹拴在那里，是从来没有人骑过的，可以解开牵来。"——译者）

④ 参见《马可福音》，第4章，第12节；《约翰福音》，第12章，第40节。——作者（《马可福音》第4章第12节："叫他们——（指一般的普通人——引者）看是看见了，却不晓得，听是听见了，却不明白，恐怕他们回转过来，就得赦免。"《约翰福音》第12章第40节："主叫他们瞎了眼，硬了心，免得他们眼睛看见，心里明白，回转过来，我就医治他们。"——译者）

⑤ 参见《路加福音》，第16章，第26节。——作者

（《路加福音》第16章第26节："在你我之间有深渊限定，以致人要从这边过到你们那边是不能的；要从那边过到我们这边，也是不能的。"——译者）

⑥ 参见《马太福音》，第10章，第34节；《路加福音》，第12章，第51、52节。——作者

（《马太福音》第10章第34节："你们不要想我来是叫地上太平；我来，并不是叫地上太平，乃是叫地上动刀兵。"《路加福音》第12章第51、52节："你们以为我来，是叫地上太平么？我告诉你们：不是，乃是叫人纷争，从今以后一家五个人将要纷争，三个人和两个人相争，两个人和三个人相争。"——译者）

搏斗[1]，挑拨亲友们互相攻讦和彼此辱骂[2]，暗中教仆人如何与主人作对[3]，允许人们破坏法律[4]，并强迫他人[5]，把人民培养成强盗，把永恒的幸福赐与暴徒，作为他们巧取豪夺的奖赏[6]。”

你看，一个心怀恶意的人竟公然用这么一种胡乱阉割和篡改的方法，写了一本令人憎恶的《福音全书讲义》，而那些法利赛式的信徒们还得意扬扬地宣称此书是耶稣基督的训喻的精选本。可见，他的手段之恶劣，简直到了无以复加的地步。将来，凡是读过我的书的人，若再去读那些指摘我和迫害我的人的书的话，他们将发现，那些人就是这样对待我的著作的。

我认为我已经向你充分证明了那些先生们没有按照理性的原则评判我；现在，我还要向你证明他们也没有按照法律的规定裁判

① 参见《马太福音》，第 10 章，第 35 节；《路加福音》，第 12 章，第 53 节。——作者

（《马太福音》第 10 章第 35 节：“因为我来是叫人与父亲生疏，女儿与母亲生疏，媳妇与婆婆生疏。”《路加福音》第 12 章第 53 节：“父亲和儿子相争，儿子和父亲相争；母亲与女儿相争，女儿和母亲相争；婆婆和媳妇相争，媳妇和婆婆相争。”——译者）

② 同上。——作者

③ 参见《马太福音》，第 10 章，第 36 节。——作者

（《马太福音》第 10 章第 36 节：“人的仇敌就是自己家里的人。”——译者）

④ 参见《马太福音》，第 12 章，第 2 节。——作者

（《马太福音》第 12 章第 2 节：“法利赛人看见，就对耶稣说：看哪，你的门徒做安息日不可做的事了。”——译者）

⑤ 参见《路加福音》，第 14 章，第 23 节。——作者

（《路加福音》第 14 章第 23 节：“主人对仆人说，你出去到路上和篱笆那里，勉强人进来，坐满我的屋子。”——译者）

⑥ 参见《马太福音》，第 11 章，第 12 节。——作者

（《马太福音》第 11 章第 12 节：“从施洗约翰的时候到如今，天国是努力进入的，努力的人就得着了。”——译者）

我。不过，请让我暂时停笔休息一下；到了我这样的年纪，难道还要我来写令人气恼的文章吗？我已到了垂暮之年，还要来替我自己辩护吗？人们不是常说万事开头难吗？

第二封信

论日内瓦的宗教。宗教改革的原则。作者开始讨论奇迹问题。

先生，我在上一封信中做了这样一个假定，假定我确实犯了人们所说的违背宗教信仰的罪，而我同时也论证了我的那些罪过对社会是毫无危害的，因此，在人类的法庭面前是不该受到惩罚的。上帝自己会替他自己辩护，对只伤害他的错误，如果要惩罚的话，也由他自己来惩罚。有些人口口声声说要替神雪恨，这无异于亵渎神灵，无异于说神还需要他们来保护。只要人在世界上遵守社会的法律，则官员和国王对人的灵魂便不拥有任何权威；人们来生变成什么样子，官员和国王根本就无法过问；另一个世界里的事情，官员和国王是管不了的。如果人们无视这个道理，则为人类的幸福制定的法律就会变成对人施加的苦刑；可怕的宗教裁判所如果不根据人的行为而根据人的信仰来审判人的话，则它想迫害谁，就可以迫害谁。

既然在只与宗教信仰有关的事情上，法律无权过问人们的看法，那么，对阐述有关宗教信仰的书，法律也是无权过问的。如果这类作品的作者该受惩罚的话，那也不是因为这些作品散布了谬误，因为法律和执行法律的人不审判纯属信仰错误的问题。《乡间来信》的作者*似乎同意这个观点①，说不定他甚至还赞同政治家和哲学家应支持写作的自由**，放手让人写作哩②；不过，我在这里想论述的，不是这个问题。

可是现在，那些先生们及《乡间来信》的作者竟改口说什么要对我的书和我这个人进行审判，而且不把我当作基督徒来审判，而要当作一个公民来审判；不把我当作亵渎上帝的罪人，而要当作违反法律的犯人来审判。他们说我犯的不是亵渎宗教罪而是触犯法律的刑事罪，是宣扬异端邪说而不只是不信宗教。按照他们的说法，我攻击了国家的宗教，因此应当像制裁攻击法律的人那样依法惩办我。我认为，他们在为他们的做法辩解方面讲的那些话，让人听起来就是这个意思。

我认为，在这件事情上，有三个小小的疑点需要首先弄清楚。第一个疑点是，必须弄清楚这个国家的宗教究竟是什么宗教；第二个疑点是，必须弄清楚我是怎样攻击它的；第三个疑点是，必须弄清楚按照什么法律审判我。

这个国家的宗教是什么宗教呢？这个国家的宗教是新福音教；这是一个无可辩驳的美好名称。不过，这个新福音教今天在日内瓦是什么样子呢？先生，你知道吗？想必不知道吧？如果不知道的话，我反倒为你感到庆幸。至于我，我是不知道的。我以前以

---

* 指特农香。——译者

① 在这个问题上，他在《乡间来信》第 22 页说："我发现我的这些主张已经包含在他们的意见书中了；"在第 29 页，他还指出："无可辩驳的是，任何人都不应因为其宗教信仰问题而受到迫害。"——作者

** 着重号是原有的。——译者

② 第 30 页。——作者

为我知道，可是我同许许多多其他人一样，完全错了。他们在其他问题上都比我聪明，但在这个问题上，却同我一样无知。

当宗教改革家们*断然与罗马教会划清界限时，他们便明确指出了它的许多错误。为了从源头上纠正那些错误，他们赋予了《圣经》一个崭新的意义；这个意义，与罗马教会赋予《圣经》的意义是完全不同的。若问他们根据什么理由抛弃过去的教义？他们回答说是根据他们自己的认识，根据他们的理性。他们认为，在拯救灵魂的问题上，《圣经》中的话已经讲得非常清楚了，人人都懂得了，因此，每个人都可作这个教义的合格的裁判者，按照每个人的心去理解作为这个教义的指针的《圣经》中的话**。这样，大家就可以在主要的问题上协调一致；而不能协调一致的，就只不过是一些并不重要的问题了。

只有独一无二地按照这种精神来理解《圣经》，才是正确的（天主教的主张之所以遭到否定，就是因为它不承认这一点）；每一个人都应当按照这种精神对教义做出自己的判断。新教的两个基本观点是：承认《圣经》是衡量人们信仰的标准；除自己的理解以外，其他任何人对《圣经》的解释，都是不被认可的。这两个观点合并起来就构成基督教新教的原则；新教徒就是根据这个原则而与罗

* 指16世纪以马丁·路德（1483—1546）为代表的宗教改革家。——译者

** 在这一点上，卢梭后来在他的《忏悔录》中有一段把天主教徒与新教徒加以比较的话，可以作为此处这个论点的注释。他说："在学识方面，新教徒大都比天主教徒高明。这是必然的，因为前者的教义要求教徒们动脑筋思考，而后者的教义要求教徒们全盘服从。天主教徒总是按照上一级教士的决定行事，而新教徒则可以自己决定自己的行动方针。"（卢梭：《忏悔录》，李平沤译，商务印书馆2010年版，上册，第84页）——译者

马天主教徒分道扬镳的。不这样做，他们就会陷入矛盾，因为，在否定了天主教的权威之后，还能有什么其他的权威呢？

也许有人会问：按照这样一个原则，新教徒怎么能团结起来，联合一致呢？既然每一个人都有他自己的思想方法，他们怎么能步调一致地与天主教这个铁板一块的团体相对抗呢？他们能与天主教相对抗，他们在这一点上是齐心协力的。他们认为，他们当中的每一个人都是他自己合格的裁判官。他们对各种各样的理解方法都持宽容态度；只是对一种方法不宽容：那就是一切不允许自由理解的论调。他们所否定的，正是天主教的这种对《圣经》要统一解释的主张。他们齐心协力抵制罗马，而罗马也使劲抵制他们。他们的思想方法的多样性，是把他们团结在一起的共同纽带。许多小国就是这样结成联盟对抗大国的：小国结成的联盟并不损害其中任何一个国家的独立。

新教之所以能建立，其原因就在于此；它之所以能持久不衰，其原因也在于此。是的，大多数人信奉的教义，可以被看作是所有的人都信奉的教义，被看作是好的或最有权威的教义。当权者甚至可以把它编写成书，交给他派去当教师的人宣讲*。当然，在公立教育机构里是需要有一定的秩序和一定的教规的，不过，不能因此就限制任何人的自由，不能强迫人非讲授这种书不可；更不能因此就得出结论说每个人都必须接受这种教育，都必须遵行向他讲授的教义。相反，在信仰问题上每个人都依然是他自己唯一的裁

---

* 据记载：日内瓦于1536年开始奉行新教后，于次年(1537)便编印了一本《教理问答课本》。——译者

判官；除了他自己的权威以外，他不承认任何其他人的权威。良好的教育方法应当少定一些刻板的规定，而多想方设法使人们具有做出正确判断的能力。这才是宗教改革的真正精神，这才是它赖以前进的真正基础。只要从共同遵循的教义中去寻求信仰，每个人的理性都会大声宣告：信奉《福音书》。理性的精神是如此的自由，以致，即使它想屈从他人的权威，那也是办不到的。只要对这个原则有一丁点儿破坏，则《福音书》的全部教导都立刻会失去其意义。如果有人今天能向我证明我在信仰问题上必须服从某一个人的决定，那么，我明天就去当天主教徒，而且一切言而有信的人都会像我这样做。

对《圣经》的自由解释，不仅包括每个人都有按照自己的理解来解释书中各个段落的权利，而且允许每个人有权对他认为可疑的地方保持怀疑，对他不明白的地方表示不明白。这是每个信徒应有的权利。无论是牧师或政府官员都不能侵犯这个权利。只要人们尊重《圣经》，奉行《圣经》中的主要之点，就是按照《圣经》的教导行事了。日内瓦的有产者们的誓言没有超过这一点。*

现在，我发现那些博士们表现得很神气，以为他们在几个主要的问题上做得满对，而我全错了。且慢，先生们，别急着下结论。因为，现在要保持头脑冷静的，不是我，而是你们。首先，你们要弄清楚那几个主要的问题是什么问题，要弄清楚你们凭什么权利硬要我在不明白的地方(也许连你们自己也不明白)说我明白了。请

* 1735 年公布的《日内瓦共和国法令汇编》中的《有产者誓言》第 1 条是这样说的："首先，我们承诺并发誓要按照神圣的《福音书》的教义行事。"——译者

你们千万记住：如果你们要我把你们的决定当法律来执行，那么，你们就背离了神圣的《福音书》的精神，动摇了它的基础；你们该受到法律的惩罚。

无论是从新教建立之后的日内瓦共和国的政治状况来看，还是从早先的法令在宗教方面所订的条文来看，人们发现，新教与罗马的天主教是对立的，而法律早有明文规定，要取缔罗马天主教的教义和敬拜仪式，因为无论从哪方面来说，这两者都是有害于自由的。

处在这样一个特殊的形势下，可以说，不将两个教会彻底分离，国家就不可能存在；如果让唯教皇之命是从的天主教卷土重来，那么，共和国就必然会被消灭。因此，法律明文规定：取缔天主教的敬拜仪式，而按《福音书》上的教导敬奉上帝。这一点，一听民间流行的骂人语或脏话，就可以得到证明，而且，在你们的第一部《宗教法》中也使用了那些骂人语来抨击天主教的敬拜仪式，只是后来在危险已经过去之后，才把那些脏话删除了。此外，从教规督导委员会的誓词中也可得到证明：该誓词独一无二地要着重申明的，就是严禁"一切偶像崇拜；对一切亵渎宗教及其他各种有损上帝和新教荣誉的言行，都要严加禁止。"这是 1562 年通过的《教会法》的原话；在 1576 年修订这部法律的时候，在誓词的前面还加了一句"严厉防范各种坏事和坏言行。"[①]这充分表明第一个誓词的目的只是宣告与罗马的天主教分道扬镳，而修订后的誓词则表明要进一步从纯正风尚的角度来考虑问题。一个教会开始巩固以后，自然就会这样做的。需要指出的是：无论在前一个誓词或后一

① 见《宗教法》第 3 编第 75 条。——作者

个誓词中，还是在政府官员的誓词、有产者的誓词和牧师的誓词中，都只字未提错误观点和异端邪说的问题。没有把这两者作为宗教改革和法律制裁的对象，因为，如果把这两者作为制裁的对象的话，教会就会陷入自相矛盾的境地。由此可见，你们的《宗教法》中的“改革”一词所指的，全都是从前与罗马的天主教相争论的问题。

我知道，在你们国家的历史和宗教改革运动的历史中充满了许多表明宗教裁判非常严酷的事例。原本是受迫害的改革者，后来都变成了迫害者。这一矛盾的现象，在基督教的历史中到处都有，而就你们的国家而言，它所表明的，不是别的，乃是人的浮躁情绪和强烈欲望战胜了理智。正是由于同天主教教士相辩论，新教教士才养成了好争论和爱吹毛求疵的习气。他们企图主宰一切，裁决一切，凡事都由他们一锤定音。他们每个人表面上都很谦逊，但最后都把他们提出的意见当作最高法律，硬要别人服从。这不是大家和平相处的办法。加尔文无疑是一个伟大的人物，但他毕竟是一个人，而更糟糕的是，他是一个神学家。他自以为他的天才胜过其他一切人的天才，不喜欢别人同他争论，而他的大多数追随者也是这样。在这一点上，他们愈强词夺理，便愈应受到谴责。

他们的这种做法，岂不是给天主教徒提供了一个大好的批评机会吗？看见这些饱学之士，这些聪明人，在其他问题上讲得头头是道，而在为他们自己辩护时，却如此言不由衷地胡说一气，岂不令人痛心吗？若问何以会出现这种矛盾的现象，其原因不是别的，而是由于他们更多地是从他们的欲望和情绪出发，而不是从他们的教义出发。他们僵硬的正统观念，本身就是一种异端。这是宗教改革家的思想方法，但不符合宗教改革运动的精神。

新教是持宽容态度的宗教，它的本质决定了它不排除异己；正是由于它有成为持宽容态度的宗教的可能，所以它才成了宽容的宗教。它唯一不能宽容的是不宽容。这一不可克服的障碍，使我们和天主教彻底决裂，并把所有的其他的教派联合在一起。每一个教派虽都认为其他教派有谬误，但任何一个教派都不把也不应当把它看作是灵魂得救的阻力。①

我们今天的新教徒（至少是今天的牧师们）不了解或不喜爱他们的宗教。如果他们了解和喜爱他们的宗教的话，他们就会在我的书出版之时异口同声地发出欢呼之声；他们就会同我这个抨击他们的敌人的作者团结在一起。可是，他们宁可放弃他们自己的申诉，也不支持我的申诉。从他们可笑的傲慢态度和废话连篇与不容异己的做法就可看出，他们根本就不知道他们的信仰是什么，也不知道他们想说些什么和已经说了些什么。我只能把他们看作是教士们的走卒；他们不是由于爱教士，而是由于恨我才反对我。② 不过，在他们使劲争辩，大声嚷嚷，吵闹一番之后，正当他们庆祝他们小小的胜利时，站在一旁冷笑的罗马天主教等他们闹够了之后，便拿出无可辩驳的有力论据，把他们驳得体无完肤，并以

① 在基督教的各个教派中，我觉得路德派是最言行不一的。它好像是出于好玩，把其他各个教派互相攻击的意见都集中起来往它自己身上扣。它像罗马的天主教那样不宽容，但它缺少罗马天主教的那种大辩才；它排除异己，但又不知道为什么要排除异己。——作者

② 我觉得，没有必要特别说明我这句话没有把我那位牧师* 以及那些在这一点上同他的想法一致的人包括在内的。可是，写完这个脚注以后，我改变了看法：我要把他们也包括在内。不过，按照我的承诺，依然把这个脚注保留在这里，以便使那些也许会受教士的假话引诱便称赞教士的人引为教训。——作者

* 指莫蒂埃的牧师蒙穆兰。——译者

其人之道还治其人之身，大声告诉他们："你们干得好嘛；你们这些瞎掺和者，别再闹了，你们闹了半天，得益的是我们。"现在，让我们回过头来谈我的主题。

由此可见，日内瓦的教会没有而且也不可能像新教那样有一个明确的、为它的成员共同遵行的信仰宣言。如果日内瓦人想有这样一个宣言的话，那就必然会伤害《福音书》中所说的自由，就会背离宗教改革的原则，甚至破坏国家的法律。所有一切订立了某些信条的新教教会，所有一切公布了某些教义的教区大会，都只告诉牧师们应当讲授些什么教义。这种做法，是好的和恰当的。如果这些教会和教区大会试图通过这个办法去达到更多的目的，并规定信徒们非信仰某些教义不可，那么，这种做法的本身不表明别的，只表明它们不了解它们自己的宗教信仰。

日内瓦的教会很久以来就表现得似乎不像其他教会那样背离基督教的真正精神。正是根据这个虚假的表面现象，我才对日内瓦的牧师们作了我以为他们应当受到的称赞*；（不过，我当初称赞他们，并不是为了欺骗公众。）然而在今天，从前是那么平易近人的牧师们竟一下子变得成天板着面孔，说话十分生硬，而且爱挑毛病，随意指摘一个在俗教徒**讲的话不符合正统教义，甚至信口开河地把他们的教义乱讲一通；今天出现的这些情形，谁能料到呢？

* 卢梭在他的《论人与人之间不平等的起因和基础》的献词中，曾把日内瓦的牧师看作是"神圣的教义的传播者，"称赞他们"用生动畅晓的语言把《福音书》中的箴言传入人心，并且总是以身作则，实践那些箴言。"（卢梭：《论人与人之间不平等的起因和基础》，李平沤译，商务印书馆 2007 年版，第 28—29 页。）——译者

** 在俗教徒，指未担任神职的教徒。——译者

人们问他们:耶稣基督究竟是不是神?他们不敢回答;人们问他们:宗教究竟有哪些奥义?他们不敢回答。他们能回答什么呢?在他们要求人们奉行的信条中,有哪些主要的信条和我的主要信条是不同的?他们的信条能否包括我的信条?

有一位哲学家*匆匆把他们瞅了一下,他一眼就看出他们是阿里乌斯派教徒,是索齐尼派教徒。他这样评论他们,以为是在称赞他们,殊不知这正好暴露了他们是看重世俗利益的人。在这个世界上,人的信仰通常都是由这个因素决定的。

一受到惊吓,他们便立即集合起来开会,你一言我一语地乱作一团,不知如何是好**。经过翻来覆去地商讨和研究之后,①才发表了一个含糊其辞的声明,既不说"同意",也不说"不同意",就像拉伯雷书中的那两份辩护书②***一样,根本就叫人看不懂。其实,该怎么办,他们的教义中不是已经讲得很清楚了吗?他们不是已经把它熟记于心了吗?

他们当中有一个人****为了批驳我的基督教信仰,竟不惜糟践

---

* 指达朗贝尔。——译者

** 指1757年达朗贝尔写的《日内瓦》(载《百科全书》第7卷)在日内瓦引起的骚动。奉行加尔文教义的日内瓦是禁止演戏的,而达朗贝尔在《日内瓦》这个词条中竟公开主张在日内瓦城中修一座剧院上演伏尔泰等人写的戏剧,因此,引起了日内瓦政教两界人士的严重不安。——译者

① 对于这个问题,有一位新闻记者说:在信仰方面,一经决定,便应立即发表一份明确的声明。——作者

② 要想在某些事情上更清楚地加以解释,而又不显得言行不一,看来,还真有点儿不好办。——作者

*** 指法国16世纪小说家拉伯雷的《巨人传》第11和12章中伯士居尔和于穆弗士纳两人向巨人庞大格吕埃提出的辩护书。——译者

**** 指雅各·维尔纳(一位日内瓦的牧师)。——译者

他自己的基督教信仰，写了一本虽文字通顺但通篇充满了戏谑之言的小册子来攻击我。日内瓦的牧师们对这位同行的学问，尤其是对他那本小册子的文笔大加赞赏，认为它是一本大才子的作品，还派了一个代表团去祝贺他。日内瓦的牧师先生们真是怪人！人们不知道他们究竟信仰什么和不信仰什么，更不知道他们假装信仰什么。他们表达他们信仰的唯一手段是：攻击别人的信仰。他们像耶稣会教士那样强迫他人遵行那道《教皇圣谕》*，而他们自己却不遵行。他们不仅不解释人们认为他们所宣扬的教义，反而欺骗其他教会，一再同他们自己的辩护人发生争吵，试图以他们这种忘恩负义的行为来证明他们今后已不再需要我来为他们辩护，以为以迫害我的姿态出现，就可表明他们是相当正统的基督徒。

从以上所说，我可以得出这样的结论，即：今在日内瓦，神圣的宗教改革应包括哪些内容？这个问题一时还很难说清楚。不过，可以确信无疑的是：它应当把主要的精力放在消除早期的宗教改革家尤其是加尔文与罗马天主教争论的那些问题产生的影响上。这是你们国家的宪法的精神；你们之所以能成为一个自由的民族，靠的就是这种精神；宗教之所以能纳入国家法律的组成部分，也单单靠的是这种精神。

现在让我从第一个问题转到第二个问题。在一本书中尽量把宗教的真理、用途和必要性详加论证，并表明不排除其他任何

* 《教皇圣谕》，1713 年罗马教皇为反对冉森派教士而颁发的一道“圣谕”。——译者

宗教[①]后，作者*宣称他宁愿信奉基督教而不信奉其他宗教，宁原信奉按《福音书》的教导行事的新教，而不信奉其他宗教：作者这样信仰新教，怎么还说新教受到了我的攻击呢？这真是令人难以想象。你看，天下竟有这等谬论。

我在前面已经大体上论证，而且此后还要详细论证，在我的书中，基督教一点也没有受到攻击。在不攻击一般的教义的情况下，而要专门攻击任何一个教派的教义的话，就只能用两种方式进行；一种是：用支持它的对立教派特有的教义的方法而间接攻击它，另一种是直接攻击它特有的教义。

请问：我在哪里赞同过天主教特有的教义？恰恰相反，我唯一攻击的，就是它特有的教义，而且，正是由于这个缘故，所以才惹得天主教徒全都反对我；天主教徒不反对我，基督教徒肯定也不会反对我。我认为，这种情形的确是人们从来没有听说过的怪事之一，然而，这的确是真的。我在此重申：我在巴黎曾明确表明我信的是新教，我在日内瓦也明确表明我信的是新教。

我怎么会攻击新教的教义呢？恰恰相反，我曾竭尽全力支持他们的教义。在信仰问题上，我不断主张要服从理性，不断主张对《圣经》可自由理解，主张按《福音书》的教导持宽容态度，并服从法律，即使在敬拜仪式上也不要违反法律的规定。所有这些，都是新教特有的基本教义；没有这些基本的教义，新教不仅不能牢固地建

① 我竭诚希望各位公正的读者把《爱弥儿》中紧跟在《一个萨瓦省的牧师的信仰自白》之后的那段文字重新阅读一遍并加以仔细分析；我在这里讲的这番话的意思，在那段文字中也讲过。——作者

* 指卢梭本人。——译者

立，甚至根本就不能存在。

不仅如此，单单这部作品的写法，就对新教的论点是多么有利啊。说话的人是一个天主教教士；他既不是亵渎宗教者，也不是不信教者而是一个极其虔诚的人。他为人十分正直和忠厚，尽管他心中有一些疑难不解的问题和不同的看法，但在他的心灵深处，对他所信奉的宗教是非常尊重的。他的话，全都是发自他内心的肺腑之言；他说：既然被召唤来为这个宗教服务，他就一定要尽可能准确地履行他应尽的职责；即使在微小的事情上稍有怠慢，他也会受到良心的谴责。对于违背他的理性的宗教奥义，他只静心沉思，并依然在举行祝圣仪式的时候，按照教会和圣洁的圣事的要求行事，而不乱发议论。他怀着敬重的心情朗读祝圣的颂词，对它的效果深信不疑，而且，不论这种不可思议的奥义将产生什么效果，在最后审判之日他都不惧怕因为在他的心中曾对它持怀疑态度而受到惩罚。①

这个真正善良的和令人敬佩的聪明人，这个真正的基督徒，世上罕见的最虔诚的天主教徒，就是这样思考问题和讲述他心中的想法的。

现在让我们听这位道德高尚的教士对一个已经皈依天主教的年轻新教徒是怎样讲的，是怎样劝告他的："回到你的故乡，再信奉你的祖先所信奉的宗教，诚心诚意地信奉它，再也不要脱离，因为它非常的朴实和神圣；我相信，在举世所有的宗教中，只有它的道德最纯洁，它的教理最能自圆其说。"②*

① 《爱弥儿》，第3卷，第185—186页。——作者

② 《爱弥儿》，第3卷，第196页。——作者

* 见卢梭：《爱弥儿》，李平沤译，商务印书馆2007年版，第453页。——译者

歇了一会儿以后，他又继续说道："只要你愿意倾听你的良心，即使有千百重虚幻的障碍，也是阻挡不住它的声音的。你将感觉到，像我们这样怀疑，宁愿信奉其他的宗教而不信奉我们生来就隶属的宗教，那才是一种不可原谅的冒失行为，是一种虚伪的行为：口头上说信奉那种宗教，实际上又不忠实地照那种宗教的话去做。如果你自甘堕落，你就会剥夺你自己在最高的审判面前受到宽恕的巨大权利。难道你不知道他能原谅我们在别人的教唆之下误入歧途，而不能原谅我们自己存心选择错误的道路吗"[①] [*]

在这段话的前面几页，他说："如果在附近或我的教区中有新教徒，我在基督徒的慈善事业方面，对他们也跟对我本教区的教徒一样，一视同仁。我将教他们平等地互相亲爱，教他们彼此看作是弟兄，教他们尊重一切宗教，教他们在各自的宗教中安宁地生活。我认为，勾引一个人离开他生来所属的宗教，无异于勾引他去做坏事，因此也无异于我们自己在做坏事，在期待更无限光明到来的时候，我们要保守公共秩序；我们在所有的国家中都要尊重法律，不能扰乱法律规定的崇拜形式；我们绝不能叫那个国家的公民不服从它的法律，因为我们一方面不知道，叫他们抛弃自己的见解而采纳别人的见解，对他们是不是有好处；而另一方面我们又十分确切地知道：不服从法律是一件很坏的事情。"[**]

先生，你看，这就是一个天主教教士在这本书中所说的原话。他们指摘我在这本书中攻击新教，然而事实上，我什么攻击的话也

① 见卢梭：《爱弥儿》，李平沤译，商务印书馆 2007 年版，第 195 页。——作者

* 卢梭：《爱弥儿》，李平沤译，商务印书馆 2007 年版，第 453—454 页。——译者

** 卢梭：《爱弥儿》，李平沤译，商务印书馆 2007 年版，第 451 页。——译者

没有说。也许,他们可以责怪我的是:我太偏向他们了,我犯了一个不该犯的错误,让一个天主教教士用从来没有任何一个天主教教士用过的那种语言说这番话。可见,在这些问题上,我所说的话,与他们硬说是我讲的话,恰恰是相反的。看来,日内瓦的官员们也有点儿举棋不定;如果他们明知我讲的话是真的,还硬说不是的话,他们是不会成功的。

不过,在这本书中也确实提出了许多反对的意见和疑难问题。请问:为什么不能提呢?一个基督教徒对他认为值得怀疑的事情提出疑问,对他认为不妥当的事情表示反对,这有什么错?如果你们认为很清楚的问题而我认为不清楚,如果你们认为已经论证的问题而我认为还没有论证,你们有什么权利硬要我的理智屈从于你们的理智,把你们的话当法律?难道你们自以为像教皇那样永远正确吗?用一副天主教徒的口吻指摘我攻击新教,这岂不是很可笑的吗?

还有,我提的那些反对意见和疑难问题,是针对信仰的基本观点提的吗?怎么能说我表面上是在提出疑问,而实际上是在收集一切割裂、动摇和摧毁基督教的基本教义的论点呢?如果真是这样的话,问题的性质就变了,我就是有罪的了。可见,他们的指摘全是一派谎言,是那些连自己都不知道自己的基督教的基本教义是什么的人的弥天大谎。至于我,我对于我的基督教的基本教义了解得非常清楚,而且已经讲得明明白白。朱莉[*]的信仰自白几

[*] 朱莉,卢梭的《新爱洛伊丝》中的女主人翁。“朱莉的信仰自白”指朱莉临终时所讲的那一大段表明其宗教信仰的话。(参见卢梭:《新爱洛伊丝》,李平沤、何三雅译,译林出版社 2002 年版,第 6 卷书信 11,第 717 页)——译者

乎全篇都是肯定的意见；牧师的信仰自白*第一部分也全都是肯定的意见，第二部分有一半也是肯定的意见；《论公民的宗教信仰》**那一章也有一部分是肯定的意见；《致巴黎大主教先生的信》***中表述的意见，也是肯定的。先生们，你们先看一看我的基督教的基本教义，然后再看一看你们的基督教的基本教义。

这些先生们的鬼点子多得很。他们为那帮迫害者制定了一套新的和最便当的论战方法，对所有一切含糊不清的教义三言两语，一笔带过，然而当一个作者一不小心触犯了他们的时候，他们就会在他的书中逐字逐句地查找他的论点。当他们以为找到了的时候，他们就从反面去解释该作者的言论，说它们是他攻击宗教信仰的铁证，并大声嚷嚷说他亵渎宗教，辱骂神灵，指摘他在书中无一语道及他们所制定的信条，因此，对该作者必须大加挞伐。

在他们攻击我的那一大堆论点中，要怎样才能弄清楚他们究竟攻击了我些什么呢？要怎样才能把他们的无耻谰言分门别类地加以阅读呢？谁愿意跑到日内瓦的破烂王那里或纳沙泰尔的旧货市场上去淘那些破铜烂铁和旧衣服旧袜子呢？面对他们的那些荒唐语，我愈看愈糊涂，不知道怎么办才好。现在，仅从其中挑选一

---

* 牧师的信仰自白，指《爱弥儿》下卷中的《一个萨瓦省的牧师的信仰自白》（参见卢梭：《爱弥儿》，李平沤译，商务印书馆 2007 年版，第 377—457 页）。——译者

** 《论公民的宗教信仰》，指《社会契约论》第 4 卷第 8 章《论公民的宗教信仰》。——译者

*** 《致巴黎大主教先生的信》，指 1762 年 11 月 18 日在莫蒂埃写的《致巴黎大主教克里斯托夫·德·博蒙的信》。——译者

个他们最得意的问题作例子，来说明他们那帮说教者[①]吵吵嚷嚷闹得天翻地覆的问题是：如何看待奇迹。

我将详细探讨这个问题；请你原谅我的文章写得很长，使你看起来很累。要不是为了省得你去思考他们为什么对有些问题不愿意深谈的话，我是不会谈论这个可怕的问题的。

他们说："尽管让-雅克·卢梭自称是基督徒，但他不是。我们这些真正的基督徒，从来不像他那样看问题。尽管让-雅克·卢梭声称他相信'启示'，但他从来不相信。举一个例子如下。"

"上帝并不直接向每个人都表露他的意志；他通过他的使者告诉人们，而他的使者行奇迹作为他们的使命的证据。因此，谁否定奇迹，就等于是否定上帝的使者；谁否定上帝的使者，就等于是否定神的启示，而让-雅克·卢梭公然否定奇迹。"

首先，让我们认为他们讲的道理和事实都是对的，然后再回过头来进行分析。如果这个假定成立的话，则前面那段话便只有一个缺点，那就是：它是在直接批驳那些使用这个论点的人；它对天主教徒很有利，而对新教徒则很不利。现在就让我来证明这一点。

你也许已经发现我经常重复我以前讲过的话；不过，这有什么关系呢？当我觉得同一个论点对不同的问题是有用处的时候，我怎么能避而不再使用呢？如果硬要避而不使用的话，那是很可笑的。因为，问题不在于说法要有变化，而在于说的是真理，要说得

① "说教者"是一个贬义词，日内瓦的小议会在写给枢机主教弗雷里的信中曾使用这个词。如果不是小议会的例子使我知道可以大胆使用这个词的话，我是绝不会使用这个词的。——作者

正确和说明问题。好了,让我们接着往下谈,集中力量谈主题。

当早期的宗教改革家开始向人们讲解他们的教义时,全世界的教会都处于和平状态,人们的看法都是一致的,没有任何一个教义在基督教中遭到非议。

在这种宁静的状态中,突然有两三个人提高了他们的声音,在欧洲大声叫喊:各位基督徒,你们要当心呀,有人在欺骗你们,想把你们引入歧途,把你们带入地狱。教皇是反基督者,是撒旦的走卒,他的教会是传播谎言的温床。如果你们不听我们的话,你们就会遭到灭亡。

对于这些早期的叫嚷者,吃惊的欧洲人有一阵子默不作声,等待着看究竟会发生什么事情。后来,教士们终于从惊讶中清醒过来,发现那些新出现者是一些宗派分子,他们的行径同说话武断专横的人是一样的,于是,教士们觉得必须同他们把事情弄清楚,问他们到底是在和谁这样大吵大闹?那些人神气十足地回答说他们是传播真理的使徒,是上帝派来对教会进行改革,把信徒们从神甫使他们走上的沉沦的道路拉回到光明之途。

神甫们反驳他们说:是谁派你们来担任这项扰乱教会的宁静和公众的安宁的差事的?他们回答说是他们的良心、理智和内心的觉悟,尤其是上帝的旨意;谁不听从上帝的旨意,谁就有罪。是上帝召唤我们来担负这项神圣的使命的,因此,我们要履行我们的天职。

于是,天主教的神甫们说道:看来,你们真是上帝的使者嘛。在这种情况下,我们认为你们当然可以进行讲道、改革和教化人们等活动。不过,为了获得这项权利,请先把上帝给你们的委任状给我们看一下,然后当众作预言、给病人治病、启迪愚顽和显现奇迹,以此作为向我们展示你们确实负有上帝使命的证据。

宗教改革家们回答的话很漂亮,值得转录如下:

“是的,我们是上帝的使者,不过,我们的使命并不特殊,只不过它是在正直的良心和圣洁的理性推动下进行而已。我们没有给你们带来什么新的启示,因为此前早已给你们了,只不过你们并未真正理解罢了。我们到你们这里来,也不给你们带来什么奇迹,因为那是骗人的东西,许许多多虚伪的教义都靠这种东西糊弄人。我们给你们带来的是永远不骗人的真理和理性。我们给你们带来的是这本圣洁的书;这本书已被你们糟蹋得面目全非,只好由我们来向你们详细讲解,你们才能明白它的真谛。我们的奇迹是不可辩驳的论据,我们的预言是陈述事实。我们现在就向你们作这样一个预言:如果你们不听我们口中向你们传达的基督的话,你们就会像不忠实的仆人那样受到惩罚,因为,尽管人们向他们传达了主人的意思,而他们却不去执行。”

天主教的教士自然是不会认为这些新的论点是讲得很对的,因此他们当中的大多数人都十分小心,生怕漏出一言半语表示支持这些论点。人们发现,这场争论一形成这个样子,这场争论就难以结束,每一方都想旗开得胜,打倒对方,新教的教徒认为他们讲的道理和提出的论据是如此的明白,所以,只有心怀恶意的人才拒不承认,而天主教发现自己这一方的某些人的巧妙的论点并不是无可辩驳的,因此不可能让整个教会都表示信服,何况在许多已争论许久的问题上,整个教会已表明与他们的看法完全不同。

这场争论至今仍停留在这个状态,人们不停地争论各方论据的说服力,只要人们不是同一个脑袋,这场争论就永远没个完。

不过，对天主教徒来说，问题的关键不在这里。他们的战术错了；如果他们对他们对手的论据不翻来覆去瞎挑毛病，不搞文字游戏，而始终坚持对对手以理服人的话，我觉得，他们也许会把他们的对手弄得狼狈不堪的。

他们应当向他们的对手指出："首先，你们的论点只不过是一种'预期理由'*，因为，虽说你们的论据的说服力表明你们负有此项使命，但在它们不能使之信服的人看来，你们的使命是假的，因此我们有权把你们当作异端分子和假使徒，当作教会和人类中的捣乱分子，严加惩处。"

"你们说你们不是在宣讲新的教义，那么，请问你们在向我们宣讲的时候，讲的是什么呢？给《圣经》中的话以一种新的解释，这不是在传播新的教义，又是什么呢？这不是硬要上帝另外讲一套话，又是什么呢？他给我们的启示，不是他说的话的声音，而是他的话中的含义。改变教会确认的意义，就是改变神的启示。"

"还有，你们是多么地不讲道理啊！既然你们也认为要使一项神的使命具有权威性，就需要有奇迹来证明，而事实上，你们（你们自己也承认你们只不过是普通人）在同我们讲话时却摆出一副神的使者的架势。① 你们甚至说你们的那套胡言乱语具有解释《圣

---

* "预期理由"，逻辑学中的一个术语，指在论证过程中，以其本身尚待验证的判断作为论据的逻辑错误。——译者

① 法赫尔明确无误地在日内瓦的一次主教会议上宣称他是上帝的使者。这就惹得会中的一个成员引用喀伊夫的原话指斥他"亵渎上帝，还需要其他的证据吗？他该死。"谈到奇迹问题，就需要举出另外一个奇迹来证明前一个奇迹确实是奇迹。然而耶稣没有这样做，法赫尔也没有这样做。弗洛芒公然向禁止他传道的官员们宣称"最好是服从神而不服从人，"并且不顾禁令继续传道。这种行为，只有得到上帝的一道特别命令，才敢进行。——作者

经》的权威；你们试图剥夺我们也可自由解释《圣经》的权利，把我们这些组成教会的人都享有的权利全都据为己有。你们有什么权利硬要我们大家的意见服从你们个人的意见？你们硬说自己一贯正确，这是多么不可容忍的狂妄自大啊！你们说只有你们讲的道理是对的，而其他的人讲的道理都不对，而且不让那些不同意你们的意见并认为自己也是正确的人保留他们的意见。[①] 只要你们只是发表你们的看法而不做其他事情，则你们同我们之间的区别是可以容许的；然而事情并不是这样的。你们向我们公开宣战，你们到处煽风点火；你们拒不做日课，就是叛逆，就是偶像崇拜者，就该下地狱。你们想把所有的人都改信你们的教，甚至强迫他们信你们的教。你们武断地按你们自己的意思解释教义，强词夺理地批评他人，把不同意你们意见的人逐出教会，甚至惩罚他们，置他们于死地。你们行使先知的权威，把自己看作是特殊的人物。怎么！你们这些新冒出来的革新家，单单只得到几百人支持你们的意见，就可以把反对你们的人处以火刑！而我们这个有十五个世纪历史的教会，在千千万万人的支持下，还不能把你们处以火刑吗？好了，你们赶快住嘴，别再装腔作势冒充使徒了。现在，把能证明你们身份的证据给我们看一看，否则，我们就要凭比你们强大的实力，有权把你们当作骗子，加以惩处。”

对于这番话，先生，你看那些宗教改革家能拿出什么招数来加

① 无论何人，只要对加尔文稍微提一点点反对的或不同的意见，就会被看作是撒旦的走卒，犯了该处以火刑的罪。这样一来，世上哪一个人敢说自己比加尔文更英明，更像神那样随心所欲地永不出错？敢于同加尔文持不同意见，因而被处以火刑的，不只是塞尔维一个人。——作者

以对应？我，我可看不出来。我觉得，他们不是被弄得哑口无言，便是只好施展奇迹。如果被弄得只好使用奇迹的话，这在真理的朋友们看来，以这种办法来解围，实在是太可悲了！

我由此得出这样一个结论：如果要用奇迹来证明那些宣讲新教义的上帝的使者的使命的话，这就彻底推翻了宗教改革运动的主旨，就等于是用对方无中生有地指摘我们的那番话来自己打自己的嘴巴。

先生，在这件事情上，我的话还没有讲完。不过，我要讲的话不能中断，必须写一封长信一口气连续地讲，才能把它讲清楚。好了，这封信就写到这里吧。

第三封信

续前题（谈“奇迹”）。简评对方提出的其他几项指摘。

先生，现在让我接着谈我在上封信中谈论的奇迹问题。我已经阐明，如果需要用奇迹来证明上帝的使者的使命的话，那就无异于摧毁新教的全部教义，现在让我接着来探讨它们在证明神的启示方面有什么用处。

人的脑袋的构造各个不同，不可能大家的看法全都一个样，尤其是在信仰问题上更是如此。在这个人看来是非常清楚的问题，而在另一个人看来却不清楚。这个人由于其特有的思想方法而需要某种证据，他才信服某种事物，而另一个由于其特有的思想方法则需要另外一种完全不同的证据，他才信服某种事物。大家有时候也可能对同一种事物达成一致的意见，但大家都以同样的理由达成一致的时候，是很少的。顺便说一句，从以上所说，我们可以充分看出这方面的争论的本身就是没有多大的道理的，正因为如此，所以我们有时候才强迫别人非要同我们一样看问题不可。

由此可见，当上帝给人们一种大家都非相信不可的启示时，他就需要提出大家都认为是好的证据来证明他的启示是有用的，而且，由于接受它们的人的看法是不同的，因此他还需要提出让不同的人认可的不同的证据。

根据这个在我看来是又简单又明了的道理，我发现，上帝必须使担负他的使命的人具有不同的特征，才能使他们的使命让所有的人，无论是大人或小人，也不论是聪明人还是笨人，有学问的人还是没有学问的人，都表示承认。而在这些人当中，凡是头脑相当机灵，能同时识别这些特征的人，当然是很幸运的，而只能对其中几个特征略有感触的人，则不那么幸运，只让他看到几个特征，就足以使之信服了。

在这些特征中，第一个最重要的和最真切的特征，是从教义的性质中产生出来的，也就是说，是从教义的用途和教义的美[①]与教义的神圣性、真实性及其他一切能向人们传播最高智慧和最佳箴言的教育性中产生的。正如我已经说过的，这个特征是最真实的和明确无误的；它本身就是一个证明；有了这个证明，就无须其他证明。然而这个特征也是最难识别的。为了识别它，就需要研究，就需要思考，就需要同其他人一起探讨，因此，只有学识渊博的贤者才能做到这一点。

第二个特征存在于上帝挑选出来传达他的话的人的身上，即他们有像圣人那样的风范与为人的真诚和正直、白璧无瑕的人品、不受人类欲望影响的坚强性格，再加上他们的智力、理性、学识和

---

① 我不知道人们为什么要把我们的各类书中所讲的美德都归功于哲学的进步。《福音书》中讲述的美德，在被哲学家们宣扬以前，原本是基督徒在宣扬，只不过基督徒只宣扬而不实践。请问：哲学家们除自己对自己大肆吹捧一通之外，还做了些什么？他们自我吹嘘而没有人捧场，这有什么用呢？

柏拉图的话往往是很深奥的，但他有时候不也出错吗？不也是错得无以复加吗？至于西塞罗，谁能相信这位雄辩家没有柏拉图就写不出他的《论责任》？在道德方面，只有《福音书》中的教导始终是可靠的、真实的和独一无二的，而且始终是那么言简意赅、朴实无华的。——作者

行事的稳重等令人尊敬的品质的综合，在无半点可遭人指摘的缺点的情况下，就可构成表明他们负有此项使命的证据，表明他们不是一般的人。他们以这个特征打动正直的和善良的人们，使他们在有正义的地方看到真理，从有德之人的口中听到上帝的声音。这个特征还有它永不误导人们的准确性。骗子愚弄好人，这不稀奇；好人误把热情的冲动当灵感，因而做了错事，这也不稀奇。

上帝的使者的第三个特征，是他能发射出一种神的威力，使接收到这种威力的人可以随心所欲地阻止或改变自然的进程。在三个特征中，要数这个特征是最明显、最引人注目和一眼就可看出来的。它的效果来得非常之快，用不着费多大的工夫研究和讨论，就可以使人感觉到，因此，这个特征也是能特别吸引那些不能细心推理的人的注意的，因为他们的观察力十分迟钝，在任何事情上都是凭着自己的感觉行事。然而，正如我们在后面即将看到的：正是这一点使这个特征令人产生怀疑；不过，只要它能吸引它应当吸引的人的注意，又何必去追问它是假的还是真的呢？因为这些人根本就没有能力去辨别嘛。由此可见，只有从教义中产生的特征才是真正确切无疑的特征，只有头脑清晰的推理者才有坚定不移的信仰。然而神的恩泽是要普遍惠及智力不高的一般人的；他一心专注的是，要向他们展示他向他们提供的证据。

这个问题就谈到这里为止，而不再进一步研究是否可以举出更多的特征，因为它对我们讨论的问题没有用处。很显然，当所有这些特征都具备的时候，那肯定是足以使所有的人，即：除了狂人、没推理能力的人和本来就对一切持怀疑态度的浑人以外的所有的人，无论他是贤明的人、善良的人或一般的人，都表示信服。

这些特征，是那些具有这些特征的人的权威的证据；这是人们必须相信他们的理由。当这一切得到证实以后，他们的使命的真实性便确立了，他们就有权以上帝使者的身份执行他们的任务了。证据是手段，而使人们信奉教义是目的。只要人们信奉教义，就用不着去争论证据的数目是多还是少与如何选择了。只要有一个证据使我相信，人们就休想使我再去采纳别的证据了。说一个人不相信他说他相信的事物，这种看法至少是可笑的，何况人们说他不相信该事物的理由，恰恰是同我们说我们相信该事物的理由是一样的呢。

我认为这些道理是十分清楚的和无可辩驳的；现在来谈具体问题。我说我是基督徒，而那些迫害我的人说我不是。他们之所以说我不是基督徒的证据，是因为我否定神的启示；他们说我否定神的启示的证据，是因为我不相信奇迹。

要证明他们对我的指摘是对的，就必须要有这两件事情当中的一件，即：要么奇迹的确是神的启示的独一无二的证据，否则就是我还否定了其他证明奇迹的证据。然而奇迹并不是神的启示的独一无二的证据，我也没有否定其他的证据。恰恰相反，人们可以在他们指摘我否定神的启示的那本著作*中找到我对它们发表的肯定意见。①

---

* 指《爱弥儿》。——译者

① 需要指出的是，作为天主教徒，那位教士还提出了许多反对意见，而他的那些反对意见，在新教教徒看来都是不能成立的。因此，不论用什么方法论证，都不能证明他的怀疑态度就是我的态度，尤其是我在那篇文章的末尾明确说明之后，就更不能说我有那种怀疑态度了。人们在我的文章中可以很清楚地看出，文中所指出的那几个反对意见都是站不住脚的。——作者

争论的焦点就在这里，那些先生们只说我否定神的启示，而闭口不谈我要看到令我信服的证据我才相信它，而不能根据不令我信服的证据便相信它；我不这样做，他们便说我否定神的启示。天下还有比这更荒谬的道理吗？

他们因为我不承认那个不仅不是耶稣给予的，而且还是被耶稣否认了的证据，便说我犯了罪，我这样批驳他们，不算过分吧。

耶稣不是以施展奇迹而是以讲述真理的方式开始向人们表明他来到他们中间的目的的。他十二岁时，便能在圣殿与博学的圣师探讨问题，时而向他们提出疑问，时而又以他聪慧的对答使他们感到吃惊。他就是以这种方式开始他一生的事业的，这一点，他本人已经向他的母亲和约瑟夫讲得很清楚了。[①] 他走遍全国都没有展示奇迹，而是向人们宣讲天上的国。[②] 尽管他收了几个门徒，但他不是由于向他们施展了奇迹，才使他们拜他为师的。他说他要到了迦拿之后才施展第一个奇迹。[③]

当他后来施展奇迹时，也往往是在特殊的情况下进行的；从情况的选择上就可看出，他不是为了使公众把他施展的奇迹看作是证据，更不是为了显示他的威力，因此从来没有人问他是不是为了达到这个目的才施展奇迹；即使有人问，他也会否认的。所有这些，从他一生的行事就可看出来，尤其他讲的话，我们一听就可听出他是讲得那么的真切，以致没有任何一点可批驳之处。

① 《路加福音》，第 11 章，第 46、47、49 节。——作者

② 《马太福音》，第 4 章，第 17 节。——作者

③ 《约翰福音》，第 2 章，第 11 节。我不相信有谁会把魔鬼的试探与四十天不进饮食看作是他向公众展示他的使命的奇迹。——作者

耶稣的工作进行得很顺利；这时候，那些饱学的圣师眼见他在他们当中行事好像一个先知，便要求他行一件奇事给大家看一看。对于这个要求，那些先生们将以为耶稣会怎样回答呢？他们将以为他会这样回答："你们要求我施展一项奇迹，其实，我已经向你们施展过一百项了。你们以为我来到你们中间，不首先拿出证据来证明我是谁，便以弥赛亚*自居，好像我想使你们错把我当其他人，使你们犯一大错误吗？不，不是这样的；我在迦拿行的事，我治好了百人队队长的仆人的病，我使麻风病人恢复洁净，使盲人重见光明，使瘫子能行走，使几个饼变成许多饼，使全加利利和犹地亚的人都盼望我；这些都是我施展的奇迹，你们为什么假装说没有看见呢？"

耶稣没有这样回答。先生，他是这样回答的：

"一个邪恶淫乱的国家的人求神迹，而他一个神迹也不显现给他们看。"后来，他又在另外一个地方补充说："除了先知约拿的神迹以外，他便没有向他们显示其他的神迹。"[①]说完这句话，他便离开他们了。

你看他对那种疯狂追求奇迹的现象斥责一番之后，他是怎样对待那些要求他施展奇迹的人的？这种情况不仅只是发生过一次，而是发生过许多次。[②] 可是在你们的那些先生们看来，这种要

---

* 《圣经·旧约全书》中所说的救世主。——译者

① 《马可福音》，第 8 章，第 12 节；《马太福音》，第 16 章，第 4 节。为了简化，我把这两处文字合并在一起，但我保持了它们之间的主要的区别。——作者

② 参见以下章节：《马太福音》，第 12 章，第 39、41 节；《马可福音》，第 8 章，第 12 节；《路加福音》，第 11 章，第 29 节；《约翰福音》，第 2 章，第 18、19 节；第 4 章第 48 节，第 5 章第 34、35、39 节。——作者

求是很正常的，为什么要斥责那些提出这种要求的人呢？

有些人认为，不承认耶稣施展的奇迹是证明他的证据，就等于是否定基督教的启示说，而耶稣本人却宣称他根本就没有说过他要提出什么证据；这两者当中，我们应当相信哪一个呢？

他们问先知约拿施展的奇迹是什么？我回答他们说：约拿施展的奇迹就是他对尼尼微人进行了布道；正如耶稣本人所说的，约拿施展的奇迹，就是他对犹太人施展的奇迹。[①] 我认为第二段话只有一个与第一段话有关的意思，否则，耶稣就会自相矛盾。在第一段话中人们要求以一个奇迹作证据，而耶稣很明确地答复说他不会以任何奇迹作证据。由此可见，第二段话的意思不是指任何奇迹似的证据。

他们接着说，第三段话的意思是以耶稣的复活为证据。[②] 我不这么认为，因为那顶多也只是以他的死亡为证，然而一个人的死亡并不是奇迹；一个人的身体在地里躺了三天之后被取出来，这也算不上是奇迹。在这段话中没有一个字提到复活。何况这是一个人活着的时候对他死后才发生的事情所夸的海口，这能作为证据吗？这样做，等于是送一个话柄给那些不信教的人去批评嘛，也无异于自欺欺人嘛。这种做法是多么的错误；这样来诠释耶稣的行事，是多么的亵渎耶稣的教导啊。

现在让我们回过头来谈不可辩驳的论据。第三段话的意思与第一段话的意思并不矛盾。第一段话讲得很清楚，耶稣从未提出

① 《马太福音》，第 12 章，第 41 节；《路加福音》，第 11 章，第 30、32 节。——作者

② 《马太福音》，第 12 章，第 40 节。——作者

过什么证据，一个也没有提出过。不管怎么说，我们都可以用耶稣本人的话来证明。即使他生前施展过什么奇迹，那也不是为了以它们作为他的使命的证据。

每一次犹太人要求他拿出证据的时候，他都带着鄙夷的语气把他们打发走，从来不满足他们的要求，他甚至不赞成人们把他行的善事也看作是奇迹。他对那个求他为其儿子治病的人说："若不看见神迹奇事，你们总是不信。"[①]如果他想用奇迹来证明的话，他能用这种语气说话吗？

如果他动不动就施展奇迹，人们哪里还会那样一再要他施展奇迹呢？犹太人问他："你行什么神迹叫我们看见就信你。摩西在旷野里给我们祖宗吗哪[*]吃，可是你，你到底做了什么事呢？"[②]你们的那些先生们讲的话，大体上就是这个意思；这有点儿像那些把国王陛下也不放在眼里的人那样公然质问腓特烈："有人说你是一个大统帅。凭什么这么说？你做了什么事情表明你是这样一个人？古斯塔夫在莱比锡和吕岑两战两胜；夏尔在费劳恩施塔特和纳瓦尔曾立下赫赫战功。可是你，你有什么战功？你在哪里打过大胜仗？攻下过哪个城堡，远征过什么地方？哪一场战役给你带来了荣誉？你有什么权利自称'大帝'？"说话的口气这么莽撞，真是不可想象；在这个世界上，哪里能找到这么一个张口胡言的人？

然而耶稣并不斥责那些对他说这种话的人，也不给他们施展任何奇迹，更不向他们讲解他此前行过的奇迹；他一一回答他们提

① 《约翰福音》，第 4 章，第 48 节。——作者

* 吗哪，《圣经·旧约·出埃及记》中所说的上帝赐给以色列人的一种食物。——译者

② 《约翰福音》，第 6 章，第 30、31 及其后几节。——作者

出的问题，只拿“从天上赐下的粮”* 作比喻。哪知他的回答非但没有给他招来新的门徒，反而使他原先的门徒中有几个竟弃他而去。那几个背弃他的门徒的想法当然是同你们的神学家的想法是一样的。在那几个背弃他的门徒走了之后，他问剩下的十二个门徒：“你们，你们也要走么？”** 看来他并不把那些只有看到奇迹才愿留下的门徒放在心上：他们要走，他就让他们走。

犹太人要求看天上显现的神迹；按照他们的那套说法，他们的要求是合理的。能证明弥赛亚的降临的神迹，在他们看来还不太明显和确切，还不能完全解答他们的疑问，而且亲眼见到的人也不太多。由于直接来自天上的证据比人的证据更有效力，因此最好是相信神迹本身，而不要相信那些说自己见到了神迹的人，这就是说：宁信天而不信地。

犹太人认为他们的要求是有道理的，因为他们要看到一个明确无误的神奇的弥赛亚，他们才能相信。可是耶稣在那位先知*** 之后说：天上的国的来临，不需要大张旗鼓；那个宣布天国降临的人并不与人争辩，也不叫嚷，街上也听不见他的声音****；这一切都不像奇迹那样张扬，因为这不是他行事的目的。他从来不把喧腾的外表和必要的威严看作是真正的证据；他不是为了提出证据才做那些事的。相反，他把他的秘密告诉了他所医治的病人和那个又能重新走路的瘸子以及他从魔鬼手中解救出来的那些被鬼怪附身的人。他这样

* 《约翰福音》，第 6 章，第 32—58 节。——译者

** 《约翰福音》，第 6 章，第 67 节。——译者

*** 指先知以赛亚。——译者

**** 参见《马太福音》，第 12 章，第 17—20 节。——译者

做,看来是因为他担心人们会看出这些都是出于他施展奇迹的效力;应当承认:用这种方式来表明他的使命,的确是很奇怪的。

但愿人们领悟到为什么犹太人要求耶稣拿出证据,而耶稣为什么不满足他们的要求的道理。他说:"那些弃绝我的人将受审判,谁审判他们呢?是我施展的奇迹审判他们吗?不是,是我所讲的道审判他们。"[*]可见证据是他所讲的道,而不是他施展的奇迹。

人们在《福音书》中所读到的耶稣施展的奇迹,都是有实际用处的,但它们各个都不令人眼花缭乱感到吃惊;它们同他所讲的话一样朴实,同他一生的行事一样朴实。他所施展的最令人可亲身感受得到的奇迹,无疑是用五个饼和两条鱼让五千人吃饱[**]。不仅他的门徒都看见了这个奇迹,而且可以说他让那五千人的手都接触到了这个奇迹,然而那五千人并不感到神奇,并不感到吃惊。请你想一想:谁能像他那样做了许多事情都没有让直接亲眼目睹的人觉察到那就是他给世世代代的人显示的有力证据?[1]

耶稣施展奇迹的真正目的,根本不是为了使人们具有宗教信仰;恰恰相反,他总是在人们有了宗教信仰之后,他才施展奇迹。这种情况,在《福音书》中是随处可见的。正是由于这个缘故,正是由于一位先知在他自己的国家里不受尊敬,所以他在他自己的国

---

* 参见《约翰福音》,第12章,第48节。——译者

** 关于这件事情,《圣经》中是这样记载的:"门徒们说我们这里只有五个饼两条鱼,耶稣说拿过来给我。于是吩咐众人坐在草地上,就拿着这五个饼两条鱼望天祝福;擘开饼,递给门徒,门徒又递给众人,他们都吃,并且吃饱了。……吃的人,除了妇女孩子,约有五千。"(《马太福音》,第14章,第17—21节)——译者

① 《马可福音》,第6章,第52节。有人说这是由于他们的头脑很愚笨,不过,谁敢夸口说在领会神的意图方面自己的头脑比耶稣所拣选的门徒们的头脑更聪明。——作者

家里很少行奇事。[①] 我们甚至可以这样说：正是由于他自己国家里的人不相信宗教，所以他不可能在自己的国家里施展奇迹。[②] 你怎么能这样说呢？事实上，正是由于人们不相信宗教，所以才需要用奇迹去说服他们嘛，如果他施展的奇迹有此目的的话。可是耶稣施展的奇迹没有这个目的。他施展的奇迹，只不过是为朋友做的善行，做的好事；为那些相信他的人做的善行，做的好事。他做的种种善事，就属于这种行为。他说他"行的事可以为他作见证。"[③]他做这些事情，目的在表明他有做好这些事情的能力，而不是为了使人感到吃惊。它们是善举[④]，而不是奇迹。最高的智者怎么会使用与他的目的相反的手段呢？他怎么会没有预见到他用来支持他的使者的权威的奇迹将产生完全相反的效果呢？他怎么会没有预见到它们会引起人们既对奇迹本身也对他的使命的真实性产生怀疑呢？已经有了那么多有力的证据，若再用奇迹作证据的话，这无异于画蛇添足，反而会使那些头脑清醒的人对其他的证据产生怀疑，这个道理，他哪里会预见不到呢？是的，我始终认为，企图用奇迹来支持信仰，反而会成为人们坚定信仰的最大障碍。把《福音书》中的那些奇迹通通删除，则全世界的人都会对耶稣基督顶礼膜拜了。[⑤]

① 《马太福音》，第13章，第58节。——作者

② 《马可福音》，第6章，第5节。——作者

③ 《约翰福音》，第10章，第25、32、38节。——作者

④ 《圣经》中用的是这个词，而我们的译者却将它改成"奇迹"。——作者

⑤ 当保罗对雅典人讲道的时候，人们本来是静静地听他讲的，然而，在他讲到一个死人复活时，有些人就开始发笑，另外一些人则对他说："够了，其余的内容我们下一次听吧。"* 我不知道当今的基督徒是怎么看法的。不过，如果他们是因为耶稣行奇迹而信耶稣的话，而我却恰恰是因为他不行奇迹而信他。我坚信我心中的信念比他们坚定。——作者

* 参见《使徒行传》，第17章，第32节。——译者

先生，你看，正是《圣经》本身指出，对耶稣基督的使命来说，奇迹并不是一种必需的证据，不能认为我们不相信奇迹就是不相信耶稣，何况其他段落的意思与这几段的意思是相反的，而这几段的意思又有自相矛盾的地方哩。因此，我运用我的权利，在这些段落中，我只相信讲得最合理和最明确的意思。如果我贸然夸口说我能讲解全部经文，我就必然会像一个真正的神学家那样按照我自己的意思讲错每一段经文，然而良好的宗教信仰不允许我这样随心所欲地任意讲解；我认为，凡是我懂得的事物，我当然有足够的把握做出正确的解释，而对于我不懂的事物，我就保持沉默，也不听信别人的解释，因为别人的解释反而使我愈听愈不明白。① 我

① 有这个看法的人，不止我一个；有好几位其正统观念比日内瓦的教士还强的神学家也有这个看法。以下是其中一位神学家1764年2月28日就这个问题写给我的信：

“不论那帮当代的基督教的卫道士怎么说，我认为，他们在《圣经》中是找不到任何一句话来表明奇迹是用来向各个时代和各个地方的人作证据的。根本不是这样的；我认为，即使对那些亲眼目睹奇迹的人，耶稣也不是为了向他们展示证据才施展奇迹的。当犹太人要求圣保罗施展奇迹时，圣保罗便向他们讲耶稣被钉死在十字架上的故事。我敢肯定，当时如果是格老秀斯和博伊尔学会*的创建者以及维尔纳与维尔勒之流站在这位使徒的位置上的话，他们除了马上派人去找一帮江湖艺人按照他们的想法演一场戏来满足这个要求以外，便别无其他办法。这些人以为用他们那一套杂乱无章的论据就可以出奇制胜；我希望总有一天人们会怀疑他们是不是被一帮不信教的人收录到他们的队伍里了，如果是这样的话，那也好，用不着先成为哈杜安**就可加入他们的团伙了。”

人们不要以为写这封信的人是我的同党，他根本不是；恰恰相反，他是我的对头之一。他一再发现其他的神学家根本就不知道自己说了些什么，他担心实际的情况还更糟糕：那些相信奇迹的人的信仰，在明智的人看来是大可怀疑的，这是一位著名的宗教改革家的看法：“那些相信奇迹的人的信仰，并不十分坚定。”（贝茨：《约翰传》，第2卷，第5章，第23页）——作者

* 博伊尔学会，英国人罗伯特·博伊尔（1627—1691）为捍卫基督教的教义而创办的学会。——译者

** 哈杜安（1646—1729），指法国18世纪以善发怪论著称的耶稣会教士让·哈杜安。——译者

相信《福音书》中的话，而不相信他人的解释；我不强要别人听从我的解释，别人也休想要我听从他们的解释。这个规则是共同的和明确的，在对待《圣经》的问题上，每个人的看法是个别的，而每个人的看法只能指导他自己。如果完全听从别人的解释，就等于是用别人的解释去代替《圣经》的原文；就等于是听人的话，而不听上帝的话。

现在让我继续陈述我的理由。在论证了信不信奇迹，并不是判断一个人信不信宗教的必要标志之后，我还要进一步指出：奇迹并不是完全可靠的和百无一误的证据；它们是否可信是要由人来判断的。

一项奇迹，是神的权能在某一特定事情上的直接表现，是自然秩序中的某种可感知的变化，是人的眼睛可以看见的自然法则的一个例外。人们在论证这个问题时，如果想说服人，就不能背离这个原则。这个原则包含了两个需要首先解决的问题。

第一个问题：上帝是否能制造奇迹？这就是说他是否能违背他自己制定的规律？如果有谁硬要拿这个问题来讨论的话，即使不说他的想法是荒谬的，但至少也可以说他这个想法是亵渎神明的。如果一个人竟贸然从反面来解答这个问题的话，人们惩罚他，反倒是在抬举他。干脆把他关起来就得了。有没有人否认上帝能制造奇迹呢？只有希伯来人敢问上帝是否能在旷野里摆设筵席。*

第二个问题：上帝是否愿意制造奇迹？这是另外一回事情。撇开一切其他问题不谈，我们可以说，这个问题本身是毫无意义的；它与上帝的荣耀毫无关系；我们不能根据上帝是否愿意制造奇

* 见《圣经·旧约全书·诗篇》，第78篇，第19节："他们妄论上帝，说上帝在旷野岂能摆设筵席么。"——译者

迹来决定我们是否愿意赞美上帝。还有，虽说人们在对待信仰的态度上可能有某些不同，但由于我们对神的智慧和尊严具有最大的信心，所以我们不赞成提出这样的问题。只有傲慢无礼的人才硬要提这种问题。你看，人的心竟狂妄到如此程度。其实，这个问题纯粹是一个超出人的能力的问题；如何回答，全看上天的旨意，因为，正如你即将看到的，这不是人力所能解决的。所以，我们千万要小心，切莫用好奇的目光去窥探其中的奥秘；要敬畏那无始无终的存在，不可亵渎它的名，因为，对于它，除了知道它的无限伟大以外，其他情况我们就一无所知了。

如果有一个人兴冲冲地来向我们宣布他看见了一个奇迹；尽管他把话说得很肯定，但我们要琢磨是否仅凭他这样一句话就相信他真的看见了一个奇迹。即使有一千个人说相信，我也不相信。

有些人以心里的感受来论证自然界里根本就不可能有的事情；对于这种无稽之谈，我把它放在一边，不加评论，因为它没有任何一种以自然的可能性为基础的可信性。在这种情况下，凡是那些在纯思辨性的事物或其真实性尚不明确的事物中承认这种证据的人，我们可以断言，在他们的物质利益稍一受到影响时，他们就会比谁都闹腾得凶。假定一个死者突然来向他的继承人索回他的财产，声称他已经复活[①]，并且已经向官方申请加以确认。你相信世界上会有一个法庭加以确认吗？这个问题，我们在这里没有必要去讨论，一切都让事实去证明好了。在这里，我们只需指出感官

① 请注意，在我的假设中，我所说的复活，是真正的复活，而不是一次假死之后的复苏。——作者

所获得的印象和理性所判断的现象是有区别的。

既然一个奇迹是自然法则的一个例外，那么，为了判断它，我们就需要知道这些法则；为了准确地判断它，就必须知道所有的自然法则，因为，只要有一个法则我们不知道，它就会在某种我们不了解其真相的情况下改变我们所知道的法则的结果。可见，如果一个人宣称他所看见的某种事物是一个奇迹，那就表明他通晓所有一切的自然法则，并且能断定该事物是自然法则的一个例外。

世上哪有这么一个通晓所有一切自然法则的人呢？就连牛顿也不敢吹这个牛嘛。一个亲眼看见某种从前没有听说过的事物的聪明人，他当然可以证实他看见了该事物，人们也会相信他。但是，无论是这个聪明人还是其他的聪明人都不会断言该事物（无论它是多么令人吃惊）是一个奇迹；因为他有什么根据能说它是一个奇迹呢？

对于一个自吹能制造奇迹的人，我们顶多只能说他能做某些非常奇特的事情。他说他的，谁又去否认他能做某些奇特的事呢？我，我就见过这种事情，而且做这种事情的人就是我本人。[①]

在对大自然进行的研究工作中，每天都有新的发现；人的技能

① 1743年我在威尼斯就见过一种相当新奇的魔术，比普雷勒斯特庙会上表演的魔术还奇特。谁想看这种魔术，就走进一个房间里，单独一个人坐在房间里，从一个全是白纸的本子里随意撕下一张白纸，然后拿着这张白纸说（不是用口说，而是在心里默说）自己想知道什么事情。说完就把那张白纸叠起来装在一个封套里，在封套上盖上封印，放在一本书里，眼睛紧盯着书，念几段书中十分古怪的咒语，念完就把封套取出来，查看封印是否完好，然后打开封套，把那张纸取出来一看：纸上写的，就是他想知道的事情。

表演这个魔术的魔术师是法国驻威尼斯大使馆的一等秘书，他的名字叫让-雅克·卢梭。

我为人谦逊，能成为一个魔术师，我已经心满意足了。不过，如果我抱有成为“先知”的雄心，谁又能阻挡我，不让我成为一个先知呢？——作者

也每天都在进步。奇妙的化学能使物质产生蜕变、沉淀、爆炸和发出磷光与自燃等现象，还能制造类似地震那样的震动与千百种使在现场看见的人惊叹不已的奇观。愈疮木油和硝酸并不是罕见的液体，把这两种液体混合在一起，你将看到它们会发生怎样的变化。不过，不要在房间里做这种试验；如果在房间里做这一试验的话，那会引燃整个房子的①。如果巴力的先知们当中有一位鲁埃尔先生*，他们的柴堆就会自动燃起来了，而以利亚就会被人们看作是骗子了**。

你将一个杯子里的液体与另一个杯子里的液体一混合，立刻就会变成墨水；将一个盆子里的水倒进另一个盆子里的水，两个盆子里的水一混合，立刻就会变成固体。*** 哈尔古学院的一位“先知”到几内亚对当地的土人说：你们看那位差遣我到这里来的人的法力，我可以把水变成石头。他用连小学里的孩子都知道的方法造冰。结果，还真把那里的黑人蒙住了，对他钦佩得五体投地。

从前，先知对天上叫喊一声，就可能取来天上的火****；今天，一个小孩子用一块玻璃也能取来天上的火。约书亚能叫太阳停止不前*****，而今天的牛皮大王甚至说他可以使天上的日月无光，

① 要把这一试验做成功，有几件事情需要注意。我想，各位读者是不会要我现在就公布其中的要诀的。——作者

* 鲁埃尔(1703—1770)，法国18世纪的一位大化学家。——译者

** 关于“如果巴力的先知们当中有一位鲁埃尔先生，他们的柴堆就会自动燃起来”的故事，请参见《圣经·列王记上》，第18章，第21—39节。——译者

*** 这里所说的两种化学反应现象，在18世纪已广为人们所知，例如将溶有绿矾与硫肝的两杯水混合在一起就可以构成墨水。——译者

**** 句中的先知指以利亚；关于以利亚取来天火的故事，见《圣经·列王记下》，第1章，第10、12节。——译者

***** 关于约书亚叫太阳停止不前的故事，见《圣经·约书亚记》，第10章，第10—13节。——译者

如果真有这种奇事，那就更令人吃惊了。洛勒神甫的书房可以说是一个魔术实验室，他那本《数学游戏》称得上是一本奇迹大全。你叫我怎么说呢？集市上玩数学游戏的人多得很嘛，布里奥舍这类江湖艺人也不少嘛。我曾经许多次看见一个荷兰北方的农民用一把镰刀点燃蜡烛，他用这个把戏甚至把巴黎人都蒙住了，如果他拿到叙利亚去表演，那又将产生什么样的效果呢？

巴黎的各个集市都是一个奇怪的大戏台，没有哪一个集市上没有令人吃惊的玩意儿。然而公众却从来不说它们有什么了不起。对奇妙的事物和不可思议的事物见多了，也就见惯不惊了。当我写这段文字的时候，有人在集市上看见两部轻便的小机器，其中每一部机器都可听从人的命令，叫它运转它就运转，叫它停它就停。我在集市上还看见过一个用木头制作的会说话的人头；对于这个木制人头，人们虽谈论，但却不像当初谈论大个子达尔贝*制作的人头那样起劲。我还看见过一桩更令人莫明其妙的怪事：许多人，其中甚至有许多学者和科学院院士，一大帮人竟公然跑去看什么痉挛神功**，而且看了以后还都惊叹不已哩。

用一个喷水器、大玻璃镜、磁石和晴雨表，不就能做出许多在那些无知无识的人看来是奇异的事情吗？欧洲人用艺术就把野蛮人迷糊得把他们当作神。如果一个人在上一个世纪带着一套我们今天的每一个物理学家都有的电工器具，来到这科学与艺术荟萃之

* 大个子达尔贝，法国13世纪的一位多明我会的修士，据说，他能制作像人那样活动的机器。——译者

** 18世纪法国冉森派教徒中出现的一种宗教狂热现象，据说，人笃信神明能笃信到全身痉挛的程度。——译者

地，来到这学校与科学研究机关林立之地，来到欧洲、法国和英国，演示电的奇异现象，人们将把他看作一个巫师而投入火中烧死呢，还是把他看作一个天神而顶礼膜拜？我们可以断言，在这两种对待办法中，人们总会采取一种；然而，无论采取哪一种，都是错误的。

我不知道医术是否已经完善了，还是永远也不能完善；不过，就我所知，它是不会超出大自然的范围的。一个人生病和病了能治好，这都是很自然的；他的病可能突然治好，他也可能突然死去。对于某些病人的康复，我们顶多只能说他康复得这么好，有点儿令人吃惊，而不能说他本来是不可能康复的，如今康复了，实在是一个奇迹。你怎么能证明这是一个奇迹呢？我承认，有些事情，如果我亲眼见到的话，也可能会使我感到惊异的。见到一个瘸子走路，这并不奇怪，但看见一个没有双腿的人走路，这就奇怪了。看见一个瘫子活动他的胳臂，这不令人吃惊，但看见一个原本只有一只胳臂的人突然有两只胳臂，这就令人吃惊了。更使我感到吃惊的是，看见一个死人复活；事实上，那个死人本来就不是死人。① 请参布

① “拉撒路已经被埋在土里了吗？”他是第一个被活埋的人吗？“他被埋了四天？”是谁计算的？不是耶稣，因为他当时不在现场。“拉撒路已经发臭了。”你是怎么知道的？是他的姐姐说的。全部证据就是这些。其他的女人一受惊吓，也会这样说的，即使这事不可能是真的。“耶稣大声呼叫他，他就出来了。”* 要当心，切莫瞎说，因为这在物理学上是不可能的，像这样的事情，尤其不可能。在其他不甚困难的情况下，耶稣确实做过一些奇事（参见下一个脚注），既然他做的都是奇事，为什么有这个差别呢？因为此事很可能是被夸大了。这还不是圣约翰夸大得最出格的事：我发现，他夸大得最厉害的是《约翰福音》最后一句话所说的那件事。** ——作者

* 见《约翰福音》，第 11 章，第 43 节。——译者

** 《约翰福音》最后一句话（第 21 章第 25 节）是这么说的：“耶稣所行的事还有许多，若是一一都写出来，我想所写的书就是世界也容不下了。”——译者

吕伊埃的著作。*

这样一种奇事，无论是多么令人惊异，我都不愿意作见证，因为我不知道这到底是怎么一回事情嘛。所以，此事不仅不能使我轻信，我很担心它也许会使我成为愚人。好在此事与我无关，现在让我们回过头来接着谈我们的主题。

最近人们已经发现了把一个被水淹死的人救活的要诀，还找到了把一个自缢身亡的人救活的法子。对于其他种类的死亡，谁知道是否能找到方法使人们认为已经死了的人恢复生命呢？从前，人们不知道如何去除白内障，而现在，我们的外科大夫全都会这种技术。谁知道是否能找到一个秘诀一下子就把它去掉呢。谁知道掌握这个秘诀的人是否能使这么一项被无知的人和有先入之见的作者看作是奇迹的技术之后做起来更简便呢？① 有人说我讲的这些都不大可能。诚然。不过，我们也没有证据证明它们根本不可能。我在这里说的没有证据证明它们根本不可能，是从自然科学的角度说的。

* 指布吕伊埃的《论不确切的死亡迹象与匆忙埋葬的弊端》(1742—1745)。——译者

① 人们有时候发现，书中描述的细节根本就算不上是超自然的技术。有人把一个盲人带到耶稣那里。耶稣没有马上进行医治；他把那个盲人带到村外。在那里，他给盲人的眼睛上涂抹唾沫，把双手放在盲人的身上，接着便问他是否看见什么东西了。那个盲人回答说他看见有人在行走，而那些人好像是树木似的。根据盲人的回答，耶稣认为第一次医治还不够，于是又开始第二次；那个盲人的眼睛终于治好了。**

另外一次，耶稣不是单用唾沫，而是用唾沫和泥治好一个瞎子的眼睛。***

我不禁要问，把这些事情说成是奇迹，有什么用呢？难道大自然要与耶稣争功吗？为了让人家听他的话，难道他还需要玩弄什么花招吗？他还需要用唾沫和泥土作药吗？他还需要多费口舌吗？只要他愿意，他还是什么都能做到吗？谁敢说耶稣为了把他的事情做成功，也难免不使用江湖艺人的那套小把戏，借此吹嘘自己并取悦观众；谁敢这么说呢？可是你们的那些先生们就敢，他们说他也需要玩弄这样或那样的技巧。——作者

** 见《马可福音》，第 8 章，第 22—26 节。——译者

*** 《约翰福音》，第 9 章，第 6 节。——译者

在我们的眼前展示其威力的上帝，也只不过是给我们展示一些好像是真有其事的迹象，展示一些很可能有的迹象。由此可见，奇迹之所以奇，完全是由于那些看他施展奇迹的人的无知，何况在某个时代或某个民族看来是奇异的事，在另一个时代或另一个民族看来就未必是奇异的事。因此，普遍的证据是没有的；任何以普遍证据为根据的说法，也是不攻自破的。请问：谁能给我展示几个不论在任何时候和任何地方看来都是奇异的奇迹？虽说《圣经》上讲过几个好像是这类奇迹，但它所讲的其他奇迹就不是这样了。神学家呀，请你回答我：你是让我把它们通通看作不是这样的奇迹呢，还是允许我从其中挑选几个来评论？等你决定之后，我们再来细说。

先生，请注意，虽然我对某些情况下发生的事情的叙述有点儿过甚其词，但我并没有对所有的事情的依据提出质疑。这一点，我在前面已经说过了，在这里再说一次也不算多余。耶稣在上帝的启示下，他的智慧比他门徒的智慧当然高得多，因此能做出许多奇异的事情；这是不足为奇的。无知的人把这些奇异的事情看作是神的奇迹，其实它们一点也不神奇。他运用他的智慧，并按照自然的法则，能做出多少在他们和在我们看来是从未见过的事情呢？[①]这一点，我们不知道，也不可能知道。看见奇异现象的人往往夸张地描述其事，这是很自然的。他们这样做，既误导了自己，也误导了他人，尽管他们是出于无心的。只要一件事情稍稍超过了我们

① 那些神学家们巴不得我有一言半语把耶稣说成是一个骗子。他们使劲嚷嚷，毫无根据地指摘我，以便使人们认为我真的把耶稣说成是骗子。他们煞有介事地这样说，翻来覆去地这样说。啊！如果这些可爱的基督徒最后能从我口中套出几句亵渎耶稣的话，他们就大获全胜了；他们仁慈的心将感到多么满意和骄傲啊，他们将怀着多么喜悦的心情举着用他们心中的怒火点燃的火把点燃那个柴堆把我烧死啊。——作者

的知识一点点，我们就会认为它是我们的智力不能识别的，从而把它看作是一桩奇事，因为我们的心总是希望自己所看到的事情确实是一件前所未见的神奇之事。

正如我已经说过的，所谓“奇迹”，只不过是一般的普通人未曾见过的某些现象而已。他们对自然的法则所知甚少，但随着人们知识的增长，人们的知识范围必将一天天扩大，从而发现有许多事物还有待于他们去认识。大科学家认为：这个范围是如此之大，以致他们根本无法看出哪一件事物才说得上是一个奇迹。智者从来不说“这不可能；”他们口中常说的话是：“我不知道。”

对于那些连篇累牍地讲述许多奇迹的作者，我毫不怀疑他们的本心是好的，但他们的确是极其愚昧的，完全是为了上帝的荣耀才那么讲述的。对于他们所讲的那些奇迹，我们该怎样看呢？对它们全都加以否定？不。对它们全都加以承认？我不知道。[①] 我

① 在《福音书》中，有些词句如果全按字面的意思去理解而又不有损它的原意，那是不可能的，譬如关于被鬼附身的人那段叙述，就是一例。我们一看魔鬼做的事，就知道他是魔鬼，而真正被鬼附身的人，乃是坏人；我们的理智不可能把他看作是另外一种人。关于这一点，我们就谈到这里；让我们接着谈其他问题。

耶稣问一群魔鬼叫什么名字。[*] 什么！魔鬼也有名字吗？天使有名字吗？精灵有名字吗？是为了他们之间互相称呼，还是为了上帝便于呼唤他们而有名字的？是谁给他们起的名字？是用什么语言起的名字？这些名字是从什么嘴里叫出来的？是用什么耳朵听的？这个名字叫“群”，因为他们的数目是许多（这一点，耶稣表面上好像不知道），这些无论为善或为恶都是绝顶聪明的天神，这些敢与上帝作对的精灵，居然违抗上帝的旨意，全都钻进一个人的身体里，后来，在被逼迫得钻出那个可怜的人的身体时，只好央求耶稣允许他们进入一个猪群。他们的要求得到了允许，结果，那一群猪全都投入海里淹死了。这就是这位人类的救世主的使命的最大证据；这就是向男女老少证明耶稣行奇事的证据，谁也不能怀疑；谁怀疑，谁就会被罚入地狱！公正的上帝啊，我的头脑发晕，不知道我现在身在何处。先生，这就是你们的宗教信仰的依据吗？我觉得，我的宗教信仰的依据比你们的依据更可靠。——作者

* 关于这一大段叙述的故事，请参见《马太福音》，第 8 章，第 28—34 节。——译者

们应当对它们全都加以尊重，而不评说它们究竟是对还是不对，即使对我们下一百道命令要我们说，我们也不说。一切法则都是很严格的，是不允许我们随便下结论的。由此可见，为了要确实找到一个虽然从理性上看来只不过是一件令人惊异的事的“奇迹”，我们也必须这样做。

如果天主教徒真有什么可靠的办法做出这类奇事，它们将对我们产生怎样的后果呢？按照他们一贯的做法，必然是：教会一旦认定某件事情是奇迹，它就是奇迹，因为教会是永远不会错的。不过，我在这里与之商榷的，不是天主教徒，而是新教徒。新教徒们狠狠地把《一个牧师的信仰自白》中的某些部分批了一通，然而这个《自白》是为反对罗马教会而写的，因此，它不是也不可能是为反对他们而作的。同样，天主教徒也可以随意批驳我这几封信，因为我在信中一句涉及他们的话也没有说。我们的原则与他们的原则本来就不同嘛。如果说这就表明我没有证明我不愿意证明的事，我的对手们还真说对了。

从以上的叙述中，我可以得出这样的结论：即使是经过人们详细论证过的事情，即使是人们在任何情况下都承认的事情，也证明不了该事是一个奇迹，我们都可以怀疑其中有夸大的成分（我们这样说，并没有责怪那些描述奇迹的人的意思），何况现在在自然规律方面的一连串新的发现，以及未来还将出现的新发现与人类过去、现在和未来的技术进步，再加上人们随着眼界的扩大而可能做到的事情的增多，这一切都向我们证明我们无法知道我们能做到的事情究竟还有多少。因此，一个奇迹要真的成为一个奇迹，就必须要超过我们所能做到的事情。可见，不论是真有奇迹还是没有奇迹，智者都不会把某件事情（不论它是什么事情）看作是一个奇迹。

现在，让我再提出一个与我在前面论述奇迹纯属子虚乌有的论点无关的看法：我发现另外还有一个对批驳奇迹同样有力的论据。这个论据是：即使有真正的奇迹，如果同时也有无法识别的假奇迹，那么在这种情况下，那些真正的奇迹对我们又有什么用呢？请注意：我在这里所说的假奇迹，并不是指那些不是真正的奇迹的事情，而是指有些人为了支持某种虚假的教义而做的确实是超自然的事情。由于"奇迹"这个词在这个意义上将使虔诚的人们听起来有点刺耳，所以让我们使用另外一个词，称它为"怪事"。不过，请记住，对人的感官来说，是无法把"怪事"与"奇迹"加以区别的。

凡是能证明奇迹之奇的权威人士，当然也能证明怪事之怪，因此也能证明怪事的表面现象与奇迹的表面现象是毫无区别的。如果看见奇迹的人不能根据从事物的本身获得的可靠迹象去区别某事究竟是上帝做的还是魔鬼做的，我们又怎能把前者与后者加以区别呢？又如何证明它是一个奇迹呢？那就只好用另外一个奇迹去证明前一个奇迹确实是奇迹了。

亚伦"把杖丢在法老面前，杖就变成了蛇。"* 而一个魔术师也能把他的杖丢在地上，叫它变成蛇。不论这两个人的杖都真地像《圣经》上说的那样变成了蛇，还是亚伦的杖变成蛇是一个真正

* 关于亚伦把杖变成蛇的故事，见《圣经·出埃及记》，第 7 章，第 8—12 节。——译者

的奇迹，而魔术师的杖变成蛇只不过是像某些神学家说的是一个假象，这都不重要，因为这两个现象是一样的。《出埃及记》没有说它们之间有什么区别。如果有区别的话，魔术师就不会贸然去与亚伦比高低了；如果他去比的话，他一定会被弄得狼狈不堪的。

一般的人只能根据他们的感官来判断他们所看到的那些奇迹；如果感觉是相同的，那么，即使它们之间真有什么区别，他们也是觉察不出来的。由此可见，现象就是现象，我们不能说一方的现象是真的，而另一方的现象是假的。在这件事情上，先知也拿不出比魔术师更有依据的证据。如果这一次是由于我的文章写得好，才讲出了这番道理，那么，你们去找一个文章比我写得好的人来驳斥我好了。

是的，亚伦的蛇把魔术师的蛇吞进肚子里了。* 尽管法老不得不又一次承认他施展的是魔术，但他认为亚伦施展的也是魔术，只不过亚伦的手法比他高明而已。西门对腓利做的事情很感兴趣**，所以愿意花钱买这位使徒的秘密，以便也像这位使徒那样行事。

何况那位魔术师之所以显得技不如人，是由于他碰上了亚伦；如果当时亚伦不在场，他就可以以同样的现象取得同亚伦一样的成功。由此可见，现象本身并不能证明什么。

摩西把水变成血，***魔术师也能把水变成血。摩西能制造青

---

* 见《出埃及记》，第7章，第12节。——译者

** 见《使徒行传》，第8章，第9—24节。——译者

*** 见《出埃及记》，第7章，第22节。——译者

蛙，* 魔术师也能制造青蛙，只不过他在第三次较量时失败了。**所以我们只以头两次上帝亲自施展的奇迹为例，①那两次，魔术师也做出了同样的事例，也很成功呀。

至于他们不能模仿的第三次演示，依我看，也不会难到他们不能想办法“像上帝的手”那样行事。一个能制造动物的人，怎么不能制造昆虫？在制造了青蛙之后，他怎么不能制造虱子？在这些事情中，只有第一件事情难嘛；不过最好还是适可而止。

这位深知这些事情的奥秘的摩西告诫人们：如果一个假先知来讲述其他的神，也就是讲述其他的教义，并用预言或奇异的现象来证明他讲的话是真的，大家不但不能信他，而且要把他处死***。既然有人可以用奇异的现象来宣讲假的教义，可见这种现象本身就没多大意义。

用奇异的现象来宣讲教义的事例，在《圣经》中有千百处。然而耶稣在声明他不施展任何奇迹之后，还进一步揭露那些还在演示荒诞现象的假基督，他说：“他们将显大神迹大奇事，倘若能行，连选民也就迷惑了。”②听了这番话，人们难道还不明白那些荒诞的现象正好表明它们是假的吗？

呃！能随心所欲地选择证据的上帝，在向人们讲话的时候，也偏向于选他明知他根本就不会的事情作证据！他用魔鬼欺骗人们

* 见《出埃及记》，第 8 章，第 3 节。——译者

** 见《出埃及记》，第 8 章，第 14 节。——译者

① 见《出埃及记》，第 7 章，第 17 节。——作者

*** 参见《申命记》，第 13 章，第 1—5 节。——译者

② 《马太福音》，第 24 章，第 24 节；《马可福音》，第 13 章，第 22 节。——作者

的办法来欺骗听他讲话的人！这是神干的事吗？上帝和魔鬼能走同一条道路吗？这些问题，我真不敢想象。

如今的神学家虽然比古代的神学家善于推理，但他们的信仰不如古代的神学家坚定，因此被这类奇异的现象弄得不知道如何是好。他们希望能完全摆脱它们，但又不敢。他们觉得，如果完全否定的话，那就做得太过分了。这些行事本来一贯果断的人，在这个问题上竟然拿不定主意：既不否定，也不承认。他们支支吾吾尽量想办法加以搪塞，或者找一个借口回避；他们走一步看一步，不知道如何应对才好。

先生，我认为我已经使你看出了他们的困难何在。为了把它彻底讲清楚，所以我在这里指出这对他们是一个左右为难的问题。

如果全盘否定那些奇异的现象，那就没有办法证明奇迹了，因为这两者都是以同样的权威性依据为基础的。

如果在承认奇迹的同时，也承认那些奇异的怪事，则人们就没有准确可靠的办法区别这两者了，可见奇迹也证明不了什么问题。

我当然知道性急的人们又会提到教义问题，然而他们忘记了教义一旦确立，则奇迹就成为没有用处的东西了；如果教义没有确立，那它就更证明不了什么问题了。

在这个问题上，请不要误解我的意思。尽管我不认为奇迹是基督教必需的，但不能因此就得出结论说我否定了奇迹。我过去没有否定，现在也没有否定；虽然我讲述了怀疑它们的理由，但我也未隐瞒我相信它们的理由。在否定一件事情与不肯定一件事情之间，在否定一件事情与不承认一件事情之间，是大有区别的。在这件事情上，我还没有作最后的决定，我敢断言，任何人在我所有的著作中都找不到任何一句话表明我是坚决否认奇迹的。

唉！尽管我有怀疑，但我怎么能因此就对奇迹持坚决的否定态度呢？我行事一贯稳重，也很有决断；迄今为止，我什么也没有肯定嘛。请看一下那个在他的《序言》[①]中如此讲话的人肯定了什么呀：

“至于人们称之为做法的那一部分，它在这里不是别的东西，只是自然的进行而已，正是在这里最容易使读者走入歧途；毫无疑问，也就是在这里，人们将来会攻击我，而且，也许就是人们批评得不错的地方。人们将来会认为，他们所阅读的，不是一种教育论文，而是一个空想家对教育的幻想。有什么办法呢？我要叙述的，不是别人的思想，而是我自己的思想。我和别人的看法毫不相同；很久以来，人们就指摘我这一点。难道要我采取别人的看法，受别人思想的影响吗？不行。只能要求我不要固执己见，不要以为唯有我这个人比其他的人都明智；可以要求于我的，不是改变我的意见，而是敢于怀疑我的意见：我能够做到的就是这些，而我已经是做了。如果有时候我采用了断然的语气，那绝不是为了要强使读者接受我的见解，而是要向读者阐述我是怎样想的。我为什么要用怀疑的方式提出在我看来一点也不怀疑的事情呢？我要确切地说出我心中是怎样想的。

在毫无顾虑地陈述我的意见的时候，我当然了解到绝不能以我的意见作为权威，所以我总是连带地说明了我的理由，好让别人去加以衡量，并且评判我这个人：尽管我不愿意固执地维护我的见

① 指《爱弥儿》的序言。——作者

解，然而我并不认为就不应当把它们发表出来，因为在这些原则上，尽管我的意见同别人的意见相反，然而它们绝不是一些无可无不可的原则。它们是我们必须了解其真伪的原则，是给人类为福还是为祸的原则。”*

一个连他本人都不知道自己是不是错了的作者，如此担心他说的一切只不过是一连串幻想，尽管他不愿意改变自己的看法，但他同时也怀疑自己的看法是不是对，而且从来不用肯定的语气发表自己的意见，而是怎么想的就怎么说，从来不以权威自居，只是陈述自己的理由，而让别人去评判，甚至不愿意固执地维护自己的见解，在他的著作的开篇就如此表明自己的态度：一个持这种态度的作者，会像神人那样发表非要别人接受不可的意见吗？如果他这样做，那篇序言岂不是使他所发表的一切好的意见也受人怀疑吗？

请不要说我不遵守我的诺言，说我硬要在这里为我的意见辩护；如果这样说，那就太不公平了，因为我所辩护的，不是我的意见，而是我这个人。如果人们只攻击我的著作的话，我将永远保持沉默，一句话也不说；这一点，我是早已下了决心的。自从我 1753 年发表那篇声明以后，** 谁还看见我与什么人争论？难道是由于没有人攻击我，我才保持沉默吗？然而现在，我到处被人驱赶，法院下令逮捕，有些人诬蔑我，硬说我说了我压根儿就没有讲过的

* 卢梭：《爱弥儿》，李平沤译，商务印书馆 2007 年版，第 2—3 页中“原序”部分。——译者

** 指 1753 年 11 月他在写给弗雷隆的信中所说的他今后不愿意与人发生争论。——译者

话，我当然要为我没有讲过那些话而辩护嘛。迫使我拿起笔来写文章为自己辩护的，是我的那些敌人。唉！只要他们让我安宁，我也会让他们安宁的。这个话，我一定会说到做到的。

以上所说，已足以回答我早就料到的对我的无端指摘：说我故意与我这个时代的人唱反调，说我想用这个办法来充当宗教改革家。事实上，从我前面讲的那番话就可看出，我讲的话没有一句是夸夸其谈的；出言那么谨慎的人当然是不会用先知的口气讲话的。我认为，对重要的和有益的事情发表我的看法，是我应尽的责任，除此以外，我说过任何一句话或做过任何一件事表明我硬要别人采纳我的看法吗？谁曾见我招摇过市，试图收揽一帮人成为我的同伙？

我抄录在下面的这段话，竟然受到许多狂热的信徒的议论，不过，我要再次提醒各位读者，对于我发表的看法，应当多问一个为什么，并自己判断是否能从这段话中得出某些有益的教训。我既不建议把别人的看法作为衡量的尺度，也不建议把我的看法作为衡量的尺度。现在让我把这段话抄录如下，供他研究。[①]

在我转录这段话时，我是把它加在文章的末尾的。

“我之所以把这篇东西抄写在这里，其目的并不是以它作为一种尺度来衡量我们在宗教问题上应该采取怎样的看法，而是以它作为例子，说明我们在向学生讲解的时候应当抱什么态度，才不脱离我力图采取的方法。只要我们不屈从于人的权威，不屈从于我们所生长的那个国家的偏见，在自然的状态中，单单凭理智的光辉

① 《爱弥儿》，第2卷，第360页。——作者

就能使我们不超出于自然宗教；而我要向我的爱弥儿讲解的，也就是以自然宗教为限。如果他要相信其他的宗教，我就没有权利去指导他了，因此，要由他自己去选择了。"①*

在这段话中，我没有一句是否定奇迹嘛；读了这段话之后，谁还敢厚颜无耻地说我否定奇迹？我在别处也没有说过否定奇迹的话呀。②

什么！因为一个作者在别人替他出版的一本书中提到一个在一场争论中发表否定奇迹的言论的理论家（他并不赞同这位理论家的说法）③，就被认为不仅该作者，而且那位出版者，也否定奇迹吗？真荒唐！在一场学术争论中竟出现这种胡乱推定的做法，实在是应该受到谴责；然而这种现象却非常普遍，而且在法庭上也用来作根据呢！对这样一种司法机关，就连最公正和坚强的人也会不寒而栗，感到自己在这样的官员治下生活，真是不幸啊。

《信仰自白》的作者的确对奇迹的用处和真实性提出过批评意见，但这些意见并不是全盘否定的；关于这一点，他讲得很清楚："只有大自然中不可改变的秩序才能给人们指出那掌握自然的睿智的手；如果真有许多例外的情形的话，那我就不知道应该怎样想了；就我来说，我对上帝是太相信了，所以，要我相信那些同他极不相称的奇迹，是不可能的。"**

---

① 《爱弥儿》，第 3 卷，第 204 页。——作者

* 卢梭：《爱弥儿》，李平沤译，商务印书馆 2007 年版，下卷，第 457 页。——译者

② 后来，我在《致博蒙先生的信》中说过，然而谁也没有对那封信发表过什么意见呀，可见，在那封信发表之前，人们对我的指摘是没有根据的。——作者

③ 《爱弥儿》，第 3 卷，第 151 页。——作者

** 卢梭：《爱弥儿》，李平沤泽，商务印书馆 2007 年版，下卷，第 431 页。——译者

请你告诉我：这段话讲的是什么意思？如果奇迹太多，反而会使这位作者对它们感到怀疑。他不是不加区别地对它们全都加以相信，便是由于他相信上帝，因而就否定那些与上帝不相称的奇迹。怎么！凡是不相信所有的奇迹的人，就一定是全盘否定它们吗？要相信基督升天，就必须相信《使徒行传》中所讲的那些奇迹吗？

不仅如此，《信仰自白》第二部分中所说的怀疑，当然不能被理解成否定；反之，它提出的否定也不能被理解成怀疑。这里引述作者在《信仰自白》的开头谈到他要对某些人的看法进行批驳时所讲的一段话。他说："你应当把我所讲的这些话诉诸理智的判断，因为我不知道我是不是错了。要一个人在发表议论的时候不偶尔采取断然的语气，那是很困难的。不过，请你记住，我在这里所断言的，完全是我的怀疑的理由。"[①][*]请问：谁还能比这段话讲得更客观？

至于我，我在《圣经》中读到的那些经过验证的事，就足以证明我在这个问题上的看法是对的。如果它们是出现在别处的话，我将否定它们，或者不称它们为"奇迹"。然而，由于它们是出现在《圣经》里，所以我不否定它们，不过，我也不相信它们，因为我的理智不允许我相信。我在这个问题上的看法，与我的灵魂是否得救无关。没有任何一个明智的基督徒会相信《圣经》中的一切事情都是受神灵的启示而做的，更不相信书中的那些错话和错事也是受

① 《爱弥儿》，第 3 卷，第 131 页。——作者

* 卢梭：《爱弥儿》，李平沤译，商务印书馆 2007 年版，下卷，第 425 页。——译者

了神灵的启示而说的和做的。我们应当相信神灵所启示的，完全是与我们的天职有关的事情；神灵为什么要启示别的呢？事实上，关于奇迹的教义，与我们对天职的履行一点也不沾边。这一点，我在前面已经论证过了。由此可见，人们在这个问题上的看法，与我们是否尊重《圣经》，毫无关系。

要人们彻底搞清楚某件事情是不是奇迹，那是不可能的；[①]这一点，我在前面已经论证过了。可见，如果承认《圣经》中讲的事都对，那么，即使我们把所有的奇迹都抛到九霄云外，也不能说我们是在亵渎宗教，更不能说我们的信仰动摇不定。好在我还没有那么做。

你们的那些先生们就是这样从那些不一定是真实的、毫无意义的、什么也不能证明的，而我也没有完全否定的奇迹中得出结论说我想推翻基督教的基础，说我不是基督徒的。

如果对他们对我提出的那一大堆指摘的荒谬性都要一项一项地详加评说的话，那将使你感到很厌烦的。例如，他们指摘我不做祈祷，可是，你看我那本书，你将发现，就在他们所指的地方便有一段祈祷。是的，虔诚祈祷的人[②]是不会向上帝特别祈求这样或那

---

① 如果那些先生们说此事已经在《圣经》中讲得很清楚了，而我应当相信书中讲的奇迹的确是奇迹，我将回答说，此事还有待商榷，而且他们的那一套说法是一个恶性循环，因为，既然他们用奇迹来证明神的启示，他们就不能反过来用神的启示去证明奇迹。——作者

② 有一位日内瓦牧师在对我的指摘中大量引用了基督教的教义，硬说我让-雅克·卢梭亲口说过我不向上帝祈祷。他不但接连五六次这样说，而且还指名道姓地指摘我。我对教会是一贯尊重的，但我要问他：我在哪里说过这个话？一个人，在纸上乱写文章讲歪理，是可以的，他爱怎么讲就由他怎么讲；但我们不允许一个好基督徒在公众中造谣诬蔑他人。——作者

样的事情的。① 他并不责怪那些向上帝祈求这样或那样事情的人。“至于我，”他说，“我是不祈求的，因为我深深相信上帝是一位好父亲，比他的孩子们更清楚怎样做，才对他们最合适。”难道人们就不能以与他相称的方式对他表示崇敬吗？怀着满腔的热情赞美他、爱戴他和崇拜他，在心中默思他的伟大，承认我们的种种不足，听从他的安排，服从他的戒律，过圣洁的生活：这一切，不是比只为个人的私利而向他祈祷好得多吗？在公正的上帝面前，最好的祈祷方式是使自己无愧于得到他的恩赐。天使们在他的宝座周围赞美他，他们何曾向他祈求过？他们有什么事情需要向上帝祈求的？在《圣经》中，“祈祷”这个词经常用来代替“敬拜”和“赞美”二词；由此可见，谁愈祈求什么，便愈负有需要偿还的债。至于我，我不否定任何一种赞美上帝的方式；在教堂举行祷告仪式的时候，若人们去参加祷告，我始终是持支持态度的。我这样做，那个萨瓦省的牧师本人也这样做。② 在那本遭受一些人猛烈攻击的书中，随处可

① 耶稣说：“你们祷告，要这样说。”* 如果在祷告的时候一定要口中念念有词的话，我就念那一段话；但我在这里没有见到一定要口中念念有词的命令呀。另外还有一种祷告的方式是可取的，那就是：向上帝表明自己完全听从他的安排：“我来了，为要照你的旨意行。”** 在所有的祷告词中，主日祷告词无疑是最好的，表明祷告的人是完全听从上帝的旨意的：“不要照我的意思，只要照你的意思。”*** 我有什么话可说呢？这是主本人的祷告词，它的全部要义都在这句话里：“照你的意思。”其他一切都是多余的，而且是与这句祷告词相矛盾的。当然，有这样看法的人也可能出错。不过，有人因为他有这个看法，便公开指摘他，说他想摧毁基督教的信仰，说他不是基督教；请问：提出这样指摘的人，难道他本人就是一个好基督徒吗？——作者

* 要这样说：“我们在天上的父，愿人都尊你的名为圣，愿你的国降临，愿你的旨意行在，地上如同行在天上。”(《马太福音》，第 6 章，第 9 节)——译者

** 《希伯来书》，第 10 章，第 7 节。——译者

*** 《马太福音》，第 26 章，第 39 节。——译者

② 《爱弥儿》，第 3 卷，第 185 页。——作者

见这方面的事例。然而，他们硬说我否定祷告，说我是一个该处以火刑的亵渎宗教的罪人。我就是这样被他们判处的。

他们还说我认为有了基督的道德观念，就会无视其他的义务而不去履行。事实上，基督教的道德观念就是《福音书》中所讲述的道德观念；我不承认还有别的道德观念。那些对我提出这一指摘的人也是这样理解的，然而，他*从含有这一指摘的那段文字中得出的结论说我用戏谑的语言称呼上帝。[①]

现在，请你看：谁还能比他更善于颠倒黑白和胡说一气？事实上，在我的书中讲述此事的那段文字中，我根本不可能谈到《福音书》嘛。

先生，你看这段话（《爱弥儿》第 4 卷，第 64 页）**是这么说的："由于我们硬要诚实的妇女受到一些清规戒律的束缚，结果使婚姻生活失去了一切可以使男人感到愉快的地方。如果他们觉得家里冷冷清清，因而不愿意待在家里，或者说，如果他们对这样一种索然寡味的情景毫无兴趣，这有什么奇怪呢？由于基督教的教义过分地强调了这些清规戒律的重要性，结果使它们变成不能实践的空话；禁止妇女唱歌、跳舞和做种种有趣的事情，结果就使她们在家中变成了一个郁郁寡欢、动不动就吵闹、令人难以忍受的人。"***

请问：《福音书》中哪一句话说过禁止妇女们唱歌和跳舞？书中哪一句话硬要她们遵守那些不合理的规矩？恰恰相反，书中倒

* 指《乡间来信》的作者特农香。——译者

① 见《乡间来信》，第 11 页。——作者

** 这里只标注了卷次和页码，未说明版本。——译者

*** 卢梭：《爱弥儿》，李平沤译，商务印书馆 2007 年版，下卷，第 554 页。——译者

是讲了当丈夫的应当遵守的规矩，而女人应当遵守的规矩，一条也没有讲。可见，人们错把我批评冉森派教徒和卫理公会教徒与今天的其他虔信者的话说成是我在批评《福音书》，而我之所以批评这三种人，是由于他们把基督教搞成了一个令人害怕的和不喜欢的宗教，[①]而在耶稣基督真正的戒律之下，基督教乃是一种令人感到愉快和亲切的宗教。

我不喜欢贝吕耶神甫的那种装腔作势的样子；他那种样子，我不但不喜欢，而且还发现它很难看。我在这里不能不指出耶稣的性格中最使我欣羡的一个特点；这个特点表明：耶稣既喜欢快乐的生活，也喜欢看热闹的场合：参加青年人的婚礼，与妇女们聊天，同孩子们一起做游戏；他还喜欢使用带香味的东西，同富人一起用餐；他从来不要求他的门徒守斋；他的表情庄重，但不招人讨厌；他对人既宽厚又公正，对弱者温柔，对恶人严峻；他的一言一行都使人感到亲切、平和与真诚；他心地善良，乐于助人；他虽然不是最贤明的人，但却是最可爱的人。

圣保罗的有些话被人们夸大或误解了，因而使许多人成了宗教狂热分子；这些狂热分子经常曲解基督教的教义。如果大家都严格按照主的精神行事的话，这种情况就不会发生。他们指摘我不按照圣保罗的话行事，使我不得不表明我不按照他的话行事的

① 早期的宗教改革家的做法太过分了；他们定了好些死规矩，因而造成了许多伪君子。早期的冉森派也跟着仿效他们的做法。有一个名叫昂利·德·拉玛尔的日内瓦传教士在讲道台说：如果在婚礼上表现得比耶稣基督殉教时更快乐的话，就是犯罪。有一个冉森派的教士甚至认为为婚礼举办宴席，是魔鬼的发明。有人反驳他说耶稣本人也曾参加婚宴，甚至施展奇迹以延长婚宴的喜庆气氛。那位教士当场语塞，只好嘟嘟囔囔地回答说："这不是他做得最好的事情。"——作者

理由;但他们不能因此就得出结论说我用嘲笑的口吻议论神圣的《福音书》。然而事实证明:那些迫害我的人就是这样得出结论,对我提出指摘的。

先生,请原谅我这封信写得太长,使你读起来感到很累。这一点,我当然知道,因此,写到这里就不写了。在为我自己辩护方面,我的话也讲得太多了一些;事实上,对于那些无理取闹地指摘我的人总是这样据理驳斥,对他们讲明道理:这样做,就连我自己也感到很厌烦。

第四封信

作者假定自己是有罪的。他把诉讼程序与法律加以对照。

先生，我已经向你讲述了有些人怎样引用我书中的话作证据，指摘我攻击法律所承认的宗教；我认为他们的指摘是毫无道理的。然而有人却根据他们的指摘判我有罪，把我当罪人看待。现在，姑且就假定我有罪，但让我们进一步分析他们对我的惩罚是否合法。

同道德一样，罪过也有大小之分。*

即使一个人犯了某种罪，但不能因此就认定他也犯了其他的罪。法律的公正在于严格按照过错的大小来量刑；极端的司法手段是不考虑某些可缓和法律的严酷性的合理的理由的，因此，它本身就是不公正的。

即使人们所说的罪过是真有其事，我们也应当进一步探讨它是属于哪种性质的罪过，应当采用你们的法律规定的何种程序去审理。

---

* 引自拉辛的悲剧《斐德尔》第 4 幕第 2 场。——译者

如果我真的是像他们所指控的那样违背了我所做的有产者的誓言，那我就犯了一项国事罪；对于这项罪行的审理工作，是直接属于小议会的。这一点，是无可争议的。

如果我的全部罪行是对教义发表了错误的言论，即使我的言论真的是亵渎了宗教，那也应该另当别论。按照你们的法律，应当首先由另外一个法庭来审理。

即使我犯的是一项国事罪，那也首先需要根据法律定性之后，才能宣布我犯了国事罪，而这项工作是不应当由小议会来做的。它的权力是惩办罪犯，而不是检察他是否犯罪。正如我们在后面即将看到的：这是你们的法律明文规定的。

首先应当弄清楚的是：我是否真的违背了我的誓言，也就是说我是否真的违背了我的祖先在被接纳为有产者时所做的誓言。就我来说，我那时既未住在这个城市，也未担任过任何一项公民担任的职务，因此，我没有做过这一誓言。这一点，且按下不细说。

其实，在这项誓言包括的内容中，只有两条能用来定我的罪：第一条，承诺“按照神圣的《福音书》的教义生活”；最后一条，承诺“自己不做，也不允许别人做任何违背神圣的《福音书》的教义的坏事或恶行。”

我不仅没有违背第一条，而且还非常忠实地按照它的规定行事，甚至还十分大胆地以前无先例的姿态在天主教徒中公开宣讲我的宗教信仰，尽管那时我已经加入了天主教。* 人们不能把我

* 卢梭少年时候为生活所迫，在都灵加入了天主教；关于这段故事，请参见他的《忏悔录》，第2卷。——译者

少年时候的失误说成是违背誓言，何况 1754 年我又重新皈依了新教，恢复了我的有产者的权利；此事在日内瓦已广为人知，而且是有真凭实据为证的。

他们也不能以我那两本受到谴责的书*为证据，说我违犯了第一条，因为我在书中一再宣称我是新教的教徒，何况行为是一回事，著作是另一回事呢。按照新教的教义生活，就是信奉新教，尽管在那两本受到谴责的书中很可能有背离新教教义的地方，或者犯了其他冒犯上帝的罪(不过，上帝是不会单单因为这一点就把这个犯了一点儿轻罪的人逐出教会的)。这层道理，如果广泛讨论起来的话，问题就出在这个誓言的本身。由于宗教信仰和一切反宗教的行为是不相容的，所以人们只好把本来是一条的条文分成两条。按照第一条，人们坚决按照新教的教义生活；按照最后一条，人们坚决不做任何违犯新教教义的坏事和恶行。这两条是大有区别的，而且是被许多其他条文隔开的。在立法者看来，这两条是可以分开的，因此，即使我违犯了最后一条，但不能因此就说我违犯了第一条。

然而，我真的违犯了最后一条吗?

请看《乡间来信》的作者是怎样强词夺理的(第 30 页)：

> “有产者的誓言严格规定‘自己不做，也不允许别人做任何违背神圣的《福音书》的教义的坏事或恶行。’既然在那两本蛊惑人心的书中一再声称《福音书》是荒谬的，对社会是有害

---

* 指《爱弥儿》和《社会契约论》。——译者

的，这似乎就有点儿[1]* 像是一桩攻击该书的恶行，因此，小议会就不能不对那个被许多人指摘为做了这一恶行的人严加注意。”

你看这些先生们是多么可爱！他们似乎远远地就看见了这一点儿恶行，而且根据这一点儿恶行，他们就对这两本书的作者严加注意，而这一“注意”不是别的，乃是一道逮捕令。

《乡间来信》的这位作者真会开玩笑，说他们下令逮捕我，纯粹是出于善意。他说：“小议会可以对卢梭先生发传票传讯，也可以拘留，也可以逮捕……在这三个办法中，最后一个办法是无比温和的……这实际上只不过是一种警告，目的在于告诉他：如果他不愿意应诉，他就不必回到日内瓦来；如果他愿意应诉，他就好好地为他的辩护做好准备。”[2]

那个对可怜的西班牙王子卡洛斯执行绞刑的刽子手布朗多姆就是这样大开玩笑的。由于王子大吵大闹，拼命反抗，他便一边使劲勒绞绳，一边对王子说：“别闹了，殿下，我们所做的一切，都是为你好。”

然则他们指摘我所做的，究竟是什么坏事和恶行呢？据我的理解，所谓“坏事”，是指暗中悄悄干的事；所谓“恶行”则是指背地

---

① 这“有点儿”三个字是如此的招人好笑，而且同他在信中其他地方的严肃笔调是如此的不同，以致在第二版被删去了。我不想花时间去追查搞这个小动作的手；不过，说过的话是赖不掉的。——作者

* 着重号是原有的。——译者

② 第31页。——作者

里搞的鬼把戏，是唆使某些人反对基督教和反对我。然而在这个世界上，再也找不到什么事情是比公开出版一本书并在书上印上作者姓名这一行为更不悄悄地和背地里搞的了。当我对某些问题（不论是什么问题）发表我的看法的时候，我就当面对公众大声地讲，并自报我的姓名；说完之后，我就回到我的居住地，平平静静地过我的生活。我怎么也不明白，人们怎么会说我这样做是在做坏事和恶行。

为了更好地理解誓言的精神和词句的意思，就必须追溯到订立该誓言的时代。当时的问题，主要是要使国家不至于再次遭受它刚刚摆脱的双重桎梏。人们每天都发现有人借宗教之名为萨瓦王室和主教的利益搞新的阴谋；可见"坏事"和"恶行"指的是这种事情。自从有了法语之后，这两个词肯定再也不能用来指一个人在他署名的书中发表其看法了，何况在他的书中既没有指名道姓地说谁，也没有标榜他自己，更没一句话涉及任何一个政府。人们对我的指摘，在《乡间来信》的作者本人看来也是那么的不真实，以致他也承认我"忠实地履行了公民的义务。"[①]可见，如果我真的违犯了有产者的誓言，我怎么能"忠实地履行了公民的义务"呢？

由此可见，说我违反誓言，这一指摘是毫无根据的；何况，如果我真的违反了誓言，在日内瓦就不会没有人没听说过他们所指控的那些事情。实际上，没有一个日内瓦的有产者不在这一条或那一条上违反誓言的。然而却谁也没有因此便去和他吵闹，更没有

① 第8页。——作者

因此就下令逮捕他。[①]

他们也不能说我攻击道德，因为我在书中处处都把公众的利益置于个人的利益之上，并一再指出：对人类尽我们的义务，就是对上帝尽我们的义务；只有把道德奠定在这个基础上，才能使它成为真正的而不是徒具虚名的道德。他们不能说我这本书的目的是试图破坏既有的宗教敬拜仪式和公众秩序。恰恰相反，我在书中反复告诉人们，在任何事情上都要遵守法律；即使在纯属宗教的事情上，也要遵守法律。然而正是在这一点上，一位日内瓦的教士对我攻击得最厉害。

他们议论纷纷的这一如此可怕的罪行，即使说它是真的，它充其量也只不过是在某些信仰问题上的小错，虽无益于社会，但对社会也没有多大影响；要说它有什么害处的话，它最大的害处是主张对别人在宗教问题上的看法持宽容态度，因此也主张：无论在国内或国外，在宗教问题上都要保持和平。

现在，我要问你这位熟悉你们政府和法律的先生：一个普普通通的人在信仰问题上能犯多大的错误？这类案子应当由谁来审理？特别是第一审应由谁来审理？由小议会来审理，还是由教规督导委员会来审理？问题的关键就在这里。

首先应当弄清楚我犯的是哪一种罪，把这个问题弄清楚之后，才能根据法律来确定审判的程序。

对于在信仰问题上犯错误和散布谬论的人如何惩办，你们的

① 例如：未经允许，就不能出城到别处去住宿。请问哪一个有产者去申请过这一“允许”？——作者

法律并未明确规定;不过,在《教会法》第 88 条关于教规督导委员会那一章里,对如何审理按自己的意见曲解教义的人却规定了一个审理程序。它的原文是这样说的:"无论何人,只要擅自按其一己之见曲解公认的教义,都将被传唤到会接受询问;如果他认错了,就可免于对他提出谴责,也不对他定什么罪名;如果他坚持,则可对他提出警告,一次警告无效,可再次警告或三次警告,以迫使他改正;如果最后认为必须采用更严厉的手段,就可禁止他参加圣体瞻仰仪式,并通知主管官员酌情处理。"

从以上的引文可以看出:

(1)对这类罪行的初审权是属于教规督导委员会的。

(2)该法的立法者认为,只要犯这种错误的人悔改了,这种罪行就不是不可饶恕的。

(3)它还规定了人们应当采用何种手段使罪人迷途知返,回到正路上来。

(4)采用的手段是非常温和的,合情合理的,而且是最适合于基督徒在处理不扰乱社会而只涉及宗教的过错方面按照耶稣的榜样使用的。

(5)文中规定的最严重的惩罚是按照罪行的性质来定的,即:由于罪人冒犯了并企图继续冒犯耶稣,因此便不允许他参加圣体瞻仰仪式和领圣餐。

经过以上程序之后,教规督导委员会就通知主管官员,由主管官员去处理;因为,在一个国家之中,只允许一种宗教,谁要在国中宣扬另一种宗教,就应当被逐出国家。

在 1563 年的让・莫雷里的审件中所遵循的,就是这条法律规定的审理程序。

居住在日内瓦的让·莫雷里在他出版的一本书中抨击教会的风纪松弛；此书遭到奥尔良教务会议的谴责。他对教务会议的谴责十分不满；接着，便收到日内瓦教规督导委员会的传票，传他到会接受询问，但他坚决不去接受他们的询问，并逃离日内瓦。后来，尽管得到主管官员的允许回到日内瓦，但他既不愿意按照官员们的意见与教士们谈话，进行和解，也不到教规督导委员会去接受询问，因而教规督导委员会对他再次发出传票，于是他只好到教规督导委员会去。在几次冗长的争论之后，他一点也不妥协。这时，小议会便发传票传他，然而他本人没有到小议会去，只让他的妻子送去一份书面声明，并再次逃离这个城市。

最后，只好对他开始法律诉讼程序，也就是说对他的书提出起诉。由于此案的判决书非常重要，而知道判决书原文的人不多，因此我将全文抄录如下；我深信它是有用处的。

> “余等本城刑事法庭法官，听取了尊敬的本城教会教规督导委员会对居住本城的让·莫雷里的案情陈述和起诉书；鉴于让·莫雷里在接到传票之后，不仅不到本庭和小议会接受审讯，反而第二次逃离本城。根据此等理由以及其他正确的理由，余等按照我们古老的习惯，在小议会及本城公民积极的参与下，在我们的先辈和上帝与《圣经》面前，以上帝神圣的名义，以圣父、圣子和圣灵的名义，做出本判决。阿门。* 在让·

* 阿门，基督徒祈祷完毕时的结束语，意为：心愿如是。——译者

莫雷里缺席的情况下，余等经过慎重考虑之后，按照本庭以书面形式提出的最后判决，郑重提醒各有关人员不要阅读让·莫雷里的那本书，以免受他的欺骗，对书中的胡言乱语要提高警惕；由于该书试图以蛊惑人心的方式在教会内部制造分裂与混乱，因此，余等此前认为、现在依然认为该书是一本有毒害的书；为了做出榜样，余等已下令当众焚烧了一本，并禁止所有的书店陈列和售卖该书；禁止本城所有的公民、有产者以及不论以何种身份居住在本城的居民购买和阅读该书；凡家中有该书者，须上交本庭处理；凡知道哪里有该书者，须在二十四小时内向本庭报告；如知情不报，定予严惩。

余等在此同时知照本城警察局长，务必完全切实执行本判决。

本判决书于 1563 年 9 月 16 日星期四公布，并自公布之日起，开始执行。

彼·舍勒拉（签字）”[①]

先生，单就这份判决书的时间和地点来说，就有许多问题值得讨论。不过在目前，我们还是谈主要的问题。请看当时法庭是怎样判处莫雷里的：他的书是在庭审结束时才被烧掉的，而且不是被一名刽子手烧的，也没有对他的书施加任何侮辱性的动作，更没有下令逮捕书的作者，尽管他坚持到底，拒绝不到庭。

---

① 摘自对让·莫雷里的判决书，日内瓦弗朗索瓦·贝兰书局版，第 10 页。——作者

如今对我，却不是这样，大家都知道小议会是怎样对我采取行动的：他们在我的书刚一出版，甚至在教规督导委员会尚无人知晓这本书的情况下，仅从邮局投递收到此书，看了一遍就定罪，把书当众烧毁，并下令逮捕我，这一切都是发生在八到十天之内的事。谁也没有见过如此草率从事的了。

现在姑且假定我触犯了法律，因为，只有从法律的角度看问题，才能断定我是有罪还是无罪。不这样假定，他们有什么权力惩罚我不冒犯任何人而且法律又无明文禁止的行为呢？

在这件事情上，法律是否得到了遵守？你们这些头脑清楚的人把法律拿来一看，就可看出它处处遭到了践踏。持不同意见者们说："卢梭先生从未受到教规督导委员会的传唤，而尊敬的小议会却率先对他采取行动，不仅使他无端受到惩罚，而且他的书也被公开宣布为'胆大妄为的、亵渎宗教的和导人为恶的'书。他无端蒙此不白之冤，他的两本书被刽子手当众撕碎，投入火中焚毁。"

"由此可见，在涉及教规督导委员会对卢梭先生的审理权方面，小议会没有按法律的规定行事。对于卢梭先生，应当是在不预定任何罪名的情况下，先传唤到教规督导委员会接受询问；只有在经过多次训诫之后，他依然拒不认错的情况下，才进行庭审。"*

以上这段话所讲的程序，在你看来想必是像白昼那样明白，在我看来也是像白昼那样明白。可是不；你将看到那些半夜能让日出的人是怎样在中午叫日落的。**

---

* 见持不同意见者们的《意见书》第6—7页（1763年6月18日）。——译者

** 参见《圣经·阿摩司书》第8章第9节："耶和华说，到那日，我必使日头在午间落下，使地在白昼黑暗。"——译者

诡辩家们常用的手法是:堆砌许多论点,以掩盖其站不住脚的论点。为了避免重复和节省时间,让我们把《乡间来信》分成几个段落,并只对其中最重要的段落进行分析,而我在前面已经驳斥过的论点,此处便略而不提。为了严格按照该作者的意思进行分析,我们在这里照录他的原话。

他说:"我是按照我们的法律来探讨应当如何看待卢梭先生的行为的。"话说得很好嘛,不过,且让我们看他是如何探讨的。

"有产者的誓言第一条明确规定按照神圣的《福音书》的教义生活。现在我要问他:专门著书批驳《福音书》,这是按照《福音书》生活吗?"

诡辩一。为了弄清楚上面这段话是否符合我的情况,就需要把该作者在他的结论中略去的"教义"一词放回到这段话的小前提里,因为,要使他的推理站得住脚,这个词是必不可少的。

诡辩二。在誓言中说的是要按照教义生活,而没有说著书要按照教义写。正如我们在前面说过的,这两件事情是有区别的。此外,还要弄清楚我的书是否真的是为反对教义和《福音书》而作的。

"主管官员和小议会的首要职责是维护纯洁的宗教。"

诡辩三。他们的职责是维护纯洁的宗教,但不是宣布某个宗教是纯洁的或者是不纯的。主权者把维护纯洁的宗教这一工作交给他们,但并未因此就使他们有评判教义之权;评判教义这一工作是交给另一机关去做的。在有关宗教的事情上,他们应当征询这个机关的意见,自从你们的政府成立以来,就是这样做的。在审理这类案件时,由两个法庭负责,一个审判,另一个执行惩罚。这一点，在《教会法》里讲得清清楚楚；这个程序，我们在后面还将谈到。

我在前面对他们对我的指摘所做的分析，我以后就不再重复，不过，我必须把他们对我的指摘的结尾那段话转录如下，因为这段话讲得非常有趣。

“是的，卢梭先生和他的追随者声称这些怀疑并不是针对基督教提出的，而且，他们依然认为基督教是神圣的。不过，如果像《福音书》这样一本在卢梭先生的著作中备受嘲讽的书还能称为神圣的书的话，请问：‘神圣的’这个词是不是还另有新的含义？他这样说，如果是矛盾的话，这个矛盾也太令人吃惊了；如果是开玩笑的话，这个玩笑就开得不是地方。”①

我当然明白。心灵的敬拜和心灵的纯洁、善行、信赖、谦卑、屈从、宽容、把他人施加的侮辱全都忘记、饶恕敌人、爱邻人、以仁爱之心促进人类的博爱和团结，这一切都是魔鬼的发明。不过，这一切也是这两本书的作者和他的朋友们的看法吗？人们应当根据他们的言论，尤其是他们的著作来判断嘛。《乡间来信》的作者那样说如果是矛盾的话，这个矛盾也太令人吃惊了；如果是开玩笑的话，这个玩笑就开得不是地方。

这些先生们在这类问题上最喜欢大开玩笑；根据他们自己的那一套行为准则，如果我也开这么一个玩笑的话，他们准会要我向他们请求宽恕的。②

现在，请看他们在罗列了我的诸多罪名之后，是根据什么理由

① 第 11 页。——作者

② 第 23 页。——作者

在法律方面对我如此疯狂地加以迫害的。

“这两本书出版时署名是一位日内瓦公民。全欧洲的人都在谴责他的恶行。与我们紧邻的一个王国*的高等法院已经在对《爱弥儿》和它的作者采取行动,日内瓦政府怎么办?”

等一等。我发现他们在这段话中撒了谎。

按照《乡间来信》的作者的说法,好像是欧洲人对我提出的谴责在迫使日内瓦的小议会也要像巴黎高等法院那样严厉对待《爱弥儿》和它的作者。然而,恰恰相反,把欧洲闹得乌烟瘴气,并使人们议论纷纷的,是这两个国家的当局发布的逮捕令。此书在巴黎出版之后没隔几天**,巴黎高等法院便公开谴责它;①此时它在任何一个其他国家都还没有开始发行,甚至在印刷此书的荷兰也未开始销售;在巴黎高等法院的逮捕令与日内瓦小议会的逮捕令之间只相隔九天,②为了获知巴黎的做法,差不多就需要这么多时间。在瑞士对这件事情发出的一片乱七八糟的叫嚣,我被赶出我的朋友的家,纳沙泰尔当局和宫中都试图不让我找到最后一个居留地:这一切,都是在逮捕令下达之后,由日内瓦和几个邻国造成的。大家都知道谁是这一切的主谋,大家也知道谁是这一切的执行者,他们的所作所为是史无先例的;他们只差不许我在全欧洲生火做饭和饮水解渴了,只差不许我找一个地方放床睡觉和找一个

* 指法国。——译者

** 大约十五天;《爱弥儿》是1762年5月22日开始销售的。——译者

① 其实,他们这样做,是在此书出版之前就安排好了的。——作者

② 巴黎高等法院的逮捕令是6月9日下达的,日内瓦小议会的逮捕令是19日下达的。——作者

石头当枕头了。切莫把这些事情发生的先后次序弄颠倒了；不要以为是由于欧洲人谴责我，日内瓦才发出逮捕令的，恰恰相反，这一系列骇人听闻的事情都是由日内瓦那道逮捕令造成的。

"与我们紧邻的一个王国的高等法院已经在对《爱弥儿》和它的作者采取行动，日内瓦政府怎么办？"

回答很简单：它什么也不办，它不应当办什么事，或者说得更确切一点，它应当采取不闻不问的办法，因为，如果它采取什么行动，它就会与巴黎的高等法院发生冲突；如果它仿效巴黎那样下达逮捕令，它就是在与巴黎高等法院争夺管辖权。正是因为巴黎已经对我下达了逮捕令，所以日内瓦才不能对我下逮捕令。一个刑事犯的罪行必定有一个犯罪的地点，而且只能有一个犯罪的地点。同一个案子的罪人不可能同时归两个国家惩办。如果他想对两道命令都投案自首，你叫他怎么分身？你可曾听说过同时在两个国家为同一件案子逮捕同一个人的事例吗？他们对我的这种做法，这还是破天荒第一遭，不过，也很可能是最后一个恶劣的先例。在我的诸多不幸遭遇中，我居然有从各方面说来都是独一无二的如此倒霉的荣幸。

最严重的刑事案件，包括暗杀，既不能也不应当被他犯罪地点以外的其他法院审理。如果一个日内瓦人杀了人，即使是在国外杀的是日内瓦人，日内瓦的小议会也不能擅自越权对此案进行审理。如果对方的法院提出要求，它可以把罪犯解送对方；它也可以提出要求，由它来惩办罪犯；除非对方的法院愿意把全部案卷移交给它，否则它便无法对罪犯进行审判，因为，对于在另一个主权国家犯的罪行，它是无权审理的，它甚至不能要求该主权国家提供必要的信息，让它对案情有所了解。对于“日内瓦政府怎么办?”这个问题的回答，就是如此；它应当遵循的规则，就是如此。这位最高级别的官员连这么一点儿法律常识都不知道，真是丢人。难道说还需要我花精力对这些法官进行法律的基本知识教育吗?

“按照《意见书》的作者的意思，只能暂时禁止在城中销售。”[①]实际上，在消解《乡间来信》的作者的怨气方面，他能合法采取的措施，就是这么一点点；对《新爱洛伊丝》，他已经这样做了。然而，眼见巴黎高等法院什么话也没有说，其他任何地方也没有禁止，他感到赧颜，便悄悄地撤回了他的禁令。[②]“如此轻描淡写地批评几句，难道不会被人们指摘为暗中有勾结吗?”不过，很久以前，在对其他许多难以容忍的著作的处理上，人们虽指摘日内瓦的小议会相当明显地做了手脚，但不像这一次这样指摘它。“谁也没有因为他们采取了温和的处理办法而表示不满。”(不过，你从公众吵吵嚷嚷的表现就可看出，他们要是采取相反的做法的话，倒是会引起人们的不满的。)“真的，像卢梭先生这样一个在公众心目中如此不受欢迎的人，如果他们都觉得很好的话，则人们所说的温和的处理办法不就不会被指摘为不严肃对待或不可原谅的敷衍了事了吗?”这一切，也许还不是最坏的，因此，对于他们因我的著作而对我采取的强硬手段，便难以用几句适当的话来形容；对于他们对另一个人的著作给予的支持，也难以用几句适当的话来描述。

现在，让我们继续假定我有罪，假定日内瓦的小议会有权惩办

① 第12页。——作者

② 需要指出的是：如果说《新爱弥儿》该被禁止的话，《新爱洛伊丝》便该被烧掉，尤其是它的注释之大胆，比《牧师的信仰自白》更有过之。——作者

我，各项程序也符合法律的规定，他们甚至不打算查禁我的书，我从巴黎到日内瓦时还受到和和气气的接待；在这种情况下，正直的人们将怎样说呢？他们将这样说：

“他们闭上眼睛，假装没有看见；他们这样做，就做对了；他们还能做别的什么呢？在这件事情上，如果采取严厉的手段，那就太野蛮、太不近情理、太不公正了，因为真正的公正是以德报怨嘛。这个罪人热爱他的祖国；他无愧于他的祖国，他使他的祖国在欧洲备享盛名。当他的同胞以自己是日内瓦人而感到羞愧时，他赞美他们，使他们在国外重新获得了人们的尊敬。他给他的国家出了许多好主意，他希望公众得到幸福。他虽然犯了错误，但他的错误是可以原谅的。他曾多方赞扬日内瓦的官员，竭力使他们获得有产者的信任。他曾为牧师们的宗教信仰进行辩护，因此值得所有的牧师给他以相应的回报。然而，他们怎么会因为他有几个小小的过错，就公然对这位上帝的保护者和到处受到攻击的宗教的卫教士施加严厉的打击呢？而对于那些肆无忌惮地诋毁基督教和善良风俗，甚至连卢梭也认为应该批驳的书，他们怎么又听任它们到处泛滥呢？如果对如此明目张胆的偏袒做法的秘密动机一加追查，人们必将发现，卢梭之所以遭到迫害，原来是由于他热爱自由，而法官则一心想摧毁自由。卢梭将因此而被看作是他的祖国的法律的殉道士。在这件事情上，那些戴着一副伪善的假面具对他进行迫害的人必将受到人们的指摘，人们将指摘他们玩弄宗教，把宗教当作他们进行报复的武器和发泄仇恨的工具。最后，他们这样迫不及待地惩办一个因爱祖国而反倒成了罪犯的人，必将遭到正直的人们的唾弃，遭到有产者们的怀疑和外邦人士的轻视。”先生，他们要说的话就是这些;在假定的这一刑事案件中,小议会如果不插手此事,他们顶多就只不过是被人们这样议论几句而已。

"人们有理由说:不是烧掉《福音书》,便是烧掉卢梭先生的书。"

这些先生们对我经常采取这种简便的办法:如果要物证,他们就搬出一大堆材料;如果要人证,他们就请某个大人物来发言。

上面所引的这句话,我们虽不说它太狂妄,但可以说它是在亵渎神明。

因为,认为《福音书》和我的著作在内容上是如此的相似,以致两者可以互相替换,可以把其中的任何一本当作多余的拿去烧掉而只保留另外一本,这不是在亵渎又是什么呢?我可以肯定地说,我已经尽我所能按照《福音书》的教导行事;我热爱它,我处处信奉它和宣扬它;在遇到深奥和疑难不清楚的地方,我没有因此就不读它,没有因此就违背它的教导。我对它拳拳服膺。看见它神圣的教义遭到那些所谓的基督徒,尤其是那些向我们宣讲此书的人任意曲解它,我便十分气愤,提出抗议。我深深相信,甚至敢夸口这样说:在他们当中,没有一个人比我更能如实地宣讲基督教和它的创始人了。在这一点上,我是有证据的,甚至有我的对手鼓掌叫好。我在这里所说的对手,当然不是指日内瓦的那一帮人,而是指那些对我的怨恨还没有发展到疯狂的程度而且还没有完全失去公正之心的人。* 这一切都是真的,都是有书为证的;我的《答波兰

---

* 例如达朗贝尔。达朗贝尔在1762年6月15日写给卢梭的信中说:"你最近这本著作,** 阐明了许多新的真理,发表了许多有益世人的看法,尤其是书中的文笔之美,真可以使你配享盛名。"(见《卢梭通信集》,第7卷,第296页)——译者

** 指《爱弥儿》。——译者

国王书》* 和《致达朗贝尔先生的信》** ，以及《新爱洛伊丝》、《爱弥儿》与我的其他著作，都对《福音书》表达了同样的爱，对耶稣基督表达了同样的敬仰，不过，不能因此就认为我可以同我的主耶稣基督相比拟，不能因此就认为我的著作可以代替他的教导。这种看法是错误的、荒谬的和令人愤慨的。我憎恨这种亵渎神明的话，我反对这种狂妄的言论。任何一本书都不能同《福音书》相比。不过，它那言简意赅的词句并不是人人都能理解的；有时候需要花许多时间向人们讲解，大家才明白。我们应当把这本神圣的书当作老师检验我们言行的尺度，把我的书当作一个小学生写的读后心得。

到现在为止，我对这个问题的探讨，都只不过是泛泛而谈，现在，让我们根据对 1563 年的程序与 1762 年的程序所做的比较和他们所说的他们之所以那样区别对待的理由，把问题与事实联系起来详加评说；对我来说，这一步骤是至关重要的，因此我不能对你略而不谈我这件事情的细节；这些细节的本身，在你和你的同胞们看来也许是没多大意义的，但从许多其他方面看来却是很有用的。这是另外一个话题，必须一口气把它谈完，不能中间被打断，因此必须单独写一封很长很长的信。先生，请你鼓起勇气把它看下去；这也许是我最后一次向你谈到我这个人了。

* 指 1751 年 9 月写的《答波兰国王斯特尼斯拉斯·勒辛斯基的驳难》。——译者

** 指 1758 年 8 月卢梭为批驳达朗贝尔发表在《百科全书》第 7 卷中的词条《日内瓦》而写的《致达朗贝尔的信》。——译者

第五封信

续前题。从相似的案件所采取的不同程序中归纳出来的法律原则。《信仰自白》的作者发表该《自白》的目的。

正如你所看到的,《乡间来信》的作者在陈述了必须惩办我的理由之后,接着就论证对让·莫雷里案子采取的程序虽然是严格符合《教会法》的规定,并在相似的情况下也适用于我的案子,但不能按这个例子来对待我。因为首先是小议会的权威高于《教会法》,它无须按照《教会法》的规定行事,何况我的罪行比莫雷里的过错严重,所以必须更加严肃地处理。除了这些理由以外,该作者还说我并不是没有经过审讯就定罪的,因为,只要审查了我的书,就等于是审讯了我,何况小议会对该书的谴责,没有一项不是针对该书作者的观点而提出的;至于人们指责小议会所容许的那些书,若拿来同我的书相比的话,可以说是无罪的和可以宽恕的。

先说他提出的第一个理由。你也许不相信他竟公然敢把小议会的地位置于法律之上。为了使你了解他这种说法的荒谬,我认为最好的办法是把他讲述这种看法的那段话一字不改地原样照录如下:

"《教会法》想束缚政府的手脚,只允许它在教规督导委员会审讯之后才能惩办反宗教的罪行吗？如果是这样的话，其后果必然是谁都可以撰写文章攻击教会而不受惩罚，政府也将无权禁止这种放肆的行为，无权谴责任何一本这样的书，因为教规督导委员会认为罪犯应该首先到该会接受询问，‘如果他改正了，就不定他任何罪名，’这样一来，一个被告不论犯了什么反宗教的罪，只要假装改正，就可以逃脱惩罚，肆意诋毁宗教的人就可以采取假装悔改的办法而不被定‘任何罪名’。凡是了解制定这部《教会法》的经过的人都知道，该法对这种罪行的惩处是一律从严的，如果照前面说的那种程序办的话，他们哪里会认为是符合《教会法》第 88 条的精神呢？”

“如果教规督导委员会不采取行动，它的不作为能阻止小议会采取行动吗？或者，小议会的职能是否会被降为教规督导委员会的咨询机构呢？这可不符合《教会法》的立法精神。在规定了教规督导委员的权限之后，《教会法》接着便指出政府的权力依然保持完整，没有受到任何损害，而且在一般的案件审理过程中也不受教会的任何干扰。由此可见，事实并不像持不同意见者们所说的，按《教会法》的规定，在这类案件中，《福音书》的传道士比议会*更有理由成为法官。主管宗教事务的各个机关的工作全都属于政府的管辖范围。这是基督教新教的原则；这尤其是我们的宪法的原则：在有争议的时候，把有关教义的最后裁定权交给议会。”

* 此处的“议会”一词的原文 conseils 是复数而不是单数 conseil。这个区别很重要。这一点，后文即将谈到。——译者

先生，你先注意看他们在最后这几行中所说的他们的行为所根据的原则。在这里，为了按顺序进行分析和评论，就需要从末尾这几行开始。

“主管宗教事务的各个机关的工作全都属于政府的管辖范围。”

在“政府”这个词中，包含有一些含混不清的意思，必须多说几句加以解释；如果你热爱你们国家的宪法的话，我建议你注意阅读我在下面所做的区别，你将发现，我所做的区别是很有用的。

“政府”一词的含义，并不是在所有的国家中都是相同的，其原因是由于各国的宪法并不完全一样。

在君主国，行政权和主权的行使是结合在一起的，政府就是君主本人。他通过他的大臣、资政和各种绝对服从他的意志的团体行使他的权力。而在共和国，尤其是民主国家，主权者从来不亲自行使政权。这一点，与君主国完全不同。在民主制国家中，政府只不过是行使行政权的机构，而行政权与主权是截然不同的。

这个区别是非常重要的。为了弄清楚这一点，人们在阅读《社会契约论》第3卷第1、2两章时，务必留心。我已尽力在这两章把它们的意思解说清楚了，而不像有些人那样故意含糊其辞，以便照他们的需要随心所欲地加以解释。一般地说，共和国的首领们特别喜欢使用君主国的语言，借助这些似乎是一般人都知道其意思的词儿，便可一点一点地把这些词儿所指的事情引向他们所指的方向。《乡间来信》的作者在这个问题上所采用的就是这种手法：他用“政府”这个词（其实这个词的本身并没有任何使人感到害怕之处）来代替“主权的行使”，因为，如果直截了当地说主权的行使属于小议会，那会引起人们的反对的。

在另外一段，[①]他还更加公开地采用这种手法，按照“政府”这个词的引申意来使用这个词，说“小议会就是政府”，说它可以以政府的名义行使未明确规定归哪个部门行使的权力，这样一来，就使“政府”这个词具有“主权者”的意思了，好像国家之中的各个机关甚至连大议会都是由小议会授权建立的：只有按照这个假设，它才能把法律未明确规定由何人行使的一切权力据为它独自掌握。这一点，我在后文还要谈到。*

把这个含糊不清的地方阐明以后，你就可以一目了然地看出《乡间来信》的作者的诡辩伎俩了。实际上，在宗教问题上说“主管宗教事务的各个机关的工作全都属于政府的管辖范围”，这并未说错，如果“政府”这个词指的是立法机关或主权者的话；但是，如果它指的是行政机关或官员，那就大错特错了。在你们的共和国里，大议会并没有把一切有关宗教问题的裁定权交给小议会嘛。

该作者用来支持第一个含糊不清之处的第二个含糊不清的说法，更加诡诈：“这是基督教新教的原则；这尤其是我们的宪法的原则：在有争议的时候，把有关教义的最后裁定权交给议会。”不论有争议还是没有争议，这个裁定权属于两个议会而不属一个议会。你看，多一个字母或少一个字母，**就改变了一个国家的宪法。

按照基督教新教的原则，除国家以外，便没有别的教会；除了主权者以外，便没有别的教会的立法者。这一点是很明确的，尤其

① 第 66 页。——作者

* 见第 7 封信。——译者

** 这个字母，指表示名词复数的“s”，参见第 123 页译者注。——译者

是在日内瓦,《教会法》也必须像其他民法一样在大议会中得到主权者的批准,才有效力。

由此可见,主权者在进行宗教改革时已明确规定了在日内瓦应当宣讲的教义和人们应当遵循的敬拜仪式,把维护这个教义和维护法律规定的敬拜仪式的职责分别交给两个机构执行,一个负责公众的教育和裁定一切符合或违反国家的宗教的事情,进行适当的训诫和申斥,甚至判处精神惩罚(如逐出教会);另一个负责执行涉及这个问题和其他问题的法律,并按照民法的规定惩办屡教不改的不尽职责的人。

由此可见,在这个问题上应当遵循的通常程序是从审讯事实开始。如果被告确实是犯了反宗教的罪行,那么,按照法律,这项工作便只有教规督导委员会有权进行。

当被告被认定有罪,应当受到法律的惩办时,便只有官员有权确定如何惩处。宗教法庭只是向民事法庭提出起诉;在这个问题上,小议会的职权就是这样规定的。

如果小议会想以神学家自居,对有关教义的事情发表这样或那样的意见;如果教规督导委员会想篡夺民事法庭的裁判权,那么,这两个机构便都超出了它们的职权范围,既违背法律,也违背主权者给它们规定的职能,主权者既是民事事务的立法者,也是宗教事务的立法者;小议会和教规督导委员会对主权者的这一地位都必须要有明确的认识。

在有关民事的事情上,官员是审判教士的法官;而在涉及教义的问题上,他们便不能充当审判教士的法官了;这时候,充当法官的是教规督导委员会。如果小议会拥有审判宗教事务的权力，它就会拥有宣布逐出教会的权力，这时候它的成员也将服从它的判决。在这件事情上，有一个可笑的矛盾，那就是：我因我的过错而被宣布逮捕，但不会被教规督导委员会宣布逐出教会。小议会把我当作一个叛教者来惩办，而教规督导委员会却把我排在忠实的信徒之列！这不是很奇怪的吗？

是的，在教义问题上，教士们之间有时候会发生分歧。由于双方中的一方固执己见，不仅在他们之间，甚至经过老一辈教士的从中调解，都达不成一致；这时候，按照《教会法》第 18 条的规定，就应当把事情提交官员，由官员们"解决"。

不过，解决分歧并不等于裁定教义；《教会法》本身就说明了提交官员解决的原因是由于一方的固执己见。全国各地的治安，对争执的事情的调处，对社会安宁与公共事务的正常进行的维护，对固执己见的人的说服，这一切都无可争辩地属于官员管辖的范围，但他们不能因此就可以裁决教义问题；他们的任务是维护会场的良好秩序，以利于会议对教义问题做出裁定。

即使小议会最后成为教义问题的审判官，但它也永远无权打乱由法律规定的秩序。按照法律的规定，这种案件的初审权是属于教规督导委员会的；即使小议会是最高法官，但民事案件在未经过初审之前，它也无权提审民事案件。

第 18 条说得很清楚，在教士们之间不能达成一致时，应把问题提交给官员，由官员做最后裁决，但它并没有说官员可以剥夺教规督导委员会对教义问题的初审权。自从共和国成立以来还没有发生过这种越权审理的先例。[①] 这一点,《乡间来信》的作者好像是同意的,他说:"在有争议时,"小议会有权对教义问题做出裁定,也就是说它在教规督导委员会审议之后才有此权力,如果教规督导委员会达成了一致意见,它便无权过问了。

对这类案件的审理,在什么情况下归民事法庭,在什么情况下归教会,其间的区别是非常清楚的,不仅是按照法律,而且是按照一般的常理区分的。按照一般的常理,掌握着人们命运的法官当然应当按照经过查证的确凿无疑的事实来审理,而不能根据对一个被告在宗教问题上的过失所做的含糊不清的武断结论就下判决。如果在那么多可作多种解释的晦涩含混的教义中,法官可任

① 在 16 世纪,对灵魂得救与否是由神预定这一说法发生过许多争议;这类争议,今天也许连小学生也感到可笑,但在当时,按照人们的习惯却是国家大事,而且,对这一问题的裁决权是属于教士的,即使他们的裁决有违背公众利益的地方,也是由他们说了算。就我所知,自从有了法律以来,就没有发生过小议会在没有教士参与的情况下裁定教义问题的事例。我只知道有过一次这类裁定;这个裁定是由二百人议会做出的。在 1669 年的大争论中,争论的是特殊的神恩问题。在耶稣会与教规督导委员会之间多次冗长而无果的争论之后,那些博学的人们始终未达成一致意见,于是把问题提交给小议会,但小议会却拒不受理。二百人议会只好把问题收回来,由他们自己来审议。争论的焦点是:耶稣是单单为选民的灵魂得救而死,还是既为选民的灵魂得救也为被打入地狱的人的灵魂得救而死。经过多次会议和认真的讨论之后,尊敬的二百人议会宣称耶稣只是为了他的选民的灵魂得救而死。可以想象得到,这次裁定是以势压人做出的,如果博学的特农香* 比他的对手** 更有威望,裁定的结果便很可能是耶稣也是为了被打入地狱的人的灵魂得救而死的。这一切都是很可笑的,与对教义的信仰毫无关系,争来争去,实际上争的是对公众的教育内容要整齐划一的问题,而对于公众教育的监督,无可争辩地是属于政府的事情。这次大争论引起了人们如此密切的关注,以致全城的人都骚动起来了。不过,这没有关系,小议会有办法平息而又不对教义问题发表什么意见。对于这类与谁也没有关系、谁也不真正明白的问题,最好的办法是交给神学家去解决。——作者

* 指路易·特农香。——译者

** 指弗朗索瓦·图赫蒂尼。——译者

意选择其中可据以对被告提起诉讼或免予起诉的教义，从而判处被告或不判处被告；如果是这样的话，公民的人身安全有何保障呢？

有关这些区别的证据，在这个能发挥一定作用的机构的建立上就可找到，因为，如果小议会在初审阶段就能审理宗教案件的话，就完全没有必要建立教规督导委员会了。

在《教会法》中也可找到许许多多这方面的依据。当初的立法者非常细心地对两个机构的职能做出了明确的区别。如果在行使职权的过程中，一个完全听命于另一个，那么，这一区别便形同虚设。请参见第23条和第24条对可以按照法律惩办的罪行的界定和“应由教规督导委员会进行初审的罪行”的界定。

你看第24条的末尾讲得很清楚：在后一种罪行的罪犯认罪之后，教规督导委员会便附上自己的意见把案子移交给小议会，按照《教会法》的规定“把定刑的权力留给官员去裁处。”从这句话中就可看出，有关教义的审理权是属于教规督导委员会的。

现在看教士们的誓词。他们在誓词中宣称他们永远服从法律，而且在传教工作中也服从官员，这就是说，在不影响他们应有的自由的情况下，他们可以按照上帝的旨意进行传教工作。然而，如果他们按照法律的规定，在有关教义的问题上，不由他们自己的主管机构裁处，而必须服从另一个机构的决定，这哪里还有自由可言？

再看第80条，该条不仅明确规定了教规督导委员会有监督和裁处教会中的或大或小的违纪行为之权，而且还特别指出教规督导委员会就为的是执行这项任务而建立的。请问这一条如今是有效呢还是没有效？是绝对的还是有条件的？由法律建立的教规督导委员会难道是一个临时性机构，而且还要完全看小议会的脸色行事吗？

再看《教会法》第97条。该条规定：在需要按照法律惩办的案件中，教规督导委员会在听取了原告与被告的陈述和提出了教会方面的裁处意见后，便把案子咨送小议会，由小议会“根据教规督导委员会的咨文”（请注意：这里用的是“咨送”和“咨文”这两个词）按照案情的轻重程度进行提审和做出裁决。最后，请注意阅读该条的结尾部分，因为说结尾这段话的人，是主权者。“不论我们的主上帝给我们设立的机构与他在教会中建立的宗教法庭是多么的互相关联和不可分离，但我们无论在任何情况下都不能把它们混为一谈。但愿人们充分认识到这位拥有全部权威、而我们也衷心服从其权威的上帝是政府和教会的建立者；认识到他已明确规定了这两者的职权。”

不过，如果这两个机构中的一个机构能任意侵犯另一个机构的权限，那么，在立法者的统一权威下，这两个机构应怎样才能截然有别呢？如果这里不产生矛盾的话，我就看不出在其他地方会产生矛盾了。

第88条明确规定了人们必须遵守对曲解教义的人所采取的诉讼程序；我再增加一个人们应当遵守的同样重要的程序。这个程序是第53条标题为“《教理课本》的讲授”这一节。按照这一节的规定，凡是扰乱良好秩序的人，在经过多次训诫之后仍坚持不改正，则将他传唤到教规督导委员会去接受询问；“如果他依然不接受对他的训诫，”则将他“移交给官员们处理。”

这里指的是什么“良好秩序”呢？一看标题就知道，它指的是讲授教义时候的良好秩序，因为它涉及的只不过是作为教义的简易读物的《教理课本》的讲授问题。然而，一般地说，良好秩序的维持是属于官员们的职权范围，而不属于宗教法庭的职权范围。你看，程序是多么清楚啊！首先应当对被告“进行训诫，”如果他坚持不改正，便将他“传唤到教规督导委员会去接受询问，”如果他依然不接受对他的训诫，这才把他“移交给官员们处理。”在一切有关信仰的问题上，最后的裁处权是属于两个议会的。这是法律，这是你们的法律明文规定的。我倒要看看：小议会能根据哪一条和哪一款的规定篡夺初审权，一下子就把这样的案子当作刑事案件来审理。

小议会的这一做法，不仅违反法律，而且也不公平，不合情理和普遍的习惯。在世界各国，在有关一门科学或一门艺术的问题上，法庭在判决之前都要听取这门学科的教授或这门艺术的专家的意见。为什么在一切学科之中这门最难懂的学科*关系到一个人、一个公民的荣誉和自由的时候，官员们竟无视他们在审理最微小的案件时都习以为常地遵守的规则呢？

在许多权威人士和一般的常理已经证明这一程序既不合法也违背常规的情况下，他们能用什么法律和规章来说明他们做得对呢？《乡间来信》的作者唯一能引用的条文也只不过是如下一段；不过，请注意，他在这段话的文字上又搞了手脚，挪动了其中几个词的次序，从而改变了它们的意思。

“教规督导委员会所做的训诫，不得侵犯政府官员和民事法庭

* 指宗教学或神学。——译者

的权限,政府的权力应始终保持完整。”①

现在请看他从中得出的结论:“《教会法》的意思,并不像持不同意见者们所说的,认为《福音书》的传道士比议会*更有理由担任这类案件的法官。”在这里,如果我们把“议会”这个词像《乡间来信》的作者那样写成单数,就可看出问题来了。**

持不同意见者们是在什么地方说“《福音书》的传道士比议会更有理由担任这类案件的法官”呢?②

按照法律的规定,教规督导委员会和小议会在各自的主管范围内都是法官,一个是裁定教义问题的法官,另一个是惩办罪行的法官。由此可见,政府的权力和教会的权力在主权者的统一的权威下,都各自是完整的。如果还有另外一个虽无名义但有实权的权威的话,“政府”这个词在这里还有什么意义呢?在我看来,这段话中没有一处改变了我所引述的那几段话中的本来的意思;不仅没有改变,而且,在紧跟其后的几行文字中还明确指出了教规督导委员会在把案件移交给小议会之前应当遵循的程序。这一点,与

① 《教会法》第97条。——作者

* 此处的“议会”一词,原文是复数 conseils,指两个议会,即大议会和小议会,前者是主权者,后者是行政机构。——译者

** 如果像《乡间来信》的作者那样写成单数 conseil,就意味着指的是小议会。参见第123页译者注。——译者

② 他们在《意见书》第42页说:“对于这类事情的探讨和审理,最好是由传道士主持,而不由尊敬的小议会主持。”这段话说的是哪类事情呢?问题是:从表面上看来好像是有疑问,但实际情况是,我的那本书是否真的充满了许多阉割、动摇和摧毁基督教的基本教义的论点呢?《乡间来信》的作者就是以此借持不同意见者之口说在这类事情上传道士比议会更有理由担任法官。毫无疑问,传道士在神学问题上是最理所当然的法官,但在对罪行的定罪方面,就不是了。这一点,持不同意见者们既没有说也没有暗示这个意思。——作者

《乡间来信》的作者从中得出的结论，恰恰是相反的。

现在请看：由于他不敢在文字的表述上攻击《教会法》，他是如何利用他得出的结论攻击这部法律的。

“《教会法》想束缚政府的手脚，只允许它在教规督导委员会审讯之后才惩办攻击宗教的罪行吗？如果真的是那样的话，那就必然会使著书反对宗教的人不受惩办，因为被告假装改正就可以逃脱惩罚；肆意诋毁宗教的人就可以采取假装悔改的办法而不被定任何罪名。”①

由此可见，这位作者之所以不希望人们严格按照法律的条文办案，是为了避免出现这种轻易饶恕被告的情形；然而，相隔十六页之后，这位作者又这样说：

“从事政治和哲学研究的人主张写作自由，想写什么就写什么，但我们的法律却不允许。现在，应当弄清楚的是：小议会对卢梭先生的著作的判决和对他这个人发出的逮捕令是否违反我们的法律，而不是看它们是否符合政治和哲学学说。”②

在另一段话中，这位作者认为对一本书所做的谴责，不但不能摧毁书中的言论，反而替它们做了广泛的宣传；“在这一点上，我在持不同意见者们的《意见书》中就发现我讲的话有许多被他们引用，不过，我讲的话不是我们的法律。”③

把这几段话联系起来看，我发现，它们的意思大致如下：

尽管哲学、政治学和一般的常理主张写作的完全自由，但在我

① 第 14 页。——作者
② 第 30 页。——作者
③ 第 22 页。——作者

们的国家中应当对这种自由加以惩罚,因为我们的法律不允许这种自由。不过,我们不能严格按照我们法律的条文办事,因为按照条文的字面来执行的话,我们是不该惩办这种自由的。*

老实说,我在这位作者的那几段话中发现了某种令我吃惊的胡言乱语,尽管这位作者在我看来好像是一位很有才气的人。但愿我在上面所作的这段小结是错了,但我不知道我错在什么地方。因此我请你自己把它和《乡间来信》第 14、22 条和第 30 页加以比较,看我说得对还是不对。

不论情况如何,我们都希望该作者能给我们指出哪些法律完全摒弃了哲学和政治学的原理;让我们在下面接着谈他对这件事情的反对意见。

第一,在一个共和国里,不仅不允许官员借口不让任何一桩罪行不受惩罚便加重法律的量刑,甚至不允许他们把法律运用于法律未正式定性的罪行。我们都知道,正是由于法律措辞的细微差别,在英国才使许多罪犯逃脱了法律的惩处。正如沃弗纳格** 所说的:"谁比法律更严酷,谁就是暴君。"①

你看,在这类案件中,让罪犯逃脱惩处的后果是不是像《乡间

---

* 着重号是原有的。——译者

** 沃弗纳格(1715—1747),法国 18 世纪一位英年早逝的青年文学家,逝世时年仅三十二岁;法国文学史家朗松认为,从哲学思想和伦理观来看,沃弗纳格可以说是一个前连费讷龙后接卢梭的人物。——译者

① 由于日内瓦没有一部正式的刑法,所以官员可以任意对罪犯定罪。不过,尽管这在立法工作上是一个很大的缺陷,是自由的国家中滥用权力的典型,但官员们的这一权力顶多也只能惩办那些在全社会的人看来都是违犯自然法的罪行和成文法明文禁止的事情;从来不允许官员利用这一权力给无罪的人捏造罪名,而且,对任何一种罪行的审理,都不得因为担心罪犯逃脱惩处便打乱法律规定的诉讼程序。——作者

来信》的作者所说的那么严重。

为了更好地领会法律的精神，就必须牢牢记住这一重要原则：最好的刑法是根据罪行的性质来量刑的。对杀人者判处死刑；对盗窃者剥夺他们的财产，如果犯人没有财产，则剥夺他们唯一的财富，即剥夺他们的自由。同样，对只是反对宗教的罪行，便只能从宗教的角度来量刑，例如在需要宣誓的事情上，不允许罪犯请证人到场；又如将他逐出教会（这是对曲解教义的人最严厉的惩罚）。如果罪犯犯的是民事违法行为，则将他移交给官员按民法处理。

必须时时记住：《教会法》和《乡间来信》的作者与我，我们在这里谈论的都是一些简单的反宗教罪行；如果罪行复杂，例如我未经允许便在这个国家中印我的书，那么，即使我没有被教规督导委员会起诉，我在官员们面前也不能被免予起诉的。

阐明了这个区别之后，我要接着指出：在反宗教罪与民事违法行为之间有这样一个差别：后者对人造成了伤害，触犯了法律，因此，为公众的安宁计，必须对罪犯进行惩办，并要他做出补偿；而前者只不过是冒犯了上帝；对于上帝，人是无法造成伤害的。只要冒犯上帝的人悔改了，上帝就会宽恕他。既然上帝的怒气已经消解了，就不应再惩办罪人，就不应再提他的罪行了；当众冒犯上帝的过错当众悔改了，就了结了。基督教的教义是主张与人为善的，要像上帝那样对人仁慈；如果用宗教所谴责的严酷手段替教会进行报复的话，那就言行不一，十分荒谬了。有人说：法庭是不会也不应当因为罪犯已经悔改了就不对他进行惩罚；这我承认。然而，正是由于这类罪行可以用悔改的办法来弥补，《教会法》才明确规定对这类罪行的初审权不属于民事法庭。

由此可见,《乡间来信》的作者所说的对反宗教的罪行如果政府不加惩处,必将带来可怕的后果,这一说法是没有根据的,他所说的理由是站不住脚的。他用来证明这种做法不符合法律的精神的理由,是不正确的,是违背正式的法律条文的。

他说:"一个被告无论犯了什么反宗教的罪,只要假装改正,就可以逃脱惩罚。"可是,《教会法》没有说"只要假装改正。"《教会法》说的是"只要改正了,"何况无论在任何情况下人们都有准确的法则区别真相和假象,尤其是在对外界的影响方面,更是如此;可见"只要改正了"一语指的是这种情形。

如果罪犯在一度改正之后又重犯错误,那他就犯了更加严重的新罪行,就应当受到更加严重的惩处;他犯了重蹈异端罪,就应当采取更严厉的办法,才能使他回到正路上来。这时候,小议会可以仿照宗教法庭的办案模式[①]进行审讯。如果《乡间来信》的作者不赞成小议会像宗教法庭那样温和,他至少应当让它对案情要区别对待,因为法律不允许借口为了不让罪犯重犯错误,便把他当作已经重犯错误的罪人来惩处。

然而这位作者正是根据这些假想的后果认为这条法律的目的不是规范办案的程序和不同的法庭的权限。那么,在他看来这条法律的目的是什么呢?我们且看他的说法。

他认为这条法律的目的是防止教规督导委员会对那些被诬告发表了某些言论或其过错被夸大了的人的惩罚过于严厉;而我认为,这条法律的目的是防止教规督导委员会对那些尚未经过传讯

① 参见《宗教法庭法官手册》。——作者

和尚未经过训诫的人直接加以惩办。

教规督导委员会如何惩罚呢？将罪犯逐出教会，并将他移交给小议会处理。为了避免教规督导委员会过于轻率地将罪犯移交给小议会，法律却规定将他直接交给小议会。这一做法真新奇。它的新奇之处在于：对同一件案子，法律规定了许多办法防止教规督导委员会匆促判刑，但它却没有一条措施防止小议会匆促判刑；法律对乱加罪名的做法十分注意防范，但对滥施酷刑的做法却不防范；法律多方防止一个人被无端逐出教会，但它却不采取任何措施防止一个人被无端处以火刑；法律非常担心教士们在审理案件时过于严厉，但对法官们审理案件时的过于严厉却毫不在意！对信徒们的领圣餐礼十分关心，那当然是好；但对他们的安全、自由和生命却十分漠视，那就不对了。这个对它的保卫者如此宽容的宗教，不应当对替它洗雪恶名的人如此野蛮。

以上所述，就是《乡间来信》的作者认为《教会法》之所以没有说它该说的话的理由；我认为，把这一点公之于众，就等于是批驳了它。现在让我们转而谈法律的运用；我们发现，在法律的运用方面，也如同在法律的解释方面一样，令人感到奇怪的地方真不少。

《教会法》第 88 条是针对那些曲解教义和传播异端的人而定的；它的目标，不是针对只出了一本书的作者，何况这位作者在出书之后就什么话也没有说呢。的确，在我看来，这个区别是很微妙的，因为，正如持不同意见者们所说的，用笔下的著作来曲解教义与口头上用声音来曲解教义虽然是一样的，但其间存在着一个不同的微妙的区别。我们发现，这一区别倾向于从宽处理，缓和法律的量刑，而不是从严处理，加重量刑。

在世界各国，警察对讲授和传播教义的人都是严加监督的；它只允许获得授权的人从事这项工作；它甚至不允许没有获得传教士资格的人讲授教义，尽管他讲授的是正确的教义。盲目的民众是容易受人诱惑的。一个人如果吆喝一批人来听他胡乱讲说教义，他不久就会纠集一帮人制造乱子。在这一点上，只要稍微有一点儿举动，就会从它可能产生的后果而被认为是该受惩办的图谋。

从来就没有哪一个只写了一本书的作者搞这类活动；他在书中虽然讲了许多意见，但他从来不纠合一帮人制造乱子。他从来不强迫任何一个人来听他讲话或读他的书。他从来不去找你；只有你去找他，他才见你。他让你对他所讲的话进行思考；他从来不同你争辩，从来不激动，从来不固执己见，从来不解答你的疑难和提出的问题，从来不没完没了地缠着你，你离开他，他也离开你。更重要的是，他从来不在大庭广众之中信口开河乱讲。

由此可见，一本书的出版从来就没有被任何一个国家的政府视为胡乱传播教义的行为。在有些国家，出版图书是完全自由的；不过，也从来没有哪一个国家是不加区别地允许人人都可以从事讲授教义的工作的。在那些不经允许就不能出版的国家中，不服从这条禁令的人有时候是会因为他违反了这条禁令而受惩罚的，但这些国家并不把一本书中发表的意见看作是什么了不起的大事，因此它们放手让这些书进入它们的领土，只不过为了表示它们不赞同书中的观点，不允许这些书在它们的国家印刷罢了。

以上所述，都是真的；对于那些不是为广大公众写的书（例如我的书)，各个国家都是采取这种办法对待的。你们的小议会在它的答复中硬说“按照作者的意图，《爱弥儿》应当作为父亲和母亲教育孩子的指南。”[①]他们的这种说法是毫无根据的，因为我在这本书的序言和其他许多地方都说明我是为了另外一个目的而写的；书中讲的是一种供贤哲之士探讨的新的教育方法，根本不是什么硬要当父亲和母亲的人采纳的方法；对于这种方法，我从来没有想过。虽说我有时候用的是相当通俗的语言，好像是在对他们讲话，那也只是为了使人们更容易理解或者是为了以更少的文字说明我的意思。事实是：我是应一位母亲的要求*而着手写这本书的。这位母亲虽很年轻，但有一副哲学家的头脑，对人的心灵十分了解。论容貌，她是女性当中的佼佼者；论才情，她是一个超群出众的女人。我是为了那些具有与她相同性格的人而写的，而不是为了这样或那样的先生们写的，也不是为了那些虽然读我的书，但根本不了解我的真意的人而执笔撰文的；他们虽然侮辱我，但我对他们并不生气。

从这个区别可以看出：既然《教会法》所规定的审理曲解教义的人的程序不适用于一本书的作者，那么，如果他们还按这个程序来对待一个作者的话，那就太不应该了。这个如此自然的结论，你同我的读者都会像我一样地得出的结论，与《乡间来信》的作者得出的结论是大相径庭的；他得出的结论与我们的结论是相反的。

① 见《意见书》(铅印本)第22、23页。——作者

* “我对教育问题也思考了一段时间。这是舍农索夫人请我在这方面下功夫的，因为她丈夫对儿子的教育方法不当，使她对自己的儿子非常担忧。”(卢梭：《忏悔录》，第9卷)。——译者

我们最好是看他自己的原话，因为，如果我用转述的方式叙述他的结论的话，你是不会相信的。

“只需读一下《教会法》的这一条的条文，就可以很清楚看出它指的是那些散布危险言论的人；它说‘只要这些人改正了，就不再对他们进行追究，也不定他们什么罪名。’为什么呢？因为他们不再散布这种毒害人心的言论，人们就有了安全感，而他们也就不再是令人害怕的人了。而那些通过印刷品使大家都受其言论影响的人，即使有或真或假的悔改的表现，那有什么用呢？因为他们的罪行已经铁板钉钉，是永远存在的。这种罪行，从法律的角度来看，就属于这样一种类型，即：只要法院一经受理，进入审判程序，罪犯再怎么悔改，都是没有用的。”

在上面所引的这段话中，有几个地方令人一看就生气；不过，还是让我们心平气和地同他讲道理。一个人只要一开始按他自己的意思曲解教义，他就会继续不断地为害于人；在他改正以前，这个人一直是令人害怕的，甚至他的自由也是有害的，因为他将利用他的自由去做有害于人的事，去继续散布谬论，虽说他最后是改正了，那也于事无补，他在教义上散布的谬论始终存在；从这个角度看，他的罪行才真正的铁板钉钉，抹杀不了的；反之，一本书一旦出版，作者就不可能再做有害于人的事了；能为害于人的，是他那本书。不论作者是自由的还是被抓进了监狱，他那本书都照样在书店销售。把作者关起来，这固然是法律允许的一种惩办办法，但既无助于救治他造成的危害，也不能阻止他造成的危害的扩散。

可见补救这两种坏事的办法是不相同的。要堵住在教义问题上散布谬论的根源,最可靠的简便办法是把散布谬论的人关进监狱;然而,把一本书的作者关进监狱,不仅解决不了问题,反而替他那本书做了宣传,正如《乡间来信》的作者所说的,其结果反倒更坏。可见这不是正式启动程序之前应当采取的措施,不是解决问题的好办法。这种惩罚,只能由法院来判处,用来惩办已经定罪的犯人是有用的。如果他犯的是民事违法行为,就应当先同他讲道理,对他进行训诫,说服他,规劝他弥补他造成的过失,并公开收回谬论;让他自由表达他收回谬论的原因,以便使他的话能产生好的效果,使那些受他谬论影响的人回到正路上来。如果他不改正,并坚持错误,这时,也只是在这时才对他进行惩办。只有这样办,才能把事情办得很圆满,才能达到法律的目的。这是一个贤明的政府应当采取的办法;一个贤明的政府"应多考虑如何防止该著作的影响,少考虑如何惩办作者。"①

既然《教会法》在各方面都遵循基督教的精神,不赞成在未采取一切可能的办法挽救散布谬论的人以前便逮捕他,那么,为什么对一本书的作者不这样做呢?《教会法》宁可冒让散布谬论的人继续散布的风险,也不行事不仁慈,请你告诉我,为什么单单对一本书的作者得出结论说《教会法》是主张把该书的作者先抓进监狱再说呢?

《乡间来信》的作者说他在持不同意见者们的《意见书》中发现引用了许多他对这个问题发表的看法;他说他的"那些看法并不是

① 第25页。——作者

我们的法律的准则；”可是，隔了一会儿，他又说：“那些倾向于大度宽容的人顶多只能批评小议会在这件事上没有让一条看起来似乎不甚适合的法律不起作用。”[①]在花了许多力气来证明那条唯一看起来适合于我的案情的法律，原来并不一定适合：这个结论是多么令人吃惊啊。人们对小议会的指摘，不是指摘它没有让一条已经存在的法律不起作用，而是指摘它居然让一条根本就不存在的法律起作用。

在这里，这位作者使用的逻辑，在我看来真新奇。先生，你觉得怎样？像他这样的论证方法，你可曾见过？

“法律将迫使小议会惩办该书的作者。”

这条迫使小议会惩办该书的作者的法律，在哪里？

“实际上这条法律并不存在，相反，倒是有另外一条法律明确规定：对曲解教义的人要从宽对待；而对于该条法律没有提到的人，倒是要从严处理。”

在那些熟知莫雷里不是作为散布谬论的人而是作为作者而被查办的人看来，这种说法太奇怪了。莫雷里先生写了一本书，他就是因为这本书而遭到指控的。而按照《乡间来信》的作者的看法是：罪行在书的本身，而书的作者没有被传讯的必要。但事实是，他被传讯了；不仅被传讯，而且还给他时间，等待他表示认错，每一步都是严格按照《教会法》的这条规定所说的程序办的，而该作者却认为《教会法》的这条规定既不涉及书，也不涉及书的作者。在莫雷里离开日内瓦以后，当局既没有下令烧他的书，也没有下令逮

① 第 23 页。——作者

捕他，更没让刽子手去捉拿他。① 这一切，都是当着立法者的面，由《教会法》的起草人裁决的。那时候，《教会法》刚刚被通过，而且，按照这位匿名的作者* 的说法是："正当从严惩办的论调"甚嚣尘上之时，而现在他竟用这一条来作为今天必须对我严加惩处的理由。

现在来看他所说的区别对待。在列举了当时对莫雷里的从宽处理和给他改正的时间以及在烧他的书之前的审理程序进行得既缓慢又慎重等情形之后，他说："这一切都进行得有条不紊，但是不是因此就可以得出结论说对各种不同的案件也非这样做不可呢？对一个攻击宗教但身居他处的人，也要像对一个身居日内瓦的批评教会纪律的人那样采取同样的程序吗？"②换句话说就是："对一个不攻击法律而生活在法律管辖之外的地区的人采取的程序，也要像对一个攻击法律而又生活在法律管辖地区之内的人那样温和吗？"实际上，这样的问题不可能发生。我敢肯定：这是第一次有人认为法律之所以要加重对一个罪人的量刑，唯一原因是因为他的罪行不是在国内犯的。

① 官员们对这件事情的处理非常谨慎，无论是程序的进行还是教规督导委员会的咨文的送达和法庭的判决，都既缓慢又逐步完成一个之后再进行下一个。法官们登上法官席，呼唤上帝的名，把《圣经》放在自己面前，经过慎重审理和征求公民们的意见之后，当着人民的面做出他们的判决，使人民了解他们那样判决的理由，并把他们的判决印发给大家。对一本书的简单的判决竟如此慎重，既不侮辱作者，也不逮捕作者，尽管这位作者既固执己见又抗拒法庭的传唤。可是如今的那些先生们从这件事情中学到的是：千万别那么慎重地对待人的荣誉与自由，尤其是公民的荣誉和自由，因为，请注意：莫雷里不是公民。** ——作者

* 指《乡间来信》的作者特农香。——译者

** 据《案情摘要》说：莫雷里"原籍巴黎，在日内瓦城中居住的时间不多。"——译者

② 第17页。——作者

“是的，”他继续说道，“持不同意见者们在为卢梭先生辩护的《意见书》中说莫雷里的书只不过是攻击宗教的纪律问题，而审理卢梭先生案件的法官却说卢梭先生的书攻击的是宗教本身。他们的这个牢骚话不会得到大家的赞同，因为那些把宗教看作是上帝的作品和宪法的支柱的人认为，对攻击宗教的罪行的处理，不应当像对攻击宗教纪律的罪行的处理那样从宽，因为后者攻击的只不过是人的作品；是人的作品，就容易出错，至少可以产生无数种不同类型的错误。”[①]

我认为，这番话如果出自一个圣芳济教派的僧侣之口，还勉强可以容忍，而从一个官员的笔下写出来，那就太令人吃惊了。如果有些人因为持不同意见者们的那段话讲的道理不够透彻因而不赞同，这有什么关系呢？

攻击宗教，当然是一桩比攻击宗教纪律更为严重的罪恶，但在人类的法庭上，就不是了。人类的法庭是为了惩办罪行而不是为了惩办罪恶而设立的；它不是替上帝报仇雪恨的机关，而是执行法律的机关。

除了涉及人的行为问题以外，宗教永远不能成为法律的组成部分。法律可以命令人做某事或不做某事，但它不能命令人信仰什么；由此可见，无论是谁，只要他不攻击宗教，他就没有触犯法律。

然而，由法律规定的纪律是法律的组成部分；它本身就是法律。谁攻击纪律，谁就触犯了法律，其严重性无异于破坏国家的宪法。这部宪法在确立以前，是很可能会经过许多种不同形式的变

① 第18页。——作者

动的，但它在摒弃其他形式而按其中的某一形式确立之后，则无论它采取的是这些形式当中的哪一种形式，它都是应当受到尊重的和神圣的，而且，这部政治法从确立之日起，不就同神的律条一样，是固定不变的吗？

在这件事情上，那些不赞同持不同意见者们那段话的人的错误还在于他们不知道那段话正是小议会在对莫雷里的那本书的判决书中说的。该判决书着重指控的是那些“试图在国家中制造分裂与混乱的人。”很显然，想用这个话来指摘我，那是办不到的。

民事法庭要捍卫的，不是神的作品，而是人的作品；它们照管的，不是人的灵魂，而是人的身体。它们是国家的真正的保卫者，而不是教会的保卫者。如果它们插手宗教问题的话，那也只能是由于那些问题是在法律管辖范围之内，或者是由于那些问题涉及良好的社会秩序与公众的安全，它们才能进行干预。这是官员们应当遵守的神圣法则；官员们不能依仗权势按自己的意思行事，而必须理性地公正办案。法庭如果背离了这一原则，就必然会滥用职权，就必然会引起动乱，使法律和它们的权威造成许多可怕的枉法丑闻。我要为日内瓦人鸣不平：小议会竟如此地藐视他们，竟公然用欧洲最无知和最盲信的人都不会上当的话愚弄他们。在这件事情上，持不同意见者们讲的道理，是政治家的道理；而你们的官员们讲的道理，是僧侣的道理。

为了证明莫雷里一案的案例不能作为比附的标准，《乡间来信》的作者以 1632 年对尼柯拉·安托万一案采取的做法来反驳；尼柯拉·安托万是一个可怜的疯子，在教士们的请求下，小议会为了拯救他的灵魂，便下令将他烧死。处以火刑的事，过去在日内瓦并不少见；从他们对我采取的做法来看，我觉得，他们对我也想施加这种酷刑。

我绝不会像那些迫害我的人那样胡编乱造，所以我把《乡间来信》中的有关段落一字不改地抄录如下：

“请看尼柯拉·安托万一案。那时候《教会法》已经生效，离它起草的时间不远，所以人们对它的精神是相当了解的。尼柯拉·安托万是否被传唤到教规督导委员会了？在那么多指摘这一残酷判决的人当中，在那些心存仁厚的人为挽救此人而做了许多努力之后，有谁还说这个判决不合法？莫雷里曾被传唤到教规督导委员会询问，而安托万没有；由此可见，并不是所有的案子都要经过教规督导委员会传讯这一程序。”[①]

读了上面这段引文，你也许以为小议会对尼柯拉·安托万也是像对我这样办的，以为其间的差别只不过是是否经过了教规督导委员会的传讯和教士们的请求。是否如此，且看事实。

尼柯拉·安托万在一次旧病发作时，曾试图跳进罗讷河，因此，教士们将他从他所住的公寓送进医院，交给医生医治。他在医院里住了一段时间，而且在住院期间还继续散布反基督教的言论。“教士们每天都去看他，并在他的病情稍稍稳定时，劝说他改正错误，结果是白费劲。安托万说他至死都坚持他的看法。他已做好准备，愿‘为以色列的伟大的上帝的荣耀而死。’由于对他所做的工作没有取得成效，教士们便把他移交给小议会。教士们在致小议会的咨文中把安托万说得比塞尔维、让迪里斯和其他反三位一体

① 第 17 页。——作者

论者还坏，结果便决定把安托万关进牢房，严加看管。”[①]

你从上面的叙述就可以看出，安托万之所以没有被传唤到教规督导委员会，是因为他当时已经病了，而且病得很重，在接受医生的治疗，不能到教规督导委员会去；而且，虽然他没有到教规督导委员会去，但教规督导委员会的人曾去看他，教士们也每天都去探视，每天都规劝他。最后，由于这一切努力都没有使他改变他的看法，他们才把他移交给小议会，把他描述得比其他已经被处死的人还坏，要求小议会把他加以监禁，而小议会这时才根据教士们的请求，把他投入牢房。

在安托万被关押期间，教士们曾竭尽全力挽救他，并引用《圣经·旧约全书》中的话，同他一起讨论，想了许多可能想到的最感人的办法，试图说服他改正错误，[②]但安托万依然毫不动摇。在官员们审问他时，他还是表现得很坚定。当案子进行到要做出判决时，官员们征询了教士们的意见。当时，出席小议会的教士有十五人之多，既有牧师，也有经师。他们的意见很分歧，最后是采纳了大多数人的意见，于是，尼柯拉·安托万被执行了火刑。案子自始至终都是按教会的意见办的，因此可以说安托万是被教士烧死的。

先生，《乡间来信》的作者说安托万没有被传唤到教规督导委员会的真相就是如此。他由此得出结论说并不是所有这类案子都

① 参见《日内瓦史》12开本第2卷第550页和注释。——作者

② 安托万如果改正了，他会不会照样被烧死呢？按照《乡间来信》的作者的意见，安托万将依然会被烧死的。然而，他也很可能不会被烧死，因为，尽管他很顽固，官员们也不会不去征求教士们的意见的；他们认为，从某个角度看，安托万依然是归教士们管辖的。——作者

要经过这一程序；你觉得他选的这个例子是否能说明他讲的道理是对的？

现在姑且假定他讲的道理是对的，其结果将怎样呢？持不同意见者们将根据一个事实来肯定一条法律的适用性，而《乡间来信》的作者也将根据一个事实来否定这条法律的适用性。即使这两个事实中的每一个事实的权威都可以摧毁另一个事实的权威，但法律依然是完整无损的，尽管它曾一度被侵犯，难道它因此就不那么有效，只要被破坏一次，以后次次都可以被破坏吗？

现在让我们按我们的看法来作结论。如果我故意曲解教义，我当然是触犯了法律；如果我没有故意曲解教义，他们将怎样说我呢？没有任何一条法律会找到我头上来嘛。[①] 可见他们不是篡改了现有的法律，就是凭空捏造了一条现在还没有的法律。

是的，他们在审查那部著作时，并未审讯作者；他们说他们只是下了一道逮捕作者的命令，所以用不着大惊小怪。这样说，我认为是很难令人接受的。不过，虽说他们对我们不公平，但我们不能对他们不公平；如果他们没有不公正的地方，我们当然不会找碴儿硬说他们不公正。我无意指摘小议会和《乡间来信》的作者为了替他们没有对我进行审讯就径直做出判决的做法辩护，就把人和书加以区别。法官可以按照他们对事情的陈述来审理，因此我也不责怪法官们在这件事情上过于草率或怀有恶意，但我要指出他们在一件如此重大的事情上犯了错误，因而伤害了我。为了宽恕人

① 任何一种不违反自然法的行为，除明文禁止的以外，都不会构成罪行。我这个话的目的是让那些肤浅的理论家认识到我的二难推理是很严格的。——作者

而犯错误，那是可以原谅的，然而，为了惩罚人而犯错误，那就是一个很严重的错误了。

小议会在它的答复中说，尽管我的书受到了批评，但就我这个人来说，我依然可以提出抗辩，为我自己进行辩护。

持不同意见者们在他们的《意见书》中反驳说：他们不明白一个人既然已经被宣布为是一本亵渎宗教、胆大妄为和导人为恶的书的作者，标有他名字的书已经被刽子手撕成粉碎并投入火中烧掉，他还能提什么抗辩为自己辩护？

对于这个问题，《乡间来信》的作者回答说："你们认为小议会的判决是针对那本标有作者名字的书的作者，但实际情况并非如此。这个判决对他毫无影响，他依然可以提出抗辩为他进行辩护。"①

我要告诉这位作者："你错了。"是的，小议会在有关抨击那本书的判决中没有攻击那本书的作者的生命，但它已经毁坏了他的名声。尽管在身受刑方面他依然可以提出抗辩为他自己辩护，但他已经受到了加辱刑；他已经身败名裂，他的命运全掌握在法官手里了。现在要决定的唯一一件事情，是处他以火刑还是不处他以火刑。

在这一点上，把书和作者加以区别的做法，是荒谬的，因为书的本身是没有什么可惩罚的：它本身既不亵渎宗教，也不胆大妄为。这些罪名只能加在书中的理论上，也就是加在提出那些理论的人的身上。当焚书的时候，刽子手干的是什么事呢？他是在侮辱那本书的纸张吗？谁曾听说书有荣誉感？

① 第21页。——作者

《乡间来信》的作者，错就错在这里；产生这一错误的根源在于一个习以为常的恶劣做法。

人们写了许多书，但很少有人是真诚为了有益于人而写的。在出版的一百本书中，至少有六十本是为了获取利益或满足虚荣心而写的；有三十本是出于党派偏见或仇恨而匿名发表的，其目的是为了在公众中散布诬蔑他人的言论或诲淫诲盗的毒素；也许有十本（顶多只有十本）是出于好意而写的，书中讲的是作者知道的真理和他追求的美德。然而，千真万确的是，那个讲真理的人哪能获得人们的谅解呢？因此，要想讲真理，便只好躲起来讲；为了讲有益世人的话而又不受惩罚，便在书一面世时，作者便逃之夭夭。

在那些被法庭谴责和查禁的书中，只有几本是坏书，其余的差不多都是好书。其中的理由，我不说，大家也明白。其实，法庭的那一套做法，也只不过是一种形式，其目的，为的是避免被人家说它们默许那些书在书店销售。只要作者的名字不出现在书中，尽管大家都知道书的作者姓甚名谁，但官员们就不知道。有些作者为了捞取荣誉，甚至还公开承认书是他们写的。一个人是承认或是否认自己是一本书的作者，这要看他是在法庭的被告席上还是在与他人共进晚餐的筵席上。是承认还是否认，视情况而定，一点问题也没有；这样，便不用花多大的力气，就既获得了安全，也满足了虚荣心。《乡间来信》的作者批评我在这方面既行事欠谨慎，也不讲究策略，然而在我看来，行事谨慎和讲究策略，这两点是用不着花多大心思就能做到的。

法院对它不想追究作者是谁的匿名发表的书所采取的这种做法，已经成为判案的惯例。由于是匿名发表的，所以没有可传讯的对象，便一把火把书烧了，就了事了；事实上，法院也看得很清楚，那个隐蔽的作者是根本就不打算承认书是他写的，说不定该作者下午听说法院当天上午还下令对他进行调查的消息时，还会哑然失笑呢。这种情况已屡见不鲜了。

不过，当一个行事愚鲁*的作者，也就是说一个深明其义务而且愿意履行其义务的作者，认为自己对公众发表的作品，就应当承认，就应当署上自己的姓名，表明自己对它负责。对于这样的作者，按衡平法的规定，就不应当把一个有荣誉感的人的愚鲁当作一项罪行来惩办；法官们应当以另外一种审理方式对待他，不把他的书和他这个人分开，因为作者既然署上了他的名字，就表明他和他的书是分不开的；法官们应当在听取了对书负责的作者的答辩之后，才对书做出判决。由此可见，惩办一本匿名发表的著作，只是惩办书；而惩办一本署名发表的著作，实际上就是在惩办作者；如果不让他有答辩的机会，就等于是不审讯他就直接判处他。

在这样的案件中，在判处作者的书之前，发传票传讯（这一次，日内瓦当局竟然用一道逮捕令当传票）这一程序是必不可少的。有些人同《乡间来信》的作者唱一个调，说什么作者的罪行是昭然若揭的，作者的罪行就在书里；这样说是没有用的，法庭是不能因为他们这样一说，就不按审理案件（即使是审理已经充分证实的刑事案件）的法定程序办的，因为，即使全城的人都亲眼目睹某人杀了人，也不能因此就不经过初审或不给他以申诉的机会就判他的刑。

---

* “愚鲁”二字是《乡间来信》的作者特农香的原话，他说：“一本应受惩办的书的作者，行事必然是行事不谨慎的和愚鲁的。”（见《乡间来信》，第 20 页）——译者

一个公开署名的作者的这一光明磊落的做法，为什么会反而给他自己带来不利的后果呢？这么坦诚的态度难道不应当受到人们的尊重吗？法官们难道不应当更慎重地对待他吗？当他论述那些令人耳目一新的问题时，如果他不能提出可保证他不会受到伤害的理由，他哪里会冒此风险呢？如果他不深信公众将根据他的行为认为他所提的理由是可信的，他怎么会这样公开自己的姓名呢？《乡间来信》的作者胡说他的行为是不慎重的和愚鲁的；而事实上，他的行为是一个胸怀坦荡的人的行为。他认为这样做是出于他的责任心，而有些人却认为他这样做，是欠考虑。他认为只要人们公正地对待他，他就没有什么可怕的。他认为发表自己的作品而又不承认是自己的作品，是一种该受谴责的懦夫行为。

如果问题只涉及作者的荣誉，作者有何必要把他的名字印在书上呢？如何才能既获得出书的荣誉而又不冒任何风险，如何装出一副谦卑的样子以享受沽名钓誉之实而又不负任何责任：这一套把戏，谁不会呢？这些小小的伎俩，稍有名气的作者哪一个不知道呢？在他们当中，谁不知道有一个人自以为用不着署名，每一个读者无须猜测就知道是哪个大人物写的。

然而，这些先生们只知道按通常的惯例行事，他们不仅不按照那个处处有利于我的例外的办法办理，反而用那个办法整我。实际上，他们最好是只烧书而不提书的作者的名字，或者，如果他们想整作者的话，就等作者到庭或抗辩之时才烧书。但这两个办法他们都没有采取。他们烧书，好像不知道书的作者是谁似的；而且下令逮捕作者，好像还没有早已把书烧掉似的。先败坏我的名声，然后下令逮捕我！他们还想怎样处置我呢？他们往后还将采取什么更坏的手段对付我？难道他们不知道一个正直的人的荣誉比生命更重要吗？他们从毁坏我的名声开始整我，还有什么坏招不敢使呢？不听取我的申诉，就像对一个已经宣判的罪犯那样处我以最残酷的刑罚，在这种情况下，即使我能在法官面前申辩我无罪，又有什么用呢？

他们一开始就千方百计把我当作恶人来对待，说我本来就没有什么荣誉，所以就惩办我的身体，还假惺惺地说我完全可以提出抗辩，为我进行辩护。请问：如果我被警察押到街上游街示众和遭受种种刑罚并投入监狱之后，我提出的抗辩能消除我的书和我这个人受到的羞辱和痛苦吗？什么！他们口中所说的公平对待，就是不分青红皂白地把各种过错和各种人都混为一谈吗？一个无可指摘的公民的光明磊落的行为，为什么竟被叫做“愚鲁的行为”，而且还因此就把他当作恶人关进监狱？既然五十年的光辉*都胜不过他们对我提出的那一点点儿指摘，不能保我不受羞辱，①那么，公众对

* 卢梭诞生于1712年，到他1762年发表《爱弥儿》时，正好是五十年，“五十年的光辉”一语指此。——译者

① 仔细一分析，就可看出在《乡间来信》的作者对我提出的那一大堆指摘中，有许多地方不值一驳，例如他说我那本受到法院谴责的书同我的其他著作的版式是完全一样的。是的，它们都是十二开本和八开本；请问：其他作者的书又是几开本呢？他还说它们是同一个书商出版的；这就说得不对了。《爱弥儿》是由几个不同的书商印制的，而不是由我那个书商出版的，** 用的是我的其他几本书没有用过的字体。由此可见，由他的指摘得出的结论，不仅不对我有害，反倒可以帮我辩护。——作者

句中的“我那个书商”指曾出版卢梭的《论不平等》等书的荷兰阿姆斯特丹的书商雷伊，而《爱弥儿》，正如卢梭所说的，是由另外几个书商出版的。“1761年《爱弥儿》脱稿后，巴黎的书商杜什纳与卢梭签订了出版合同。接着，杜什纳于同年11月和12月分别与荷兰海牙的印刷商勒奥姆和法国里昂的印刷商让·布吕瑟签约，由这两个印刷商承印；前者负责‘法国以外的地方’的发行，后者则在法国境内发行。”（李平沤：《如歌的教育历程》，山东人民出版社2008年版，第3页）——译者

我的敬重和我一生的正直为人,哪里还会被法官们放在眼里呢?

"他们*把《爱弥儿》和《社会契约论》与那些受到宽容的书加以比较,并指摘小议会的处理办法不公允;我认为,他们所做的比较是不妥当的,对小议会的指摘是毫无根据的。他们认为政府曾一次假装没有看见,以后就必须每次都假装没有看见;这样推理是错误的。如果这是一次疏忽,我们可以纠正它;如果这是由于当时的情况或政治原因而被迫保持沉默,他们把这种被迫采取的做法作为指摘的理由,那就不太公正了。我毫无替《意见书》中所说的那些书辩护之意,但从良心上说,有些书只不过是零零星星有一些不恰当的攻击宗教的言论,而有些书却肆无忌惮地通篇直接攻击宗教的教义和宗教的道德与它的社会影响,对于这两种书,我们能同样对待吗?我们应当把这两种书不偏不倚地加以比较,对他们在世人当中产生的影响加以评判;前者到处印行,广为流传,而后者是受到人们怎样对待的,我们大家都是知道的。"①

我认为有必要把他这段话全文照录在此。现在,我要分段来批驳它,对它进行分析。

在日内瓦,什么书不能印?什么书不能宽容?只要是读起来不令人生气的书,在日内瓦就可以公开销售。官员们不管,教士们偷着乐,原来一本正经的样子,一下子就变得喜笑颜开。唯独我和我的著作受到小议会的憎恨;他们怎样憎恨的呢?他们对我的非难和指摘之强烈和可怕,是人们怎么想象也想象不到的。我的天

* 指持不同意见者。——译者

① 第23、24页。——作者

啦！我没有想到我竟成了那么一个可恶的人。

"他们把《爱弥儿》和《社会契约论》与那些受到宽容的书加以比较，我认为他们所做的比较是不妥当的。"啊，我也认为如此！

"认为政府曾一次假装没有看见，以后就必须每次都假装没有看见；这样推理是错误的。"说得不错，不过，那要看什么时间、地点和人；要看政府假装没有看见的是些什么书和《乡间来信》的作者选出来不能假装没有看见的是些什么书；要看在日内瓦受到欢迎的是哪些作者和在日内瓦受到迫害的是哪些作者。

"如果这是一次疏忽，我们可以纠正它。"可以纠正，也应当纠正，不过，真的纠正了吗？我的书和我这个人不该受到谴责而竟然受到了谴责，而该受到谴责的书和它们的作者却同从前一样，依然得到宽容。只有我是例外。

"如果这是由于当时的情况或政治原因而被迫保持沉默，他们把这种被迫采取的做法作为指摘的理由，那就不太公正了。"既然有人强迫你们容许那些该受惩罚的书，那就应当连那些不该受到惩罚的书也一起容许嘛。可是你们却千方百计地隐瞒实情，不让公众知道你们如此卑劣地用惩办大奸大恶的办法惩办无辜的人的小过错。怎么！你们这样欺凌弱者，对不对？能永远把人们蒙在鼓里不知道吗？你们不是说有几个黄色小说的作家的命运与某几个大君主国的君主大有关系吗？不是说如果不允许那些在作者的国家被禁止的书在你们城中受到宽容和准许印行并公开销售，*

* 卢梭的这句话，是有所指的：伏尔泰的著作，包括他那本受到公众批评的《戆第德》，在日内瓦一版再版；他的《路易十四时代》和《风俗论》在法国被禁止，而在日内瓦却畅销。——译者

你们的城市就会被摧毁吗？人民啊！他们就是这样借助大国的势力，使你们相信他们的做法是有道理的。结果，在那几个大国都不允许的这一坏事，却在你们城中畅行无阻！

当我来到这里*的时候，就听说整个法兰西王国都在追捕我。我的书在日内瓦被焚烧；他们是为了讨好法国才这么做的。日内瓦下令逮捕我，法国也下令逮捕我。我在伯尔尼被驱逐，这也是法国要求他们驱逐我的。他们跟踪追我一直追到这个山区。人们之所以到处驱赶我，这也很可能是法国幕后主使的。由于受到了千百次侮辱，我写了一封替我辩护的信；**这一下，全完了。我到处被包围，被监视；法国派密探搜寻我，派士兵抓我，派匪徒暗杀我，只要我一走出房间门，就可能有生命危险。所有这些危险，都来自法国，来自巴黎的高等法院，来自教会，来自宫廷 。在我这一生中，还没见过哪一个以卖文为生的可怜人一下子竟变成了这么一个重要人物。由于对他们所做的那些蠢事实在厌恶透了，我便到法国去散心；***我了解法国人；我现在的遭遇很不幸。他们欢迎我，安慰我，用千百种出自真心的方式接待我，而且，只要我愿意，我还可以受到许多更友好的接待。我平平安安地回到我的住处。他们****一见到我，便大吃一惊，简直吃惊得不得了，斥责我不动脑子；他们说，对我的威胁，不会来自法国；他们说得对：如果真

* 指普鲁士王国治下的莫蒂埃。——译者

** 指他 1762 年 11 月 18 日写给巴黎博蒙大主教的信。——译者

*** 在《致博蒙大主教的信》发表后不久，大约在 1763 年 5 月，卢梭与索特恩曾到法国蓬塔利埃一游。（见《忏悔录》第 12 卷）——译者

**** 指友人。——译者

有什么刺客要来结束我这痛苦的生命的话，那个刺客肯定不是来自法国。*

我不会把我遭受的屈辱的不同原因混为一谈。我要把来自我所处的环境的可怕的客观原因与唯一来自我的敌人的恨的原因，加以区别。唉！上帝啊，但愿我在日内瓦的敌人没有我在法国的敌人那么多，而且不会像我在法国的敌人那样与我不共戴天！今天每个人都知道对我最沉重的打击来自何方。你们那一帮人说我遭受的苦难不是他们造成的。他们托词说我在日内瓦犯了案，便在瑞士煽动人迫害我；他们说我到处都无人接纳，便唆使人驱赶我；他们的这种阴险手段，何其毒也！我哪里能责怪朋友们请我来到与我的祖国相邻的地方呢？我敢请全欧洲的人作证：除了瑞士以外，哪一个国家的人不接纳我，哪一个国家的人不是盛情欢迎我？他们能举出一个国家来吗？我能怨我没有选好我这块隐居之地吗？我虽然遭到许多打击和羞辱，但我的所得多于所失。我结识了一个人，一个灵魂高洁的伟大的人——乔治·凯特！我的保护者，我的朋友，我的父亲啊！不论你在哪里，不论我将来在哪里结束我这可悲的生命，不论我今生是否还能见到你，不，我都不会因为我遭受这么多苦难而怨上天，我都要把你对我的友谊看作是上天的赐与。**

“从良心上说，有些书只不过是零零星星有一些不恰当的攻击

---

* 1763 年 5 月，勒尼普自巴黎写信给卢梭说：“我不相信此间有人想加害于你，何况现在在你所住的地方，那位君王也不允许任何人这么干；在你目前所在的地方，唯一对你抱敌对态度的，是当地的教会人士。”（《卢梭通信集》，第 9 卷，第 307 页）——译者

** 关于卢梭与普鲁士王国纳沙泰尔邦总督乔治·凯特的友谊，以及在卢梭逃匿莫蒂埃的两年多时间里乔治·凯特对他的关怀与庇护，请参见《忏悔录》，第 12 卷。——译者

宗教的言论，而有些书却肆无忌惮地通篇直接攻击宗教的教义和宗教的道德与它的社会影响，对于这两种书，我们能同样对待吗?”

从良心上说！……像我这样一个亵渎宗教的人，哪里还敢讲良心……尤其是对那些善良的基督徒……所以我只好闭着嘴巴什么话也不说……不过，像这样一种能使官员们来讲说的良心，也的确是一种奇怪的良心；我们可以容许你亵渎神灵，但不容许你讲道理！先生，让我们在这里暂时不谈题材的不同，单谈思想方法：雅典人之所以对阿里斯托芬[①]剧作中的那些亵渎神明的话鼓掌叫好，而把苏格拉底[②]处死，就因为他们采取的是这种思想方法。

在我的论述中，最使我深信不疑的是，我发现他们在我最没有事先料到的问题上发表的意见是非常正确的，例如在这里谈到的这个问题就是。从我对宗教以及对宗教至关重要的问题所做的分析中得出的结论之一是：在信仰问题上，除了与自己有关的事物以外，任何人都不应当干预别人的宗教信仰，因此，他们根本无权惩罚只冒犯上帝的言行，[③]因为，如何惩罚这类言行，上帝自有权衡。

① 阿里斯托芬(约公元前446—前385)，古希腊剧作家。——译者

② 苏格拉底(约公元前469—前339)，古希腊哲学家。——译者

③ 请注意，我是按照习惯来使用“冒犯上帝”这个词语的，不过，我不赞成按它的本义使用，因为我觉得用起来也不确切，好像确实曾经有那么一个人或那么一个天使甚至魔鬼故意冒犯上帝似的。我们用“使上帝感到不悦”来表达，较为合适，《圣经》中有许多地方都是这样表达的；这证明我的看法是正确的。那些满脑子神学概念的人按照他们的狭隘思想来解说这本圣洁的书，必然会把它的原意弄得面目全非；他们就是用这套办法使人们陷入疯狂和盲信的。我发现罗马教在用通俗的语言翻译《圣经》方面是很谨慎的。由于既没有必要一定要人们在咏唱《雅歌》* 时有一种安乐的感觉，也没有必要一定要人们像大卫那样对敌人骂不停嘴，更不需要像圣保罗那样把上帝的恩宠说得神乎其神，所以，用不准确的词儿表述作者的意思，用不准确的语言表述《福音书》中的微言大义，那是很危险的，因为，差之毫厘，就失之千里。——作者

* 《雅歌》是《圣经·旧约全书》中的一卷。——译者

持不同意见者们按照孟德斯鸠的话说:“我们应当做的事情是:为上帝争光,而不是替他复仇。”*他们说得对。应当受到惩罚的,是那些可笑的胡言乱语和粗暴的亵渎与诋毁宗教的言行,而绝不是讲说道理。为什么呢?因为前者不仅攻击宗教,而且还攻击了宣讲宗教的人,使他们受到了侮辱,使他们的敬拜仪式受到了干扰,对他们所尊重的事物表现了一种极端的轻蔑,因此对他们也表现了一种极端的轻蔑。这么粗暴的言行,自应受到法律的惩处;它们伤害了人,人们就有权对它们做出回应;然而在这个世界上,哪一个人会因为你同他讲说道理便认为你冒犯了他?谁会因为你把他当作一个通情达理的人来对待而感到生气?如果那个讲说道理的人自己错了或者使我们也产生了错误,如果你爱护他或爱护我们自己,那你就向他指出他的错误,并消除我们自己的错误,用他自己的武器打他。如果你不愿意找这个麻烦,那就什么话也不说,也不听他的,由他去说他的,由他爱怎么讲就怎么讲好了。一切就这样不声不响地结束了,既不争吵,也不伤害人。说到这里,我要问一问那些先生们,问他们根据什么定下这么一条相反的规矩:对插科打诨的话,对蔑视人和侮辱人的话,应当表示宽容,而对于讲理的话,则必须严办;请问:这条规矩的根据何在?对这条规矩,我实在不明白呢。

这些先生们经常去见伏尔泰先生,**他们怎么一点也没有受到他不断吹嘘的宽容精神的启发呢?*** 如果在这件事情上他们稍

---

* 见孟德斯鸠:《论法的精神》,第 12 卷,第 4 章。——译者

** 卢梭在《山中来信》中有好几处不指名地提到了伏尔泰,但只有在这里点了伏尔泰的名。——译者

*** 句中的“宽容精神”一语,指伏尔泰 1762 年发表的《论宽容》一书。——译者

稍问过伏尔泰先生的意见，我估计他也许会对他们这样说：

"先生们，作恶事的，不是那些讲理的人，而是那些伪君子。哲学照样向前进步，一点问题也没有。不过，一般老百姓不懂哲学，所以他们由它去说它的，而且以牙还牙：哲学家是怎样用轻蔑的态度对待他们，他们也怎样用轻蔑的态度对待哲学家。在人们的疯狂行为中，要数讲说道理这种行为对人类的伤害最少。我们发现，有些迷了心窍的贤哲之士有时候也有这种疯狂行为。是的，我不讲说道理，但别人讲说道理，这有什么关系呢？你们看某书、某书和某书，* 难道这些书中全是开玩笑的话吗？说到我自己，我虽然不讲说道理，但我有妙招：我让我的读者去讲说道理。请看我讲述犹太人那一章，再看这一章中关于《五十人誓言》的评说，我认为它通篇都是在讲说道理或等于是在讲说道理嘛。你们将发现，在那段文字中，'肆无忌惮'的话一句也没有，而比'零零星星不适当的'言论更有过之的话倒是有一些。"

"我们这样办：你们借助我在宫中的影响和我享有的所谓威望，把我这老头子说的那些风趣话到处传播；这样做，很好嘛，不过，不要因此就去烧那些严肃的书，因为那会引起公众的不满。"

"关于宽容问题，我讲的话已经够多了！不过，我们不能老要求别人宽容，而我们对别人却不宽容。那个可怜的人信上帝吗？他信上帝或是不信上帝，我们用不着去追究，因为他不会去搞宗派活动嘛。他令人讨厌吗？凡是讲说道理的人都是令人讨厌的。好

---

* 在纳沙泰尔图书馆收藏的手稿中，此处不是"某书、某书和某书，"而是"你们看《精神》，看《东方的专制主义》"，很显然是指爱尔维修的《精神论》(1758)和尼柯拉·安托万·布朗热的《论东方的专制主义的起源》(1761)。——译者

在我们不同他同一张桌子吃饭,那有什么关系呢?如果把所有令人讨厌的书都烧了,图书馆将成为什么样子?如果把所有令人讨厌的人都处以火刑,那就需要把整个国家变成一个柴堆,才能把他们通通烧死。你们要按我的话去做,让那些允许我们说笑话的人去讲说他们的道理,既不烧书,也不烧人,大家平平安安过日子;我的主张,就是如此。"在我看来,伏尔泰先生能心平气和地说的话,就是这些。我觉得,他这些话还算不上是给我们出的最坏的主意。

"把这些书不偏不倚地加以比较,从它们在世界各地的出版情况来加以判断。"我衷心赞成。"有些书到处印行,到处畅销,而另外一些书是受到人们怎样对待的,这是大家都知道的。"

"有些书"和"另外一些书",这个话说得很含糊,意思不清楚。我并不是说该作者的这个话是指我的著作,但我能够说的是,在世界各地都印行,并译成各种文字,而且在伦敦同时有两个译本的书,是《爱弥儿》;就我所知,除了《新爱洛伊丝》以外,还没有哪一本书有此荣誉。此外,我还可以补充的是:在法国,在英国,在德国,甚至在意大利,人们都同情我,喜欢我,想请我到他们那里去做客,而且他们都异口同声地谴责日内瓦的小议会。我的书的命运就是如此,至于其他人的书的命运如何,我就不知道了。

现在到了该结束这封信的时候了。你看,先生,在这封信和上一封信中,我假定我是一个有罪的人,而在前三封信中我充分证明我不是,这前后一对照,你就可以看出,他们的办法用来对付一个有罪的人,尚且不公正,何况用来对付一个清白无辜的人呢!

然而这些先生们依然按他们的办法继续做下去,而且还公然声称为了教会的利益，他们不能承认他们的错误；为了政府的荣誉，他们不能改正他们不公正的做法。他们居然把法官们极不公正的做法说成是执行上天的旨意；要论证他们的这一论调将造成什么样的后果，就需要专门写一本书。不过，现在不是写这本书的时候，因为，直到现在为止，我都只限于分析他们是不是不公正，而没有探讨他们是否应当纠正他们不公正的做法。如果应当纠正的话，我们在后面将谈到你们的法律应当采取哪些措施，才能弥补它所受到的破坏。现在，我要问你：对于这些固执己见的法官，我们应当怎样看？他们断案如此轻率，好像判轻或判重都无所谓似的；他们如此顽固坚持他们的判决，好像他们的判决是经过深思熟虑之后才下似的；对于这样的法官，我们该怎样评说呢？

我对于这些问题的论述虽然是文字长了一些，但我相信你会鉴于我论述这些问题的目的而耐心阅读的；我甚至可以说你应当耐心地仔细阅读，因为，这些话既是为你们的法律进行辩护，也是为我进行辩护。在一个自由的国家里，在一个尊崇理性的宗教里，把一本类似我的书那样的书说成是犯罪的法律，必然是为祸无穷的法律。为了国家的荣誉和利益，应当赶快把它废除。谢天谢地，正如我在前面所说的，幸好你们的国家还没有这样一部法律。但愿对我的这种不公正的做法是官员们采取的，而不是法律规定的。因为，人的过错是短暂的，而法律的过错将像法律那样长期存在。尽管我被永远逐出我的国家不是由于我的过错造成的，但我从来没有像我在宣布我不再是日内瓦公民之时那样好地尽我的公民义务，事实上，正是这件迫使我放弃日内瓦公民身份的事情，证明我配做日内瓦公民。*

请你回忆一下几年前围绕达朗贝尔写的词条《日内瓦》** 发生的事情。教士们发表的那篇文章，不仅没有平息由该词条引起的争论，反而使之愈闹愈大；没有一个人不知道我的那篇文章*** 比他们自己的文章对他们更有利。新教徒尽管对他们十分不满，但强压怒火，没有吱声，不过，或迟或早总有一天要大发雷霆的。不幸的是，政府的官员们对这么一点点儿事情就惊慌不已，以致本来不久就会被人遗忘的神学家的争吵，由于官员们的重视而演变成了一件大事。

至于我，我认为，有这么一些不拘泥于纯思辨性的教义问题的人，以罕见的独到见解把一切问题都归纳到作人与作公民的道德与义务这个范畴来考虑，这是祖国的光荣和幸福。我认为：不直接对他们表示称赞，而只论证他们的看法的正确性和防止某些人对他们的看法进行攻击，是我应当为国家做的一件事情。我在文章中指出了他们疏忽而没有谈到的那些事情，是既不确切、也没有什么用处的；我希望我在这方面发表的意见能堵住某些人的嘴，以免这些人试图把这一点说成是教士们的罪过；我在文章中既没有提那些教士们的名字，也没有指出是哪些人，更没有一句话涉及他们的传统教义：我这样做的目的，是以他们作为向其他神学家做示范

---

* 关于卢梭放弃日内瓦公民身份一事的原因和经过，请参见《忏悔录》，第 12 卷。——译者

** 指 1757 年达朗贝尔发表在《百科全书》第 7 卷中的词条《日内瓦》。——译者

*** 指卢梭为批驳达朗贝尔的《日内瓦》而发表的《致达朗贝尔的信》(1758)。——译者

的榜样。*

这项工作是很大胆的，但不是冒冒失失地去做的，也不是没有难以预料的情况需要克服的，但我深信它必然是会成功的。不仅是我一个人有此看法，许许多多有真知灼见的人，甚至大名鼎鼎的官员，**也有此同感。你只要稍微观察一下在我这本书***出版时的欧洲的宗教状况，你就会发现这本书定将到处大受欢迎。被哲学家们诋毁得威信扫地的宗教，已失去了它对人民的影响；然而教会里的那些顽固派还一个劲儿地拿宗教的那些弱点来炫耀，结果，使其余的好的教义全都被埋没：整个大厦已经到了即将崩溃的边缘。目前，争论之所以停止，是因为已经无人对它感兴趣了；各派之所以相安无事，是因为谁也不对自己一派关心了。为了去掉坏的树枝，就需要把整个一棵大树推倒；要重新把它栽起来，就只能保留树干了。

为了牢固地建立普遍的和平，哪里还有比大家都消除宗派的敌对情绪和倾听理智的声音更好的办法呢？一本不指摘谁和排斥谁的书，谁读起来会不高兴呢？它让大家都看到人们相处得很和谐，不再有那么多的纷争，不再有人由于意见不合而流血，每个人都诚心遵奉自己的信仰而且不干扰别人的信仰，人们到处都敬奉上帝，爱邻人，服从法律：这样一本把良好的宗教的种种要义全都

* 卢梭的这个话说得不错；他在《爱弥儿》中的《信仰自白》里，就是以日内瓦的教士为模型来描写他心目中的基督徒的；在本书的第六封信中，他还把日内瓦的政治制度描写成一个良好的政治制度的典型。——译者

** 指当时的法国图书总监马尔泽尔布（1721—1794），卢梭的《爱弥儿》之能在法国出版，马尔泽尔布是起了很大的作用的。——译者

*** 指《爱弥儿》。——译者

讲得详详细细的书,谁不喜欢读呢?它既让人们享有哲学家倡导的自由,同时又增进了人们对宗教的虔诚;它把对秩序的爱和对别人的意见的尊重结合起来,不仅不摧毁不同的教派,而且还使它们都向人道主义和理性的共同目标前进;它不仅不挑起争端,而且还将斩断滋生争端的根苗,如果不斩断它们的根苗,那么,当目前暂时沉睡的宗教狂热一旦醒来,早晚有一天,它们必将会再次爆发的。从以上所说可以看出,在这摆脱了宗教偏见的和平时代里,这本书将使每个人都具有高度的理性,成天像他现在这样生活而又不知道何以能这样生活。

如果大家都听从我的忠言,许许多多即将产生的祸患都可以被防止。会不会有害处伴随好处而来呢?不会,一个害处也没有,我敢说:除了有些可免受惩罚的无心而犯的过失和迫害者们难以达到目的的小手段以外,谁也举不出一个必将产生或可能产生的坏处。我真不明白:经历了那么多可悲的苦难之后,在一个如此光辉的时代,各国政府怎么还不知道应当把这个必须掌握许多技巧才能使用、否则就会割伤使用者的手的可怕的武器赶快扔掉和打碎呢?圣皮埃尔神甫主张关掉神学院和只保留教会;采用什么办法才能不声不响地达到这个显然可合而为一的双重目的呢?我认为:只有采取我在前面提出的办法。

有一个恶劣的环境不允许我的好办法得到实施;它把我想为人类消弭的灾祸全都集中落在我的头上。会不会再诞生另外一个不惧怕遭遇我这样的命运而敢说真话的人呢?这,我不知道。即使他比我明智,但是,如果他也像我这样热情的话,他是否就能比我更幸运呢?对此,我深表怀疑。我抓住的机会既然已经浪掷,就一去便不再回来了。我衷心希望巴黎高等法院将来有一天不后悔它把我从宗教迷信者们手中夺下的匕首又重新交到他们手中。

现在,让我们放下遥远的地方和遥远的时代不谈,回过头来谈日内瓦。我想最后说几句你完全能理解并感到惊异的话,使你重新想到这个城市。你放眼看一下你周围发生的事情,是哪些人在迫害我?是哪些人在为我辩护?看一下持不同意见的那些公民中的精英,在日内瓦还有比他们更受尊重的人吗?我不想谈论那些迫害我的人;愿上帝保佑,不要让那些插科打诨和尖酸刻薄的语言来玷污我的笔和我的工作。我毫不惋惜地把这个武器留给我的敌人去使用。我让你自己去比较和判断。如今,哪一边的人还保持了昔日的风俗和美德与虔诚的宗教信仰及真正的爱国主义?* 什么!他们说我违犯法律,可是,那些积极维护法律的人正在为我辩护呀;他们说我攻击政府,可是,最好的公民全都赞成我发表的意见呀;他们说我攻击宗教,可是,那些宗教信仰最坚定的人没有一个不支持我呀。单单这样一说,你就全明白了嘛,就知道我真正的罪过和遭到屈辱的原因何在了嘛。那些恨我和诬蔑我的人,反而不由自主地在称赞我;他们对我的仇恨,其本身就说明了这个问题。这一点,哪一个日内瓦人不明白呢?

* 这个问题,卢梭是有所感触而提出的。到 18 世纪上半叶,加尔文教义和按这个教义规范的生活方式,在日内瓦已逐渐淡化,只有一般的中下层人民还保持昔日的风尚,而上层人士已沾染了法国的习气,崇尚奢侈,喜欢讲究排场的社交生活,甚至有时候还模仿伏尔泰,用风趣的俏皮话谈论宗教问题。卢梭不赞成他们这样做,所以他在前面说他“毫不惋惜地把这个武器留给我的敌人去使用。”——译者

第六封信

《社会契约论》的作者真的是在攻击各国的政府吗？对他这本书的简短分析。日内瓦采取的做法是前无先例的；没有哪一个国家跟着它那样做。

先生，再写一封信，我就不写了。不过，刚一开始动笔，我就发现我面临的问题很奇怪：这封信我非写不可，但又不知道写些什么。请你想一想：想在一件案子上替自己辩护，但又不知道自己犯了什么罪，不知道人家指控了些什么，这岂不是令人挺为难的吗？* 在涉及政府的问题上，我就处于这种情形。我虽然没有被指控，但我被判了刑；而且，由于我发表了两本“胆大妄为、亵渎宗教并导人为恶，试图摧毁基督教和推翻各国政府”的书，便受到百般屈辱。在宗教问题上，我们至少有某些线索可寻，知道他们想说些什么，从而对他们想说的问题进行分析；然而在政府问题上，却一点线索也没有。在这个问题上，他们始终避而不谈他们有哪些看法，没有说明我在什么地方试图推翻各国政府，更没有说明我如

* 在《山中来信》中，第六封信是文字最短的一封，是专门为《社会契约论》辩护而写的。由于《乡间来信》的作者特农香没有在书中说明他指摘《社会契约论》及其作者的理由，所以卢梭不知道如何着手批驳，因而只能集中笔墨阐述《社会契约论》中的主要论点，从而表明自己没有攻击任何一个国家的政府，是没有什么罪行可指摘的。——译者

何和为什么要推翻各国政府，一字未提他们有何根据证明他们所指摘的罪行不是凭空臆造的。他们的这种做法，有点儿像说某人杀了人，但又说不出他是在什么地方杀的，什么时候杀的，杀的是什么人：这简直是一桩无头公案嘛。即使是在宗教裁判所，宗教裁判所的法官也只是强迫一个被告自己猜他为什么被起诉，但从来不在未向被告说明根据什么定他的罪以前就判他的刑。

《乡间来信》的作者处处留心，避而不谈这个所谓的罪行；他在信中把宗教问题和政府问题合并在一起，略微提了一下政府问题就进而谈宗教问题；他说他只限于谈宗教问题，他倒也说话算数，只谈了宗教问题。不过，如果起诉的人拒不说明他们指控些什么，我们怎么去评说他们关于政府问题对我的指控呢？

请注意这位作者在他的文章中是如何笔锋一转就改变了问题的性质的。小议会说我的书是旨在推翻各国的政府，而这位作者只是说各国政府在我的书中都受到了强烈的批评。他的话和小议会的话大不相同。一项批评无论是多么强烈，都不可能是一个阴谋；对某些法律进行批评或谴责，并不等于想废除所有的法律。他的话无异于指控某人杀害病人，却说过错在医生。

还有，对于他们不愿意讲的理由，应如何回答呢？对于他们毫无根据地所做的判决，应如何批驳呢？在双方都没有提出证据的情况下，那些先生们说我想推翻各国政府，而我，我说我没有推翻各国政府的意思，虽然这两种说法正好是针锋相对、完全相等的，但我认为我的说法是对的，因为，我想做什么，只有我比谁都更清楚嘛。

这两种说法不相等的是它们产生的结果。根据他们的说法，我的书被焚毁，并下令逮捕我；而我的说法，却一点作用也不起。

不过,如果我能证明他们的指控是错误的,他们的判决是不公正的,那么,他们对我的指摘就会反过来指摘他们:逮捕令和刽子手的手全都会反过来落在他们头上,因为,再也没有什么办法比他们那样采用直接违反政府建立的目的的手段更能彻底推翻政府了。

单单这样陈述,还不够,还需要我详细论证。在这里,人们将看到:当官员们对主权者毫无敬畏之心并任意践踏法律的时候,一个人的命运听任这样不公正的官员们的摆布,是多么可悲啊。在毫无证据的情况下,他们一句话就可定案,使无辜的人受到惩罚。更有甚者,他们还把无辜的人提出的申辩当作一项新的罪行;该不该因为这个无辜的人辩称自己无罪而惩办这个人,全由他们决定。

我应如何着手,证明他们没有说真话呢?如何证明我没有推翻各国政府之意呢?不论我对我书中的哪一个论点进行辩护,他们都说他们谴责的不是那个论点;他们对我书中的论述,好坏不分,一律谴责。为了不让他们有任何一个借口,就需要把我的书全都谈到,就需要一本又一本,一页又一页,一行又一行,甚至一字又一字地从头谈到尾。此外,由于他们说我想推翻各国政府,所以还需要对各国的政府一个又一个地加以研究。这是多么艰巨的工作啊!要花多少年时间来做这个工作呢?要写多少本对开本的书呢?写好之后,谁看呢?

因此,人们只能要求我做我能做的工作。每一个明智的人只读一下我向你讲的话,就行了,而你也就不要再提更多的要求了。

我的两本书*遭到了同样的指摘,并同时被当众焚毁。可是

* 指《社会契约论》和《爱弥儿》。——译者

在这两本书中，只有一本是论述政治权利和政府的运作。虽说那一本书*也谈论这两个问题，但通篇也只不过是这一本书**的一个摘要。*** 因此我推断，他们所指摘的是这一本书。既然他们对其中的一些说法进行指摘，他们就应当把它们向公众全文引录，或者，至少也要像他们针对我有关宗教的论述那样摘录其中几个说得对或说得不对的观点。

既然他们说我阐述的那一套理论是旨在破坏政府，那么，就让我把那一套理论陈述出来或者对全书做一个分析。如果在我的分析中显然看不出什么破坏性的言论，那他们就按照作者的陈述到书中去找，看是不是有。

不过，先生，我所做的分析是很短的；尽管你从我的分析中可以得出某些结论，但你千万别匆忙行事。现在就让我们来一起研究，等研究完了以后，你再回过头来下结论，如果你愿意的话。

是什么使国家成为一个整体的？是它的成员的结合。**** 它的成员何以会结合在一起？是由于有把他们联系在一起的义务。这一点，大家迄今是完全同意的。

不过，请问这种义务的基础是什么呢？在这个问题上，学者们

---

* 指《爱弥儿》。——译者

** 指《社会契约论》。——译者

*** 这个"摘要"指《爱弥儿》中的那篇《游历》。这篇《游历》的大部分内容是经过简写的《社会契约论》的撮要，不仅文字畅晓，以简明的词句阐述了《社会契约论》中的一些艰深的义理，而更重要的是，它针对书中陈述的原理，用提问的方式启发人们对许多政治问题进行深入的思考。（见卢梭：《爱弥儿》，李平沤译，商务印书馆 2007 年版，下卷，第 690—723 页）——译者

**** "国家或城邦只不过是一个道德人格，它的生命在于它的成员的结合。"（《社会契约论》，第 2 卷，第 4 章）——译者

的意见是有分歧的。有些人[*]说是强力，另外一些人[**]又说是父权，还有一些人[***]又说是神的旨意。每个人都可以对自己提出的观点讲出一番道理，并批评别人的观点是错误的。我本人也一样，我将像那些在这个问题上发表过有益的意见的人那样，提出我自己的看法。我的看法是：政治共同体的基础，是它的成员们的公约。[****] 对于一切与我的看法不同的论点，我已经进行过驳斥了。

且不说我的看法是多么地符合事实，单拿其依据的可靠性来说，就已经胜过其他人的观点了。因为，在人与人之间，除了承担义务的人的自由的约定以外，还有什么其他更可靠的基础使他们承担义务呢？对于其他人的观点可以进行争论，[①]而对于我的观点，是没有什么可争论的。

正是由于必须要有"自由"这个条件（这个条件就包含了其他条件），所以，一切没有这个条件的约定都是无效的，即使拿到人类的法庭上去裁判，也是无效的。因此，为了明确这个约定的内容，我们就需要阐明它的性质，指出它的用途和目的，并证明它是适合于人的，而且与自然法毫不抵触。我们不许可以社会契约来违反自然法，不许可以个别的契约来违反人为法：正是由于有了法律，

* 参见《社会契约论》，第 1 卷，第 3 章。——译者

** 参见《社会契约论》，第 1 卷，第 2 章。——译者

*** 指 17 世纪的神学家博絮埃（1627—1704）等人。——译者

**** 参见《社会契约论》，第 1 卷，第 5 章。——译者

① 甚至对"神的旨意"这一观点也是可以争论的，至少在具体问题上是可以争论的，因为，尽管"神希望什么，人也应当希望什么"这层道理是大家都明白的，但对于"神是否希望人们喜欢这样的政府而不喜欢那样的政府，是否希望人们服从张某人而不服从王某人，"那就不明白了。这就是可争论的问题嘛。——作者

自由才能存在，从而使公约具有力量。

根据以上所说，我的结论是：社会契约是一种特殊的公约。由于有了这个公约，每一个人对所有的人都承担了义务；反过来，所有的人也对每一个人承担了义务。这就是成员们结合的直接目的。

我之所以说这种公约是一种特殊的公约，是由于它是绝对的、无条件的、无保留的，因此它不可能是不公正的，也不可能遭到滥用，因为，只要整个集体都为大家着想，共同体是不会自己伤害自己的。

我之所以说这种公约是一种特殊的公约，另一个原因是：它虽把参加公约的人都结合在一起，但它不使他们受任何一个个人的奴役；* 尽管它把他们唯一的意志作为法规加之于全体订约者，但它能使每一个个人同以往一样的自由。**

由此可见，全体的意志就是秩序，就是最高的法规。这个普遍的和人格化的法规，我称之为主权者。

因此，主权是不可分割的，不可转让的；*** 它实质上存在于共同体的全体成员。

不过，这个抽象的集体如何行动呢？它通过法律而行动；除此以外，它就没有其他的行动办法。

什么叫法律？法律是公意对一个涉及共同利益的事物的庄严的公开宣告。****

---

* “每个人都是把自己奉献给全体，而不是奉献给任何一个个人。”（见《社会契约论》，第 1 卷，第 6 章）——译者

** “每一个在这种结合形式下与全体联合的人所服从的，只不过是他本人，而且同以往一样的自由。”（见《社会契约论》，第 1 卷，第 6 章）——译者

*** 这句话，正好是《社会契约论》第 2 卷第 1 和第 2 章的标题。——译者

**** 参见《社会契约论》，第 2 卷，第 6 章。——译者

我说的是"涉及共同利益的事物",因为,如果该事物不是与所有的成员都有关系,则法律将失去它的力量,而且是不合理的。

从性质上说,法律是不能针对个别的对象而制定的,但它却可以应用于个别的对象。

立法权应掌握在主权者手里,但它所立的法却需要另外一个权威来执行,也就是说,该权威可以把法律制定成个别的法令。这个执行法律的权威的存在,其目的就是在执行法律,而且只能是执行法律。为此,就需要建立一个政府。*

什么叫政府?政府是在属民与主权者之间建立的一个中间体,它的目的是使这两者互相适应,并负责法律的执行和保障公民的与政治的自由。

作为政治共同体的一个组成部分,政府应表达组建它的公意;但就政府本身来说,它也有它自己的意志。这两种意志有时候是协调一致的,有时候又是互相冲突的。正是在这既协调一致又互相冲突的关系中,整个机器才能运转。

不同形式的政府的组建原则,取决于组成政府的人员的数目。人数愈少,政府便愈有力量;人数愈多,则政府便愈弱。** 由于主权总倾向于愈来愈松弛,所以政府的势力将愈来愈加强,其结果,行政机构将逐渐逐渐地凌驾于立法机构之上,最后,到法律听命于人的时候,就只剩下奴隶和主人了,而国家也就被摧毁了。***

---

* 参见《社会契约论》,第 3 卷,第 1 章。——译者

** 参见《社会契约论》,第 3 卷,第 2 章。——译者

*** 参见《社会契约论》,第 3 卷,第 10 章。——译者

在国家被摧毁以前，政府将自然而然地改变其形式；组成政府的人数将逐步由多变少。

就政府可能采取的形式而言，主要有三种。* 把这三种形式的政府的优缺点加以比较以后，我倾向于选择介于两个极端之间的那一种，即贵族制政府。** 必须记住的是：国家的组成和政府的组成，是两种截然不同的事物，我从来没有把它们混为一谈过。在这三种政府当中，最好的形式是贵族制政府，最糟糕不过的是由贵族掌握主权。

根据这些论点，人们就可以推导出我在政府蜕化的方式上以及延缓政治共同体的毁灭的方法上将发表些什么意见了。***

最后，在《社会契约论》的最后一卷，我以历史上曾经存在过的最好的政府即罗马的政府为例，论述了最有利于建立国家良好体制的方法；接着，在卷末和全书的结尾部分指出宗教不仅能够而且应当作为一个合法的组成部分纳入政治共同体。

先生，你读了我对《社会契约论》所做的这个简短而忠实的分析之后，有何感想？你们的感想我是猜得出来的。你们将众口一词地说："卢梭讲述的，就是日内瓦政府的情形嘛。"其实，这个话，凡是了解你们政治制度的读者，读了《社会契约论》以后，都这么说

---

* 三种形式的政府：民主制政府、贵族制政府和君主制政府，参见《社会契约论》，第 3 卷，第 3 章。——译者

** 就政府的形式而言，卢梭倾向于选举而又不世袭的贵族制政府（参见《社会契约论》，第 3 卷，第 5 章），"贵族制"（Aristocratie）是政治学上关于国家政治体制分类的一个用语。卢梭在《社会契约论》中也使用这个词，但词中的"贵族"二字没有人们通常所说的公爵、侯爵或皇家与王室成员的意思。——译者

*** 参见《社会契约论》，第 3 卷，第 10—14 章。——译者

过了。[*]

请问：书中论述的那个原始契约和主权的实质与法律的威力，以及政府的组建和政府为了用强力来弥补其效力之不足而采取的不同程度的紧缩方式与篡取主权的倾向，还有人民定期举行的集会以及政府取消这种集会的手段和一天天威胁你们而我极力防止的国家的毁灭；所有这些，难道不是一笔一画全都是按照你们的共和国从诞生到今天的形象描述的吗？

由于我认为你们的宪法是很好的，所以我拿它作为政治制度的典范，并建议你们把它作为样本向全欧洲推广。我不但丝毫没有推翻你们的政府之意，反而提出了许多保护它的方法。不过，你们的宪法虽然好，但并不是没有缺点；幸而人们可以防止它受到曲解，并保护它不遭到它今天遇到的危险。我早已预见到这一危险，而且告诉了人们，提出了相应的预防办法。我这样做，是在破坏它呢，还是在想办法维护它？正是由于我忠于它，我才希望它不遭到任何破坏。你看，这就是我的全部罪行；我也许有错误，但是，即使由于我对祖国的爱，而在这件事情上的看法有些错误，难道因此就要惩办我吗？

我把你们政府的运作模式当作典型来描述，怎么就是旨在推翻各国的政府呢？单单这一点，就足以驳倒他们提出的指摘，因为，只要有一个政府按照我描述的模式存在，就不能说我想推翻所有一切现存的政府。啊！先生，如果我只是提出一套理论的话，你

---

[*] 1762年6月15日，有一个名叫穆尔杜的人写信告诉卢梭："我们城中（指日内瓦。——引者注）的有产者说《社会契约论》是他们获得自由的武器。虽然一小部分人把它烧了，但大多数人却扬扬得意。"（参见雷蒙·特鲁松：《卢梭传》，李平沤、何三雅译，商务印书馆1998年版，第295页）——译者

肯定会说我言之无物，等于白说，一定会把《社会契约论》与柏拉图的《理想国》及《乌托邦》* 与《塞瓦兰人》** 一起束之高阁，一眼都不看的。然而我描述的是一个现存的国家，我希望这个国家的面貌能焕然一新。我的书是一个见证，证明有些人正在破坏它；他们不能原谅我的，就是这一点。

现在，请你看一看你必然会感到奇怪的事情。他们说我的书攻击所有各国的政府，然而我的书却没有遭到任何一个国家的禁止！我的书只宣扬了一个政府，把这个政府作为楷模，然而，就唯独我所宣扬的这个政府下令把它烧了。所有受到攻击的政府都什么话也没有说，反而是这个受到称赞的政府惩办它，这不是很奇怪吗？什么！日内瓦的官员们自以为是其他国家的政府的保护者，要替它们惩办这本攻击它们的书！他们竟公然因为自己国家的这位公民说自己国家的法律好于其他国家的法律，就惩办他！这简直是岂有此理、不可想象嘛！要不是你亲眼见到，你能相信吗？在欧洲的其他地方，有什么人想查禁这本书？没有；即使在那个印刷这本书的国家里，*** 也没有；甚至在图书审查极为严格的法国，也没有。在法国，宣布禁止这本书了吗？[①] 没有嘛；他们开头是不允

* 指托马斯·莫尔的《乌托邦》(1516)。——译者

** 指德尼·维拉斯的《塞瓦兰人的历史》(1677)。——译者

*** 指荷兰；《社会契约论》是由阿姆斯特丹的书商雷伊出版的。——译者

① 在巴黎和日内瓦的做法起初引起的议论闹得甚嚣尘上之时，那位受惊吓的官员 **** 曾一度禁这两本书，***** 但经过他亲自审查之后，这位明智的官员就改变了看法，尤其是改变了他对《社会契约论》的看法。——作者

**** 指法国图书总监马尔泽尔布。——译者

***** 指《爱弥儿》和《社会契约论》。——译者

许在荷兰印刷的本子进入法国，但在法国有人盗版翻印，而且在各书店上架销售，一点问题也没有。可见这是出于商业上的考虑，而不是政策问题；他们的目的是让法国的书商赚钱，而不让外国的书商受益。事情的真相，就是如此。

除了日内瓦，《社会契约论》在任何其他地方都没有被焚烧，但此书却不是在日内瓦印的；只有日内瓦的官员发现书中有破坏各国政府的言论，然而他们却不具体指出书中的哪些言论是破坏性的。在这一点上，我相信他们是经过再三考虑才这么做的。

草率下禁令的结果是：不仅无人遵守，而且还削弱了政府的威信。我这本书，不仅传到了所有日内瓦人的手中，而且还深入到了他们的心中！先生，你读一下这本书；它虽遭到一些人的百般诋毁，但却是人们十分需要的书。你将在书中处处都可看到法律被置于一切人之上，书中虽处处都在要求享有自由，但它主张的是在法律治理之下的自由；没有法律，自由就不可能存在；在法律的治理下，不论用什么方式统治，人们都是自由的。有人说我这些话在当权的人听起来是不中听的；他们不愿意听，就不听好了；只有我知道他们的真正利益是什么，如果他们愿意去寻求，他们是会找到的。不过，人的欲望将迷惑人的眼睛，使他们看不到他们的真正利益何在。只有那些使法律听命于人的欲望的人，才是一手摧毁政府的元凶；应当惩办的，是这些人。

政治体制的基础，在各国的政府中都是一样的；对于这些基础，我这本书比任何其他的书都阐述得更详细。当后来对不同的政府形式进行比较的时候，人们将不可避免地要分别把每一种形式的政府的优点和缺点加以衡量。这个工作，我认为我已经不偏不倚地做了。经过全面权衡之后，我倾向于选用我们国家的政府形式。这是很自然的，也是很合理的；如果我不这样做，人们也许还会责怪我呢。但我也不排除其他的政府形式，而且，恰恰相反，我在书中指出每一个人都有他根据人、时间和地点而宁可选择这一种形式而不选择另一种形式的理由。由此可见，我不但没有推翻各种政府之意，反而肯定了它们全都可以存在。

尤其是在谈到君主制政府的时候，* 我还特意强调了它的优点，而又没有隐瞒它的缺点。我这样做，是一个讲说理论的人的权利。如果我排斥它（我当然不会这样做），我会不会因此就在日内瓦受到惩罚呢？霍布斯的理论是大有害于各个共和国政府的生存的，而他是不是因此就在哪一个君主国中被逮捕呢？谁曾向各国的君王起诉那些攻击共和国的作者呢？权利不是互相平等的吗？共和主义者不也是可以像国王那样在他们自己的国家里是主权者吗？我，我没有排斥任何一个政府，也没有藐视任何一个政府。在对它们进行研究和比较的时候，我一碗水端平，持论公允，不偏向哪一个。

他们不应当惩罚讲述理论的人和他提出的理论。事实证明，这一惩罚对实施这种惩罚的人是大不利的。持不同意见者们已非常清楚地阐明我书中的论述没有超出一般的问题，没有攻击日内瓦政府，而且不是在日内瓦管辖的地方印的，因此应当被看作是探讨自然权利和政治权利之类的书；对于这一类书，只要它们公开在城中出售，则无论它们提出了什么理论，也不论它们发表了什么看法，小议会都没有任何法律根据对它们进行查办。从抽象的概念

* 参见《社会契约论》，第 3 卷，第 6 章。——译者

着手探讨政治问题并大胆提出自己的见解的，不只是我一个人；当然，并非每个人都这样做，但每个人都有权利这么做。许多人都行使了这个权利，但只有我一个人因行使这种权利而受到惩罚。不幸的西德尼*同我的看法是一样的；他不只是有看法，而且有行动；他之所以光荣地献出了他的生命，其原因，不是由于他的书，而是由于他的行动。阿尔苏西乌斯在德国招惹了许多敌人，但谁也没有想把他当作罪人来对待。洛克、孟德斯鸠和圣皮埃尔神甫也对这类问题进行过探讨，而且很自由地发表了他们各自的见解；尤其是洛克在这个问题上的看法同我的看法是完全吻合的。这三个人都诞生在君主国，在他们的国家里平平静静地度过了一生，最后都光荣地安葬在他们的国家的土地上。至于我这一生受到了怎样的对待，你是完全了解的。

我可以肯定地说，我不仅不因受到他们的指摘而羞愧，反而感到很光荣，因为它正好表明我之所以受到指摘的原因，而这个原因本应当受到我的国家的赞扬的。小议会对我采取的行动，当然使我受到了伤害，割断了我十分珍惜的与祖国的联系，然而，他们能贬低我吗？不能；不仅不能，他们反而提高了我的声誉，把我列入那些为争取自由而奋斗牺牲的人的行列。不论他们怎样处置我的书，我的书本身就足以证明它们是好书；它们受到的对待，反而能挽救那些在它们之后可能被焚烧的书，使这些书不致遭到他们的无端指摘。

---

* 西德尼，指英国共和主义者阿尔杰农·西德尼，著有《关于政府的几点思考》一书，因涉嫌参与赖伊反政府阴谋，被判处死刑。——译者

第 二 部 分

第七封信

按《调停法》确立的日内瓦政府当前的状况。

先生，你也许觉得我的信写得太长了，不过，我不能不写得长，因为我要论述的问题是不能简短几句话就讲得清楚的，何况在我看来，这些问题远远不像它们对你那样与我无关。在谈及我个人的时候，我想到了你们；你们的问题同我的问题是如此紧密的联系在一起，以致，只要解决了其中的一个，也就解决了另一个，剩下的工作，就是作结论了。哪里的清白无辜的人不安全，其余的人便全都不安全；哪里的法律可以不受惩罚地加以破坏，哪里就没有自由。

由于个人的利益与公众的利益是可以分开的，所以你在这个问题上的看法是摇摆不定的，并再三要我向你阐明该持什么看法。你问我你们共和国目前的状况怎样了，它的公民们应当怎么办？第一个问题比第二个问题容易回答。

第一个问题，由于没有人们围绕着你们而提出的那些互相矛盾的解决办法，所以它本身不会使你们感到多么困惑。有一些好心人对你们说：在世界各国的人民中，只有你们最自由；而另外一些好心人又对你们说：你们生活在最痛苦的奴役状况中。你问我哪一个说法对？先生，他们都说得对，都说得有道理，只不过着眼点不同罢了。有一个很简单的办法使这两种说法调和一致。再也没有什么人是像你们在法律的治理下那么自由了，然而，也再也没有什么人是像你们在当前的情况下这么受到奴役了。

你们的法律的权威，来自你们；你们只能承认你们所制定的法律，只能交纳你们所规定的捐税。统治你们的首领，应由你们选举；他们只能根据法定的程序对你们进行审判。在大议会里，你们是立法者和主权者，不受任何个人权威的约束。条约应由你们批准，才能生效；是和平还是战争，应由你们决定。你们的官员应称你们为“尊敬的、光荣的和执掌国政的大人们。”做到前面所说的几点，你们就享有自由；如果只光享有这个头衔，你们就会受奴役。

负责执行你们的法律的那些官员们，* 是法律的解释者和最高的仲裁者。只要他们愿意，他们就可以使法律发挥作用或不发挥作用；他们甚至可以破坏法律，而你们还无法纠正；他们高居在法律之上。

你们所选举的首领，其实不是出自你们的选择，因而拥有其他一些并非你们所授予的权威，而且还以授予他们执行法律之权的人的利益为牺牲，逐步扩广他们的权力，把你们的选举限制于少数几个观点相同和利益相同的人，而你们还煞有介事地隆重举行一点也不重要的选举呢。** 在这件事情上，重要的是要能够否定他们强迫你们选举的那几个人。在表面是自由的选举中，你们是如此地感到难堪：既不能选举一位首席执政官，也不能选举一位卫队

* 指日内瓦小议会的二十五个成员；卢梭称他们为二十五个暴君。——译者

** 按 1735 年颁布的《执政官选举条例》，大议会每年举行一次执政官换届选举，从小议会事先在其成员中指定的八名候选人中选举四位当年的执政官。——译者

司令官;共和国的首脑和城防司令官,都不是由你们选择的。

虽说他们没有权力向你们征收新的捐税,但你们也没有权利免交旧的捐税。其实,就国家财政的目前状况而言,用不着你们再另交其他捐税,也是足够国家的各种开销的。他们没有必要再向你们提什么增加捐税的要求了;你们现在交的税,事实上已经可以部分免除或不交了。

审判案件应当遵循的程序,是早有规定的,然而,如果小议会不按照规定的程序办,那是谁也无法强迫他们按规定的程序办的,更不可能要求他们弥补违规操作造成的损害。在这一点上,我本人的遭遇就是明证,而你们也知道我是否是唯一遭受他们损害的人。

在大议会上,你们的主权权威受到约束:只有在官员们同意的情况下,你们才能行动;只有在他们询问你们的时候,你们才能发言。如果他们不想召开大议会,你们的权威,你们的存在,就化为乌有了;尽管你们表示不满,嘀嘀咕咕闹一阵,他们根本就不理你们。

虽说你们在大会上是尊贵的主权者,但只要你们一离开大会,你们就一文不值,等于零了。你们每年当四个小时的主权者,就一辈子当庶民,毫无保留地受他们的摆布。

先生,在其他与你们的政府相似的政府中发生的事情,现在在你们的国家也发生了。最初,构成主权的立法权与行政权不是截然分开的。当权的人民可以自己斟酌,并自己决定想做什么事情。但不久以后人们就发现,事事都要大家一起来办,是很不方便的。这一困难迫使当权的人民只好委托成员中的某几个人去办。这些官员在完成了他们的任务并向大家汇报了情况以后，又回到了与大家平等的地位。然而，像这样交给几个人去办的事情一点一点地变得愈来愈频繁，最后竟变成经常性的了，而那几个受委托去办事的人不知不觉地就变成了一个主持日常工作的集体。一个主持日常工作的集体不能对每一件事情都要做汇报，因此只能汇报其中主要的事情，而不久以后，他们索性什么事情都不汇报了。主持工作的人愈活跃，主权者的权威便愈削弱。昨天的委托今天仍然有效，而昨天做的事情今天还得照样做。最后，由于主权者的不作为，结果使其权威服从执行者的权威。执行者逐渐逐渐地独立行事，自作主张，自行其是；不仅不为主权者效力，反而一意孤行。这时候，在国家之中便只有一种主事的权威，即行政权；只有行政权有力量：在只有一种力量统治的地方，国家就解体了。* 先生，所有一切民主制国家就是这样消亡的。

查一下你们国家的历史，我们发现，你们的官员当初原本是人民为了处理这样或那样的事情而委派的一般的代理人。他们摘下帽子恭恭敬敬地向委托人做完完成任务的情况汇报以后，便立刻又回到平民的行列。可是后来，这些代理人无视首领和法官的权利，尽管他们是由首领或法官选派的。他们凡事以他们那个集体（其成员不是由人民选举的）的名义独断专行，而且违背法律，使自己高居在人民之上。从起初到后来的演变过程来研究，你就可以看出你们现在处于何种地位和你们是怎样落到这种地步的。

---

* “从政府篡夺了主权之时起，社会公约便被破坏了。”（参见《社会契约论》，第3卷，第10章）——译者

两百年前有一位政治学家也许已经预见到了你们将遭遇的情况；他说：你们所建立的制度，目前是很好的，但将来却是很坏的；它在建立公众的自由方面是很好的，但在保持自由方面却是很坏的；现在保证你们安全的事物，不久以后将变成束缚你们的锁链。这三个集体，* 是如此地一个牵制另一个，以致人数最多的那个集体的行动要取决于人数最少的那个集体的行动，而且只有在那个最大的集体的行动是需要的，并在没有立法者的提议便不能立法的情况下，这三个集体才能保持平衡。然而在这种制度建成之后，由于那个建立这一制度的集体手中没有维护它的权力，所以这一制度必将土崩瓦解。使你们遭到毁灭的，正是你们自己的法律。你们现在遭遇的情况，就是如此。除了大小不同的差异以外，波兰政府之所以崩溃，则是由于另一个相反的极端。波兰共和国的体制只能对一个无事可做的政府是好的；** 而你们的体制，恰恰相反，则只有在那个掌管立法权的集体经常活动的情况下才是好的。

你们的官员总是一直不停地想方设法使最高权力通过二百人议会从大议会转移到小议会手中。他们的努力将根据他们采取的方式而产生不同的效果。然而，他们所有的那些图谋都失败了，因为那时候他们遇到了阻力；在你们这样的国家中，公众的抵制只要按照法律行事，总是必定成功的。

产生这种情况的理由，是显而易见的。在每一个国家里，只要

---

* 指大议会、二百人议会和小议会。——译者

** 在谈到波兰的政治体制时，卢梭在《社会契约论》第 3 卷第 7 章中指出："由于每一部分的权力是独立的但是是不完备的，……政府内部没有统一性，因而使国家缺乏联系。"——译者

主权者有权威，法律就有权威；在一个人民是主权者的民主国家里，即使内部的纷争使各种形式的机构都陷于停顿，各方面的事务都无法推行，但人民的权威依然存在；人民是绝大多数，法律的权威存在在人民之中。

如果联合在一起的公民和有产者都不是主权者的话，则没有公民和有产者参加的小议会和二百人议会就更不是主权者了，因为他们在人数上是最少的。在最高权威的行使方面，按照法律的规定，在日内瓦是人人平等的："应使各阶层的公民和有产者都感到满意，谁也不试图获取多于别人的权利和尊荣。"除了大议会以外，就只有法律具有最高的权威。在法律本身受到执行法律的人的侵犯时，那就要由立法者来维护它。在一切享有真正的自由的地方，都是这样做的；在有章可循的事情中，人民几乎总是占优势的。

不过，你们的官员不是通过有章可循的事情使局面发展成现在这种样子的。他们采取一点一点地从小事做起的手段，通过你们几乎难以觉察和预见其后果的变化，来达到他们的目的。人民是不可能无止无休地老盯着观察他们所做的事情的；如果真的老盯着观察的话，还会受到责备，被指摘为凡事老是那样不放心，老是那样大惊小怪，在一旁嘀嘀咕咕挑毛病，然而，正是通过这些大家睁只眼闭只眼放手不管的小事，日积月累，小议会终于达到了他们的目的。目前发生在你们周围的事情，就是明证。

共和国的一切权力都掌握在由大议会选举的执政官手中；他们在大议会向他们唯一的上级宣誓。他们只能在大议会上宣誓，因为他们只对大议会报告他们所做的工作和如何忠实地履行他们的誓言。他们应宣誓做到司法公正；他们是唯一在大议会做此项宣誓的官员，因为他们是由主权者授予并唯一在主权者的监督之下行使此项权力的。[①] 在公开审讯刑事犯的时候，他们还要单独在人民面前宣誓：他们站起身来，[②]高举手中的法槌，高声说出这样一段誓言："我们要公正审理，既无仇恨之心，也无偏袒之心，如果我们不这样办案，请上帝惩罚我们。"从前，对刑事犯的判决书，都是单独以他们的名义做出的，除了大议会以外，便不提任何一个议会的名字；这一点，我们从前面引录的对莫雷里的判决书和加尔文的书中所说的对瓦伦丹·让迪的判决书就可以看出来。

你也许已经看出，正是由于这一排他性的权力是直接从人民手中接受的，所以小议会的一举一动都要受到牵制。为了摆脱这一从属关系，小议会一步一步地削弱执政官的权威，分化执政官手中的司法权，并一点一点地把它自己所推选的执政官手中定期享有的大权转移到这个其成员不是由人民选举的常设机构。[*] 执政官们自己不但没有反对这一变化，反而是非常赞成，因为执政官的任期只有四年，四年期满不能连任；好在今后不管发生什么情况，他们都可当一个终身参议员；大家都知道，参议院实际上是一个徒

① 此项权力后来被授予他们的副手，而副手只不过是代表他们去行使，因此无须在大议会进行宣誓。然而，《乡间来信》的作者却认为"小议会的成员们的宣誓难道不是必不可少的，而且，和神订立的约定的执行，难道不是要看在什么地方订立就在什么地方执行吗？"不，当然不；不过，是否因此就可以说无论在什么地方和无论向谁宣誓都没有关系呢？这方面的选择难道不表明此项权力是由谁授予和应向谁汇报执行的情况吗？在需要查询这些事情的时候，我们应向政府中的哪些人查询呢？他们是真的不知道，还是假装不知道呢？——作者

② 小议会的成员也出席，但他们不宣誓，一直坐在自己的座位上。——作者

* 指小议会；小议会的二十五个成员是由二百人议会推选的。——译者

有虚名的摆设。①

这一步骤成功之后，执政官的选举也变成了一种徒具形式的事情，同在大议会上的选举一样，只走一下过场；不过，尽管这一程序起不到多大作用，但小议会依然密切注意：它冷眼旁观，看人民是不是选小议会的成员当执政官。

为了达到这个目的，小议会有一个不让人民了解其内情的好办法；这个办法是按小议会的办事细则行事；这个细则虽然是由法律规定的，但小议会可以随心所欲地改变其具体的做法，②没有任何人可以监督；对此，总检察长也无能为力。③ 不过，这还不够，还

① 在执政官制建立的初期，四位新当选的执政官和四位老执政官每年都要撤换小议会留任的十六个成员中的八个成员，并提出八个新的候选人，由二百人议会投票表决通过或否决。然而这个办法后来不知不觉地变成只撤换那些行为遭到谴责的参议员；而且，如果他们犯了某种重大的错误的话，那就用不着等到选举的时候才惩办他们：人们先把他们关进监狱，并像对待最卑微的人那样对他们提出起诉。通过这个提前严惩的办法，就只有无可指摘的行端品正的参议员才能留任；今天徒具虚名的参议员和参议院就是这样演变而来的。这是自由的政府*的一种很高明的手段；它在篡夺主权者的权力方面竟然是通过道德规范来实现的。

这两个议会的相互权力，本来是可以防止它们当中的任何一个无视另一个而擅自单独使用这一权力的；一个必须和另一个联合起来，才能行使这一权力，否则就会遭到报复。参议院的作用是协助它们联合起来对抗有产者，并协助它们互相撤换对方没有团体精神的成员。——作者

* 指力图摆脱大议会的监督而自由行动的小议会。——译者

② 从 1655 年起，小议会和二百人议会就是这样实行违法的内定候选人的办法的。——作者

③ 总检察长原本是司法系统的人，可是后来变成了小议会的人。使这个职务的行使必将违背设立此职的初衷的原因有两个：一个原因是这个制度本身的弊端使这一官职成了进入小议会的阶梯，而总检察长原本是不应当指望再升任更高的职务的，而且法律也禁止他觊觎其他的官职；第二个原因是由于人民的考虑不周，把这个职务交给那些与小议会有直接或间接关系的人担任，而没有想到他们不久就会使用人民交给他们保护人民的武器来反对人民。我听说有些日内瓦人认为人民的人和担任司法工作的人是有区别的，好像这两者不是同一个人似的。总检察长在任职的六年时间里是有产者的首领，任满以后就担任人民的顾问；这种做法，就能使有产者们得到很好的保护和咨询吗？就能说选人选得很恰当吗？——作者

需要使人民对他们这种偷梁换柱式的转移权力的做法习以为常，不加过问。为了达到这个目的，他们在开始的时候并未设立清一色的由顾问组成的法庭审理重大的案件，而是设立不怎么引人注意的法庭审理一些不怎么重要的案件。这种法庭，通常是由一位现任执政官主持，有时候又派一位老执政官主持，后来又由一位顾问主持。谁也没有对主持法庭的人员的变换加以注意：一而再，再而三地照此办理，谁也没有异议，以致后来竟变成了一种习以为常的做法了，甚至发展到审理刑事案件也如此办理。案情重大时，本来是有专门审讯公民的法庭的，然而他们却利用回避法的规定，派一位顾问主持这种法庭，这时，人民才猛然觉醒，七嘴八舌，表示不满，而他们却对人民说：你们嚷什么呀，你们看一看从前的先例，这不是我们发明的嘛。

先生，你看你们的官员们的政治手段是多么高明；他们一点一点地，慢慢慢慢地按他们的想法办，谁也没有看出他们的办法将产生多么严重的后果，及至后来发现想纠正时，他们反咬一口，倒打一耙，说你们想改变老规矩。

现在，让我们还是以这件事情为例，看他们是怎么说的。他们拿回避法作挡箭牌，我们回答他们说：按照国家的基本大法规定，公民只能由执政官审判。当这两个法律都适用时，则用后者而不用前者。有时候为了同时遵照这两种法律，就临时推选一位特派执政官。一看“特派”二字，就知道事情全完了！一位特派执政官！他们说这是新办法呢！至于我，我并不认为这个办法是像他们所说的那样新鲜。是说“特派”二字是一个新词吗？其实人们在每年选举的时候都在用。是说这个办法是新办法吗？那就更不对了，因为这个城市的最初几任执政官都是特派的。当总检察长应依法回避的时候，不是要临时指定一位特派检察长去接替他的工作吗？从二百人议会中抽调去充实法庭的人员，不是特派的助理又是什么呢？在新的弊病产生之后，若用新的办法去纠正，这不能称为革新，恰恰相反，这是在原先的基础上使事物重新恢复原来的状态。这些先生们不喜欢你们在日内瓦城里的古迹中去发掘宝物；他们只允许你们到迦太基和罗马的故纸堆中去寻求你们法律的依据。

我不打算把他们失败的计划和成功的计划加以比较；他们失败的次数和成功的次数，虽然在数目上相差不多，但在总的效果上，就无法相比了。他们的某个计划如果成功了，他们就可获得许多力量；即使某个计划失败了，他们损失的只不过是时间。相反，你们努力寻求的是维持你们的现状，而且只能维持你们的现状。如果你们失败了，那你们的损失就是实实在在的真损失；即使你们赢了，你们也什么都得不到手。在这样一种事物的进程中，怎么能指望永远停留在原地不动呢？

在所有一切可引起我们反思你们政府的有教育意义的时期中，要数那个产生了《调停法》* 的时期最突出，因为，从原因上看，这个时期最令人深思；从后果上看，这个时期最重要。当初使这个时期之所以留名于世的原因，是你们的官员们在不恰当的时候做了一件莽撞事。他们一点一点地窃取了规定捐税的权力，然而在

---

* 从 1734 年起，日内瓦连续经历了几年严重的内部骚乱；经过伯尔尼、苏黎世和法国的从中调停，到 1738 年骚乱才结束。这三个国家的全权代表经过协商，提出了一个和解方案：《为和平解决日内瓦的纷争而制定的调停法》，于 1738 年 5 月 8 日在大议会上得到批准，并与日内瓦的宪法和民法一起构成日内瓦的基本大法。——译者

他们的权力还未相当稳固以前便试图滥用这项权力，不仅不克制，反而贪得无厌：一项捐税刚开征不久，又增新税，而且恰恰是在一次骚乱事件还未完全平息之时增加的。这一错误招致了更大的和更难以补救的错误。那么精明的政治家怎么不知道他们这一次违背了一个很简单的道理呢？每一个国家的人民都是在官员们觊觎他们的钱包时才发现他们的自由早已遭到侵害。狡猾的篡权者是在一切其他的计划都完成之后才开始做此事的，可是你们的官员们却想颠倒这个次序，结果发现事与愿违，搞得很糟糕。[①] 这件事情引发了 1734 年的大动乱和这场动乱必然产生的大阴谋。

这是第二个错误，它比第一个错误更大。时间本来是对他们很有利的，可是由于他们行事莽撞，把有利的条件全失掉了，使运转中的机器一下子就重新返回到原来的位置；这件事情可以说是属于这种情形。在《调停法》之前发生的那些事情，使他们失去了一个世纪的时间，并产生了一个对他们很不利的后果：全欧洲的人都知道他们想摧毁的这个被他们描绘成一群桀骜不驯的有产者是知道行事要克制，要等待有利的时机的，而他们却反而不知道。

他们求助于其他国家的调停来解决问题，这我不知道能不能算作第三个错误。此次调停是或者说好像是三个国家主动提出的；* 无论真的是三个国家主动提出的还是日内瓦请求的，我都

① 1716 年增收捐税的目的，是为了筹措修建新的城防工事的费用。这项新的城防工事的计划很庞大，已实施了一部分。那么庞大的工事，当然需要一支庞大的城防队伍。而事实上，这支庞大的城防队伍是用来控制公民和有产者的。官员们就是这样用公民和有产者的钱来打造束缚他们的枷锁的。这个计划虽很周密，但实行起来却处处掣肘，因此没有成功。——作者

* 参见第 195 页译者注。——译者

不能而且也不愿意深谈。我只知道当你们处于最危急的时候，这三个国家都保持沉默，一声不吭，直到危险转移到对方的时候，它们才打破沉默。不过，我不怎么责怪你们的官员去请求人家调停，但我要责怪他们公然说谁敢谈论这件事情谁就犯了一大罪行。

有一位公民因遭到一次非法关押，名誉受到了极大损失，便请一位官员告诉他应如何进行才能依据《调停法》中的保证，* 得到平反。那位接待他的官员竟公然回答说：单单因他提出这个请求，就该处以极刑。而且，即使由小议会向主权者提出这一请求，其罪行也同由一个普通人提出一样大，说不定还更大。不过，按照《调停法》中的保证，第二次上诉是第一次上诉的继续，是合法的，因此我不知道：如果提出第二次上诉，他们当中哪一个该被处以极刑。

再说一次：我不打算讨论一个既十分复杂又非常之难解决的问题；我只按照我们的目标，简单地论述一下你们政府的现状，因为，这个由三个国家的全权代表制定的《调停法》确定的政府，由于你们的官员们的那套做法，已经大变其样了。为了达到我的目的，我不得不绕一个很大的圈子，因此，请你也跟着我绕这个圈子，最后到达我们的目的地。

我绝不冒冒失失地批评那个《调停法》，相反，我非常赞赏它的明智和公允；我认为它的用意是很好的，条款也订得非常恰当。如

---

* 指《调停法》的末尾一章所说的“保证”：“为实行上述条款，特提出如下保证……”——译者

果你们知道在那关键时刻有多少事情对你们是不利的，有多少一偏之见需要克服，有多少恶势力需要战胜，有多少谬论需要驳斥，另外再回忆一下你们的对手是多么自信地以为可以用别人的手把你们打垮，只要你们知道和回忆一下这些情况，你们就必然会衷心称赞你们的保护者是多么热心、坚毅和有才能，就必然会衷心称赞那几个调停国是多么公平，称赞为完成这一和平事业而努力的全权代表们是多么的大公无私。

不管怎么说，《调停法》都是共和国的救星；只要没有人阻挠它的实施，它必能保持共和国的存在。虽说它本身不是十全十美的，但相对说来是相当完美的；就时间、地点和环境而言，它也是很有针对性的；它是你们所能找到的最好的办法。虽说它是由于情势的需要而制定的，因此不是神圣不可违反的，但你们应慎重对待它，使之成为不可违反的和神圣的。你们可以废除它，但一个字也不可改动它。何况从理性上考虑，也必须使它保持完整。由于每一个条款都是经过仔细掂量的，所以整体才保持了平衡；只要有一条改变了，其他各条全都会受到影响。它们愈是有用，则任何断章取义地解释和应用它们，便愈带来危害。最危险的是把一些条款与总体割裂开，使它们脱离它们所支撑的整体。宁可将整座大厦夷为平地，也不能让它老是那样摇摇晃晃，早晚总要倒塌的样子：只要从拱顶中取走一块石头，你们就必然会被埋葬在大厦的废墟下。

只要对那些条款一加研究，就可看出哪些条款是小议会想加以利用的，哪些条款是它力图规避的。先生，请你时时记住我进行此项研究的目的；我不仅不建议你们对《调停法》进行修改，我反而提请你们注意：千万别对它有一丝一毫的破坏。虽然表面上看起来我是在批评其中的某些条款，但那也只是为了说明如果去掉那些可对它们起到纠正作用的条款，将产生什么后果。虽说我提出的办法似乎与它们无关，但那也是为了说明那些认为其中的困难是无法克服的人心中怀有险恶的图谋；其实，要消除那些困难，是最容易不过的事。把这一点解释清楚以后，我就要转而谈论正题；我毫不怀疑我与之谈论的是这样一个人：他为人太公正了，所以不会说我谈论的目的有违我的初衷。

我觉得，如果我是向外国人谈论此事，为了让他们明白我的意思，我最好是先从你们的政治体制开始谈起。不过，关于你们的政治体制，在达朗贝尔先生的那篇《日内瓦》* 中已经谈得很详细了，如果我为你们另外再写一篇文章的话，那是多余的，何况你们对你们的政治法比我更了解，比我更详细地观察了事情的发展，因此我只限于就《调停法》中与当前的问题有关并最能提供解决办法的条款谈几点看法。

在第一条中，我发现你们的政府是由五个彼此隶属但又互相独立的机构构成的，** 这就是说，它们必须同时存在，而其中的

* 指达朗贝尔 1757 年发表在《百科全书》第 7 卷中的词条《日内瓦》。在商务印书馆出版的卢梭《致达朗贝尔的信》中有这个词条的全译文，对日内瓦的政治、宗教和社会状况有极精辟的分析和评论，值得一读。——译者

** 关于这五个机构，《调停法》第 1 条是这样说的："所有组成日内瓦政府的各个机构，即：四执政官署、二十五人议会、六十人议会、二百人议会和大议会，各自行使其由国家的基本法规定的权利和职权……"——译者

任何一个机构都不能侵犯另一个机构的权利和职权；在这五个机构中，包括了大议会。由此可见，在五个机构的每一个机构中都要行使政府的一部分权力，但费解的是，我看不出是哪个权威部门组建它们、联系它们和统辖它们，这就是说我看不出谁是主权者。然而在任何一个国家中都需要有一个最高权威，一个凝聚一切的中心，一个一切力量所来自的源泉，一个无所不能的主权者。

现在让我们假想有一个人向你这样讲述英国的政治体制："大不列颠的政府是由四个机构组成的，其中的每一个机构都不得侵犯另一个机构的权利和职权；这四个机构是：国王、上议院、下议院和国会。"不等他把话说完，你肯定会马上驳斥地说："你错了；只有三个机构；国会在国王出席时，国会便包括了所有各个机构；它不是第四个机构；它是全部，它是唯一的最高权威；每一个机构的存在和权力，都是由它授予的。立法权是掌握在它手里的，因此，它甚至可以修改每一个机构所赖以存在的基本法；它能这样做，而且已经这样做过了。"

你的话讲得很正确，道理也讲得很清楚。不过有这样一个区别：英国的国会是由于法律的规定而成为主权者的，完全是由代表们组成的，它的职权是有法律规定的，反之，日内瓦的大议会不是由任何人建立的，不是任何人可以代表的；它是自动成为主权者的，它就是活的基本法；其他议会的存在和力量，都是由它所赋予的；除了它自己的权利以外，它不需要有其他的权利；它不是国家中的一个机构，它就是国家。

第二条规定执政官只能由二十五人议会中产生。由人民选举的任期一年的执政官，不仅是人民的法官，而且是人民的保护者，在必要时替人民去对付那些不是由人民选举的长期任职的小议会的成员。①

这一限制的效果如何，取决于小议会成员的权力与执政官的权力之间的差别。如果差别不太大，如果一个执政官不把他任期一年的权力看得比小议会成员的长期权力更重要，则在他看来此项选举便是无关紧要的，就不会花多大力气去争取，也不会对它发表什么议论。然而，如果小议会的成员抱成一团，按一个步调行事，那么，即使人民也按一个步调行事，那也无济于事，既不能阻止小议会的人不当选，也不能不选已经是小议会的成员当执政官，不仅不能保证选出的人能成为保护他们不受小议会侵权行为的危害的后盾，反而会给小议会增添新的力量去压迫自由。*

虽然这种选举在体制建立之初也举行，但由于它是自由的，所以其效果是不相同的。是由人民自己提出小议会成员的候选人，或者是间接由人民任命的执政官提出，这都没有多大关系；甚至更

① 在向二百人议会提出小议会成员的候选人时，再也没有什么事情是比按照基本法的规定办理更容易的了。不过，还需要增加这样一条规定，即：只有曾经担任过小议会成员的助理的人才能被选入小议会。这样，职位的晋升办法就更完善，三个议会都可为那个推动一切的议会的人员的选举共同努力。为了保持体制的完整，这一步骤不仅很重要，而且是必不可少的。从今天大家把助理人员的遴选不当一回事情来看，就知道日内瓦人没有认识到增加这一条的好处，不过，当这个职务变成唯一能进入小议会的门径时，大家的看法也许就会大为改变了。——作者

* 此处，在纳沙泰尔图书馆收藏的手稿本中作：“压迫人民”。——译者

有利于在已经是小议会的成员①中选举执政官，选举对公务有经验的人充任，不过，在今天有一个更重要的问题比这一点更值得考虑。如果某种做法由于其他与它有关的做法发生了变化，因而产生了不同的效果，那么，在这种情况下，你不改进它就等于是改进了它！

《调停法》中最值得注意的是第三条。它的全部内容都是有关合法召集的大议会的条款。它规定了大议会应有的权力和掌管的工作；它有权把在它之下的几个议会窃取的权力收回到自己手中。总起来看，这些权力是很大的和很好的，但由于它们个个都是有特殊规定的，所以，单单从这一点来看，就是有限的，甚至排除了《调停法》中没有提到的权力，而且在第三条中就明白无误地使用了“限制”这个词。* 然而最关键的问题是：最高的主权权威是不受任何限制的；它要么是无所不能的，否则就什么也不是。** 由于国家的一切权力都归它掌握，由于国家只能靠它的存在而存在，所

① 小议会的成员起初只不过是执政官的助手，由执政官在人民中挑选几个有声望的或办事老到的人充当。每一个执政官可以在人民中间挑选四个或五个，其任期与执政官的任期相同，有时候还可以改换他们当中的一个或几个。1487 年，外号人称“埃斯帕涅”的昂利当选为第一个终身小议会议员，并得到了大议会的批准。后来，甚至不需要先成为公民之后才能担任这个职务。有一个名叫米舍尔·基耶·多隆的家伙被选入了小议会，因他经常玩弄他在罗马学到的那套手腕便被逐出了小议会；人们有鉴于此，才制定了小议会成员的选举法。那时候日内瓦的官员们，个个都像人民的父兄，对奸诈狡猾的人是深恶而痛绝之的。——作者

* 关于这一点，第三条的开头就讲得很清楚；它说：“合法召开的大议会的权力和工作始终是不可更改地规定和限制于如下各条……”接着就分条列举了这样六项权力：立法权、选举权、结盟权、宣战和媾和权、新增税收权和筹划城防工事权。——译者

** “最高权威是不能转让的，也是不能改动的。如果限制它，那就必然会摧毁它。说主权者给自己头上加一个上级，这个话是很荒谬的，也是矛盾的。”（《社会契约论》，第 3 卷，第 16 章）——译者

以，除了它自己的权力和它授予其他机构的权力以外，它不承认其他任何权力。否则，这些权力的拥有者便不能成为国家政治体的组成部分，它们就会由于拥有不是由它授予的权力而变得与它无关，而缺乏统一的道德人格就会消失。

在税收方面的限制是很明确的；掌握最高权威的大议会本身没有权力废除 1714 年以前规定的捐税。它在这件事情上受到了比它高一级的权威的限制；这个比它高一级的权威是谁呢？

立法权包括两项不可分开的事情，即：法律的制定与法律的维护，这就是说它有权对行政权进行监督。在这个世界上，没有哪一个国家的主权者不进行这一监督；不进行这一监督，则两者之间就没有联系，就没有隶属关系，后者就不会依附于前者，行政权就同法律没有任何必然的关系，法律就会成为空有其名的东西，"法律"二字就什么意义也没有了。大议会在任何时候都应当对它制定的法律有此监督的权力并时时行使。然而在这一条中却没有一个字谈到这一点；如果不是在另一条中做了补充规定，则单单由于没有明文规定这一点，你们的国家就会被推翻；这一点是非常重要的，我在后文还要谈及。

如果说你们的权力在这一条中一方面受到了限制，但由于第三和第四段的规定，你们的权力在另一方面又有所扩大；这样是不是就得到了补偿呢？从《社会契约论》中的论述来看，* 与一般人

---

* 《社会契约论》是这样论述的："公意一有了个别目的，它就会改变它的性质，就不能再作为公意对某个人或某件事情做出判决。……如果不加区别地用许许多多个别的法令来做应该由政府来做的事，这时候，人民就不再有真正意义的公意，他们就不是作为主权者行事，而是作为行政官行事了。这似乎与一般人的看法相反。……"（《社会契约论》，第 2 卷，第 4 章）——译者

的看法相反,国家与国家之间的结盟、宣战与媾和,都不是主权者的行为,而是政府的行为。这个看法是符合最了解政治权利的真正原理的国家的习惯做法的。权力的对外行使,不适合于人民;国家的这类大行动是他们很难提出什么意见的;他们应当把这些事情交给他们的首领去办理;对于这类事情,首领比他们更清楚,是不会对外订立不利于祖国的条约的。大议会应当让官员们去办理对外事务,而它只应一心专注于自身地位的巩固。对每一个公民来说,最重要的事情是:法律要得到遵守,个人的财产与人身安全要得到保障;只要这三件事情办得很妥当,就让小议会放手去和外国进行谈判和订立条约的事宜。最令你们担心的危险不是来自国外;你们应当把人民的权利集中用之于个人利益的维护。如果他们分别对某个个人进行侵犯,你们应马上加以制止。我认为罗马人最明智:他们让参议院对外具有很大的权力,但在罗马城中,却要求他们即使对最卑微的公民也要非常尊重。我们用不着到远处去寻找这方面的事例,你看纳沙泰尔的有产者们在他们的总督治理下,比你们在你们的官员治理下生活得好。[①] 他们既不管与外国宣战或媾和的事,也不批准什么条约,成天平平安安地享受他们宁静的生活。由于法律没有推定在一个小城市中必然有少数人是坏人,所以在他们的城中从来没有发生过随便拘捕人的事情,更没有见过不经过一定程序就把人投入监狱的事例。可是在你们城

① 这个话,是撇开他们的生活放荡而言的;对于他们的放荡行为,我当然是不赞成的。——作者

中，你们经常受表面现象的迷惑而忽略了实质问题。你们只关心大议会是召开还是不召开，而对它的成员的安危从来不重视。你们应当在主管的事情的多少方面少花心思，而在自由的维护方面多动脑筋。现在，让我们回过头来继续谈大议会。

除了第三条的限制以外，第五条和第六条还提出许多更奇怪的限制。* 一个不能自主行动的主权者，在其活动和处理的事情方面，就必然会听命于其下属的机构。这些机构的官员是肯定不会通过对他们自己不利的提案的；当国家的利益与他们的利益相冲突时，他们必然会把他们的利益看得比国家的利益更重要，因而只允许立法者通过他们认可的议案。

由于一切都要按规则行事，人们反倒忘记了各项规则当中的第一个规则，即：以公正和公众的福祉为第一要义。再也没有什么坏事是比专横武断的权力更有害的了；人们什么时候才能认识到这一点呢？我们能用这种权力去纠正其他坏事吗？这种权力的本身就是一切坏事当中最坏的事；如果用它去防止其他坏事，便等于是：为了防止一个人发烧，把他杀掉就完事了。

一大堆乱哄哄的人是会做出许多麻烦事来的。在人数众多的大会场里，即使井然有序，但是，如果每个人都可以发言，想提什么意见就提什么意见，大家就会把许多时间浪费于听那些七嘴八舌

---

* 《调停法》第 5 条规定："所有一切提交大会审议的事项，都必须通过执政官、小议会和大议会提交。"第 6 条规定："一切议案，在未经过二十五人议会审议通过以前，不得提交二百人议会审议；只有在经过二百人议会审议通过以后，才能提交大会审议。"——译者

的荒唐话;这样做,是很危险的。这是不可辩驳的事实。不过,使大议会完全依附于那些一心想取消它的议会,而且,除了这些一再暗中损害它的议会的人以外,谁也不能在大会上发言,不是就可以用一个合理的办法防止那些缺点了吗?先生,事情不就是这么简单吗?然而,人们须知,如果大议会的存在完全取决于小议会,大议会不是就永远形同虚设了吗?这一点,哪个日内瓦人还怀疑呢?

在日内瓦,唯一能召开大议会并唯一能在会上想说什么就说什么的权威,就是这个小议会,二百人议会的作用只不过是重复小议会的命令而已;小议会一摆脱了大议会的约束,二百人议会就很难掣它的肘了,就只能同你们一起按照小议会所指的方向走了。

对一个我不需要的碍手碍脚的上级,而且只有在我允许他出席的时候他才能出席,只有在我问他的时候他才能发言,我有什么可怕的呢?我已经把他降低到这种程度,这不就等于是摆脱了他的约束吗?

如果有人说国家的法律在防止大议会被取消方面早已做了明文规定,其目的是为了选举官员和批准新的法规;我将回答说:关于第一点,既然政府的全部权力已经从人民选举的官员手里转移到了不是由人民选举的,并从其中产生主要官员的小议会,则这样选举和为举行这种选举而召开的大会就只不过是没有实际意义的形式,为了这个唯一的目的而举行的大议会便只不过是虚应故事的走过场。我还要指出:根据情况的发展,他们可以很容易地绕过法律的规定行事，而且还不会使选举因此而陷于停顿，因为，他们可以拒不讨论所有的提案，或者另找借口不举行执政官的选举，你以为这样一来，小议会（它已经一点一点地把执政官主管的工作抓在自己手里了）就不能在执政官缺席的情况下举行选举吗？他们现在不就是在没有执政官在场的情况下独立地选任政府的主要官员吗？不是已经有人公然敢对你们说："小议会的人即使不担任执政官，小议会也是政府"吗？由此可见，没有执政官，国家也不会因此就无人治理。至于说到新的法规，我认为，根本用不着制定什么新的法规；小议会用旧的法规和它窃取的权力，就可以很容易地找到其他办法填补法律之不足了。凌驾于旧法律之上的人，是没有必要制定什么新的法律的。

他们采取了种种措施，使你们的大议会永远没有召开的必要；不仅法定的定期召开的大议会，[①]或者说得更确切一点，不仅 1707 年恢复的大议会只召开过一次（这一次还正是为了取消它才召开的）[②]，而且，按《调停法》第 3 条第 5 款的规定，它可以在没有你们出席的情况下召开，而且费用是作为行政费支付的。只有在想象中的非打不可的战争真的发生了的情况下，大议会才必须非召开

① 从《教会法》最后一条就可看出，定期召开的大议会是同该法同样古老的。在 1735 年印行的 1576 年的《教会法》中，大议会是规定为每五年召开五次；而在 1562 年印行的 1561 年的《教会法》中又规定为每三年召开三次。我们不能说召开大议会的目的只是为了宣读《教会法》，因为当时已经把它印发给每一个人了，所以每一个人都可从容阅读，用不着单单为了宣读它而花力气召开一次大议会。不幸的是，他们处心积虑地废掉了这一古老的传统。这些传统在当前对各项法规的解释是大有用处的。——作者

② 我将在后面对那道废除令进行评述。——作者

不可。

由此可见，小议会是有绝对的权威阻挠大议会的召开的；除了招致某些人提几点不同意见以外，是不会遇到其他麻烦的；对于那些人的意见，他们三言两语就顶回去了。如果有人嘀嘀咕咕表示不满，他们充耳不闻，根本不当一回事，何况第七条、第十三条、第十四条、第二十五条和第四十三条已明文规定不论在任何情况下都是不允许以任何方式表示抵制的，更不允许采取法律规定的办法以外的手段进行反抗；即使采取了，也是不能纠正这方面的缺点的。

当然，小议会是不会真的阻挠大议会的召开的，因为，对它来说，大议会早已成为一个无关紧要的机构了；给大议会披上一件虚有其表的自由的外衣，就可以使之静静地听从它的驱使。它略施小惠，就可以使你们高兴得欢天喜地，例如：让你们在它授予的权力方面和在它已经选定的候选人方面进行挑选，或者制定一些表面上看起来很重要但他们有办法使之成为一纸空文的法律，他们愿意遵守才遵守。

你们在大会上什么议案也不能提，什么问题也不能商讨；你们的会议实际上是小议会在主持；或者由它亲自主持，或者由执政官主持，由执政官把小议会的意见带到你们的会议上去贯彻执行。他们就是官员，甚至是主权者的主人。由行政机构来规定立法机构的议事规则，规定立法机构应讨论的问题，不给立法者以发表意见的权利，由行政机构来行使立法机构的绝对权力，甚至制定约束立法机构的规章，这一切，难道不是有违常情的吗？

在一个人数众多的大会上①是需要有规则和秩序的；这一点，我完全同意。然而，谁也不能利用规则和秩序来改变会议召开的目的。难道制定一个适用于几百个行事一贯稳重的人的没有强制性规定的规则，是像有些人*所说的比在雅典为有几千个吵吵嚷嚷不受管束的公民参加的大会制定规则更困难吗？难道比在人民

① 从前在日内瓦经常召开大议会；事情无论大小都拿到会上讨论。1707 年，执政官舒埃先生在一次有名的发言中说国家的衰弱和灾难从前都是由于经常集会造成的（我们从后面的叙述就可看出他这个话是否可信），他还说，由于到会的人数急剧增加，因此，今天要想经常集会已经是不可能了。他说，从前的会不超过二三百人，而现在已经达到一千三百到一千四百人。我们发现，他的话在两个方面有所夸大。

最早的大议会，出席的人数至少有五六百人；很难举出哪一次大议会是只有二三百人。1420 年，在出席会议的人中，单单签约的人就有七百二十人之多；不久以后又增加了二百多个有产者。

尽管日内瓦愈来愈变成商业城市，愈来愈富有，但它的人口并未大量增加，也没有扩建环城一带的城防工事，而且还拆除了几个城郊的居民区。由于缺乏土地，一切生活必需品都要仰仗邻国，因此，若再扩大的话，就势必会削弱国力。1404 年城中至少有一千三百户人，总人数至少有一万三千人，今天至少有两万人；这个比数还不到 3∶14，而且，从这个总人数中还要减去不能参加大会的土著人、暂住居民和外国人。自从大批法国避难者来到日内瓦和工业获得长足发展以后，这些人的人数的增加比有产者的人数的增加快得多。如今，有几次大议会出席的人数已经达到一千四百到一千五百人。不过，通常到不了这个数字。有几次大议会虽然有一千三百人出席，那也只是在关键时刻好公民们认为若缺席不参加就是不履行誓言，而官员们也把他们的支持者团弄到会上，以壮他们的声势。在 15 世纪就没有出现过今天的官员们玩弄的这种花招，因为那时候根本就不需要。在通常的情况下，出席大会的人数介于八百和九百之间，有时候还少于 1420 年的人数；尤其是在夏季和讨论不甚重要的事情时，出席的人数就更少了。我本人在 1754 年参加过一次大议会，那次到会的人数肯定不到七百人。

从以上所说的情况可以看出，通前彻后地拉平来计算，今天的大议会大约同两三个世纪以前的大议会的人数差不多，即使有差别，差别也不大。可是，那时候大家都可以在会上发言，当时还没有我们今天所见到的这些规则；会场上的人有时候也大声嚷嚷，但大家是自由的，官员们也受到尊重，开会的次数也很频繁，可见执政官舒埃先生的说法不对，他的推理也是错误的。——作者

* 指《乡间来信》的作者特农香等人。——译者

还直接行使一部分行政权的世界的首都*制定这样的规则更困难吗？难道比今天在人数同你们的大议会一样多的威尼斯的大议会制定规则更困难吗？他们批评英国的国会乱哄哄的没有规矩，然而在这个有七百多人商讨国家大事的国会里，尽管各方的利益错综复杂，互相交叉；尽管党派林立，每个人的情绪都很激动，但大家都有发言权，一切事情都处理得十分妥善，都得到了解决；这个庞大的君主国治理得很好。而在你们的国家里，各方的利益是那么简单，一点也不复杂，可以说，要处理的事情简直就像一个家庭的家务事那样简单，可是他们却吓唬你们，就好像天翻地覆，暴风雨马上就要来临似的。先生，为你们的大议会制定规则，其实是一件最容易不过的事情，只要大家真诚为公众的利益着想，则一切都将进行得有条不紊，比今天进行得更顺利。

假使在《调停法》中规定了一套与他们采取的办法完全相反的办法，对大议会的权力不作规定，而规定其他议会的权力，让它们行使大议会今天行使的那些权力；如果这样的话，就不会让小议会单独拥有那一大堆在自由的和民主的国家里简直是难以置信的权力了，就不会让那些不是由人民选举的终身任职的官员拥有这些权力了。

首先就不会让小议会把国家的行政权与对公民的财产、人身和荣誉的最高保护权这两个互不相容的权力全都抓在它的手里。

就不会让它成为一个按等级来说是最末一级而按权力来说却是最高一级的议会。

---

* 指罗马。——译者

就不会让它成为一个权力无边的下级议会，以致，如果没有它的推动，则共和国的一切都将陷于停顿；而且，只有它能提出议案并第一个做出决定；它让谁发言，谁才能发言。

就不会让另一个议会*的权威要由它来认可；就不会让这个议会的成员要由它来提名，虽然它是这个议会的下级。

就不会让它成为一个审理一切上诉案件的最高法庭；或者相反，虽然它是下一级的法庭，但却让它审理本该由上一级法庭审理的案件。

就不会让它在以下一级法庭的法官的身份主持了上诉法庭的审理工作以后，接着还不仅以下一级法庭的法官的身份主持上诉法庭的其他工作，而且，这个上诉法庭的法官都要由它来挑选。

就不会让它成为这样一个议会：它的活动由它自己决定，而其他议会的活动则由它来决定，并让它在其他议会中发言支持它自己的决定；这样，它就能发表两次意见，投三次票。①**

---

* 指二百人议会。——译者

① 在按共和制治理的法语国家中，应当单独确定一种语言为政府使用的语言。例如 délibérer、opiner 和 voter 分别指的是三件大不相同的事情，可是法国人用起来却不严格区别。délibérer 的意思是：慎重考虑是赞成还是反对；opiner 的意思是：发表意见和说明理由；voter 的意思是：投票表决。首先，人们把事情提出来商讨，让大家发表意见，最后是投票表决。各国法庭的形式都差不多是相同的。不过，在君主国中，公众用不着了解这些词儿的意思；它们是律师习用的语言。孟德斯鸠先生对这一点是完全了解的，但他也有用语不准确的地方；他在书中经常说 puissance exécutive；他这样说，是不符合语言类推法的原则的，把本来是名词的 exécuteur 变成了形容词；他书中的 le pouvoir législateur，也是这样错用的。——作者

** 卢梭在这里列举的小议会的"难以置信的权力"是一点也没有夸大的；正如阿梅德·洛热在他的《小议会》一文中所说的："没有一件事情不属于小议会的管辖范围。"——译者

小议会向二百人议会提出的申诉，完全是一种儿童游戏；如果它真的提出的话，也只不过是上演一场政治闹剧而已，因此不能把它的申诉称之为“申诉”，因为这实际上是二百人议会求它给一个面子，以掩饰它强行撤销二百人议会的决定；这种手法是一般人无法了解的。你以为小议会不知道这一程序实际上是毫无意义的吗？你以为它会自动放弃它的权力吗？它行事是不会这样大公无私的。

虽说小议会的判决在二百人议会上并不是每次都得到认可，但那也只是对个别自相矛盾的事情的判决，才不予认可；而这类事情不涉及官员们的利害关系，因此争执双方谁赢谁输，对官员都没有多大关系。然而在与官职有关的事情中，在与小议会本身有利害关系的事情中，二百人议会能纠正小议会的不公正做法吗？它能保护受迫害的人吗？它敢不认可小议会所做的判决吗？它可曾理直气壮地使用过一次它的赦免权？我非常遗憾地回想起从前发生的且至今回忆起来还是十分可怕的事情。有一个因遭到小议会的仇恨而被判处死刑的公民*向二百人议会提出上诉；这个不幸的人甚至苦苦哀求赦免。大家都知道他是清白无辜的，然而在审理他的过程中，一切规则都遭到了破坏；他没有得到赦免，这个无辜的人终于被处死。法西奥非常清楚，向二百人议会上诉，是没有用的，因此他没有向这个议会提

* 这桩案子发生在1707年；这位公民的名字叫尼可拉·勒梅特，因支持后面提到的法西奥为捍卫人民的权利而进行的斗争，便遭到小议会的仇恨，被判处死刑。——译者

出上诉。

我曾仔细观察过苏黎世、伯尔尼、弗里堡和其他几个贵族制国家的二百人议会，但我没有发现哪一个是像你们国家的这种二百人议会，也不知道你们国家的二百人议会在你们的宪法中占据什么地位。它是一个高等法庭吗？如果是，那么，让下一级法庭的法官来主持这个高等法庭的工作，就是一件很荒谬的事了。它是一个代表主权者的机构吗？如果是，那么，就应当由被代表者*任命他们的代表。二百人议会设立的目的，完全是为了减弱小议会的巨大权力，然而结果却恰恰相反，它反而加强了小议会的权力。由此可见，凡是与当初组建之时的目的背道而驰的机构，都是组建得很不健全的。

在这里花这多笔墨谈这些没有一个日内瓦人不知道的怪事，有什么用呢？二百人议会本身是空有其名的；它纯粹是小议会以另一种形式出现的机构。只有一次它曾经试图摆脱它的主人的控制而独立存在。然而这唯一的一次努力，差一点儿使国家被毁灭。二百人议会之所以能在表面上看起来好像还有点权威，那也完全是靠大议会之力。这一点，在我提到的那个时期表现得最明显；往后，如果小议会的图谋得逞的话，这种情况还将表现得更清楚。如果二百人议会想与小议会联合起来压制大议会，其结果，必将促使它自身遭到覆亡；如果它想学伯尔尼的二百人议会的样子，那它必然会越学越不像的，因为它不但缺乏智慧，尤其缺乏勇气，从它一贯的行事方式来看，它是很难另有作

* “被代表者”指人民。——译者

为的。[①]

先生，你看，对于最高主权者[*]的权力，其实用不着特别明确规定；只明确规定它的下级议会[**]的权限，反倒对大议会更为有利。不久以后，你就可以很清楚地看到，由于某些另外单列的条款的规定，小议会竟成了法律的最高仲裁者，并从而成为所有一切人命运的主宰。尽管在大会上讨论公民和有产者的权利时，公民和有产者是无比的风光，然而一离开了大会，这些风光一时的公民和有产者就成了普普通通的个人，这时候，他们算什么呢？他们变成了什么样的人呢？他们就成了一个武断专横的权威机关的奴隶，就一点自卫的办法也没有，完全听凭二十五个暴君的摆布。雅典人至少有三十个暴君，我为什么说二十五个呢？九个就足够审理民事案件了，十三个就足够审理刑事案件了。[②] 在这么多的人中，只要有七个或八个人达成意见一致，对你们来说，就可以办罗马十执政官办的事了；而罗马的十执政官是由人民选举的，而你们的执政官却没有一个是由你们挑选的。他们竟公然说这是自由的！

① 我这个话，只是就这个机构的精神而言。我深知在二百人议会里也有一些明智和充满热情的人，然而由于他们一直是在小议会的监视之下，听任小议会的摆布，既没有外援支持，而且在内部还受到排挤，所以不敢贸然采取徒劳无益的行动，以免招来麻烦，甚至丢掉职位。现在的局势是：宵小狂呼乱叫，扬扬得意，而智者只能哀声叹息，沉默无语。

不过，二百人议会从前倒也不是没有威信的，没有堕落到今天这个样子。从前，他们也受到公众的尊敬和公民们的信任；公民们放手让他们行使大议会的权力，然而后来小议会通过这条间接的渠道把权力抓到了它自己的手里。这方面的新的证据，后文即将谈到。日内瓦的有产者们不大爱活动，而且很少过问国家的事情。——作者

* 指大议会。——译者

** 指二百人议会和小议会。——译者

② 《民法》第一编第三十六条。——作者

第八封信

《调停法》的精神。它对专横的权威采取的抵制办法。小议会通过既成事实而消除了这一办法产生的效力。对人们所说的几种弊病的评述。对有关监禁的法令的分析。

先生，我根据你们的政府赖以建立的《调停法》，对你们现在的政府进行了一番研究之后，我不仅不责怪调停者们是存心把你们降落到奴隶的地位，相反，我要证明他们曾使你们的处境在好几个方面都比那场迫使你们接受他们的调停的骚乱发生之前好得多。他们面临的是一座人人都手执武器的城市；在他们到来之时，全城都处于危急和一片混乱的状态；在这种状态下，他们是不可能制定什么解决的办法的。因此，他们只好追溯到和平时期；他们研究了你们政府的原始的组建方案。他们发现，从你们政府走过的道路来看，最好的办法是对它进行改造，重新组建。从理智和公平的原则出发，也不容许他们给你们建立另外一个政府；即使他们给你们建立，你们也不会接受。由于不可能消除政府的那些缺点，他们只好让它们照你们的父辈留下它们之时的样子继续存在；不过，他们对其中几个缺点还是做了纠正的；至于我在前面指出的那些弊端，没有一个不是早在调停者们发现它们之前就在共和国存在的。他们对你们唯一做错了的事情是:不让立法者*行使一切行政权,不让它用强力支持正义。不过,由于给了你们一个既稳妥又合法的办法,他们就把这个表面上的坏事变成了真正的好事:由他们来保证你们的权利的行使,就省得你们自己去保卫你们的权利了。唉!在人类经历的许许多多苦难中,哪一项财产值得用我们同胞的鲜血去获取?花这么大的代价去争取自由,这个代价也太大了。

调停者们也是人,是人就可能犯错误,但他们并未存心欺骗你们,他们也想处事公正。这一点是有目共睹,大家都可证明的。事实上,从各方面看,他们所拟的那部《调停法》中的缺点和含混不清的地方,往往产生于某种需要,有时候产生于判断错误,但绝不是出自坏心。他们必须调和许多几乎是不可能调和的事物,例如人民的权利与小议会的图谋,法律的威信和人的权威,国家的独立和《调停法》的有效实施。这一切,做起来是不可能一点矛盾都没有的。你们的官员们正是从这些矛盾中捞到了许多好处,使一切都朝向于他们有利的方向发展,用一部分法律去破坏另一部分法律。

首先,非常明显的是:《调停法》本身并不是调停者们强加给共和国的一部法律;它只不过是在共和国的成员之间达成的一项协议,因此,对国家的主权并未造成任何损害。我认为,这一点在第四十四条中讲得很清楚,它使合法召开的大议会有权按自己的意志修改《调停法》的各个条款。由此可见,调停者们并未使自己的

* 指大议会。——译者

意志凌驾于大议会的意志之上。他们只是在人们产生分歧的时候才进行调停;这在第十五条中讲得很明白。

然而这样一来,就使第三条中对大议会的权限所做的规定和限制成了空文,因为,如果大议会认为那些规定既然不能限制它的权威,那它们就不能限制它的权威的行使。当一个主权国家所有的成员要对他们自身的权力做出规定的时候,谁有权反对?从第三条推导出来的意思不是别的,而是:大议会是自己决定遵守那些限制,而在它认为应当超过那些限制的时候,它完全有权超过。

这就是我所说的矛盾之一;产生这一矛盾的原因,是很容易看出来的,不过,对那几位满脑子充满了不同的政府的规章制度的全权代表们来说,*是很难深入了解你们政府的真正性质的。民主制政体至今一直没有得到人们的深入研究。所有那些谈论这个问题的人,不是对它不十分了解,便是对它不太感兴趣,或者从错误的方面对它加以论述。他们当中没有一个人对主权者与政府、对立法权与行政权详加区别。尽管没有哪一个国家的这两种权力不是互相分离的,但人们往往硬把它们混为一谈。有些人认为民主政治的政府是这样一种政府:人民全都是官员和法官;另外一些人认为只有在选举首领这件事情上才有自由;还有一些人由于一直是处于君主治理之下,因此认为谁发号施令谁就是主权者。民主

* 文中所说的"全权代表们",指前面所说的调停者;这几位享有全权的代表分别来自两种不同形式的政府:苏黎世和伯尔尼是贵族制政府,而法国是君主制政府,故卢梭说他们"满脑子充满了不同的政府的规章制度。"——译者

制政体当然是政治艺术中的一项杰作，但它是人为的；它人为的地方愈是值得称道，便愈是经不起大家的眼睛深入观察。先生，你先看第一条规定：只有小议会召开的大议会才是合法的；再看第二条：没有小议会的认可，就不能提出任何议案；单单这两条，就足以使大议会完全处于从属地位。这难道不是真的吗？还有第三条：在处理事情的权力方面，尽管让大议会享有最高的全权，但却窒碍难行，因为不经小议会的同意，它就不能行使，如此一来，所谓"处理事情的权力"岂不成了一句大空话吗？虽然不限制拥有最高权力的大议会的权力，但并不使它在事实上不听从于小议会；这样就避免了一个矛盾。这充分证明调停者们因不深入了解你们国家的政治体制，所以才订立了这些其本身不仅无用而且在目的方面是自相矛盾的条文。

也许有人会说，这些限制的目的，只不过是说明在哪些情况下，这个下级议会就必须召开大议会。这一点，我当然知道；不过，明确规定它有哪些权力不需要大议会的认可也能行使，这不更自然和更简单吗？对这边规定的限制不就少于对那边规定的限制了吗？如果这个下级议会想超过这些限制，不就显然要得到它的上级议会的批准吗？我认为，这样做就可以更加明确地把更多的权力集中在一个议会手里；只有这样做，才能如实地反映事物的本来面目，才能从事物的性质中找到明确规定不同议会的不同权力的方法，才能避免许多矛盾。

《乡间来信》的作者硬说小议会就是政府；说它可以以政府的名义行使一切没有授予国家其他机构的权力。他这个话的意思是:小议会的权力是先于法律的,是其他权力的始源;小议会手中还保留了许多没有让予其他机构行使的权力。先生,你现在从他的说法中看出你们的政治体制的性质了吗?如此奇怪的论调,值得我们好好地想一想。

首先请注意:这里[①]指的是与小议会的权力相对立的执政官的权力,也就是说,它论述的是两个彼此分离的权威机构中的每一个机构的权力问题。法律表述了执政官的权力,但未提小议会;它一字未提没有执政官的小议会有哪些权力。为什么呢?因为没有执政官的小议会就是政府。可见,法律之所以对小议会的权力只字未提,不仅不是表明它的权力没有用处,反而是表明它的权力的范围很广阔。你看,这个结论多么新奇。不过,只要前面讲的那些话说得对,我们也承认这个结论是对的。

即使是由于小议会就是政府,法律才没有明确规定它的权力,但它至少应当说明"小议会就是政府",除非有充分的证据证明法律之所以没有说明这一点,正是为了表明它的目的与它所表述的意思是相反的。

我现在要问:哪一部法律曾经说过小议会就是政府?相反,我倒要指出有一部法律说的话与他们所说的话是恰恰相反的。在1568年的《政治法》中,我发现它的序言是这样说的:"由于本城和本国的政府是由四位执政官、二十五人议会、六十人议会、二百人议会、大议会和一位普通法庭的庭长与其他机关组成的,因此,为

---

① 《乡间来信》,第66页。——作者

了对公共财产和法庭工作进行管理，就需要保持良好的秩序。我们所奉到的命令迄今已完全执行；为了使它能在将来继续得到执行……特作出如下规定……”*

我发现1738年颁布的法律的第一条说：日内瓦政府由五个机构组成。在这五个机构中，四位执政官单独组成一个机构；二十五人议会（其中当然包括四位执政官）组成另一个机构。四位执政官还进入其他三个机构。由此可见，没有执政官，小议会就不能成为政府。

我翻开1707年颁布的法律，当我发现第五条说：“执政官有管理和推行国家政务之权”时，我马上合上书本说：按照这条法律的说法，可以肯定的是：没有执政官，小议会就不是政府，尽管《乡间来信》的作者硬说它是政府。

也许有人会说我本人在《山中来信》中也常常把小议会说成是政府。是的，我这样说过，但我说的是在执政官主持下的小议会，因此，这个临时的政府依然是我赋予“政府”这个词所意指的政府；我赋予这个词的意思，不是《乡间来信》的作者在他的信中所说的意思，因为，按照我赋予它的意思，政府只能行使法律规定它行使的权力，而按照他所说的意思，则政府可以行使除法律明文规定它不能行使的权力以外的其他一切权力。

由此可见，持不同意见者们提出的反对意见是很有道理的，因为，法律对执政官所作的规定，是侧重于规定他们的权力；而对小议会所作的规定，是侧重于规定它的职责。我认为这个说法是完

* 见《日内瓦共和国法令汇编》，1735年版，第1页。——译者

全正确的，而《乡间来信》的作者竟用一个违背所有一切法律的论点来回答他们。先生，如果我的看法错了的话，请你惠于指出我的看法错在哪里。

《乡间来信》的作者认为他自己的论点是很正确的，并且问："即使立法者没有这样看待小议会，难道人们就可以认为法律没有在其他地方表述过它的权力吗？就没有在任何地方提过和规定过它拥有哪些权力吗？"[①]

现在让我来回答他这几个莫名其妙的问题。立法者之所以没有规定小议会拥有哪些权力，是因为他根本就不曾赋予它任何一种不受执政官约束的权力。虽说他有时候也提过小议会的权力，但那也是有前提的，那就是：小议会在执政官的主持下，才享有权力。既然明确规定了执政官的权力，再另外规定小议会的权力，便是多余的。没有小议会，执政官什么事情也做不成，而没有执政官，小议会也同样什么事情也做不成；没有执政官，小议会什么也不是，比在助理议长萨哈赞主持下的二百人议会还不如。

关于几部法律之所以对小议会的权力只字未提的原因，我认为这是唯一合乎情理的解释方法。但执政官不宜于采取这个方法。因为，如果他们采取相反的方法，不仅不明确规定大议会的权力，反而规定他们的权力，那么，在文件中就不会出现他们的那些奇奇怪怪的解释了。为了不表述法律没有说过的话，他们这样做，反而使人们把法律从来没有说过的话当作是法律曾

① 《乡间来信》，第 67 页。——作者

经说过的话。

有损公众的自由和公民与有产者的权利的事情，何其多啊！我没有讲到的这类事情，还有多少呢？你们的宪法所产生的和好像是由它产生的弊端，尽管看起来不动摇宪法就难以消除，但都巧妙地由它规定的补救办法而得到了纠正；这样做，正符合调停者们的初衷。他们宣称他们的宗旨是："维护每一个人享有的国家的基本法规定的权利和特有的职权。"米舍利·杜克雷先生由于自己的不幸遭遇而感到十分气愤，因而反对这部法律，说它推翻了政府的基本法规，并剥夺了公民和有产者的权利。他没有看到有许许多多的公众和个人权利因这部法律第三条、第四条、第十条、第十一条、第十二条、第二十二条、第三十条、第三十一条、第三十二条、第三十四条、第四十二条和第四十四条的规定而得到了维护和重新厘定；他尤其没有认识到所有这十二条法律是否有效力，完全有赖于它给你们保留的那条唯一重要的法律。这是一条必不可少的法律，其威力足可压倒所有那些对你们不利的法律；而且，为了要发挥那些于你们有利的法律的效力，这条法律是如此之非有不可，以致，如果他们能想办法规避它的话，他们就会使所有那些于你们有利的法律变得一点用处也没有。叙述到这里，就叙述到了最重要之处了；为了很好地了解它的重要性，就需要把我以上所说的话仔细思考一番。

我们切不可把独立和自由混为一谈，这两者的区别是如此之大，以致可以说它们是互相排斥的。尽管每个人做的都是他自己喜欢的事，但若他做的往往是使别人不高兴的事，这就不能叫做自由状态。"自由"二字的意思不是一个人想做什么就做什么，而是可以不做别人强要他做的事;“自由”还意味着不强要别人的意志服从我们的意志。谁当了主人,谁就不自由了:统治就是服从。你们的官员比任何人都更了解这一点;他们像奥托那样:为了统治他人,就不能不也要为他人当奴隶。① 我认为,只有他人无权阻挠的意志,才是真正的自由意志。在共同的自由中,谁也无权做他人的自由禁止他做的事;真正的自由,其本身从来不是破坏性的。由此可见,不符合公理的自由是一种荒谬的行为,因为,任何一种不合理性的事,一开始做,就必然会处处窒碍难行。

由此可见,不受法律约束的自由,是没有的;高居法律之上的人,也是没有的。即使是在自然状态中,也只有按照人人都必须服从的自然法行事,人才是自由的。自由的人民也有服从的时候,但他们不做任何人的仆从。他们有首领,但没有主子;他们服从法律,而且只服从法律。正是有了法律的力量,他们才不屈从于人。在共和国中,人们给官员的权力设置界线,其目的是为了防止他们侵犯法律的神圣领域。官员是法律的执行者,而不是法律的主宰者;他们应当保卫法律,而不应当违犯法律。不论政府的形式如

---

① 《乡间来信》的作者说:“人们对服从他人所感到的恐惧,其程度远远大于对统治他人所感到的喜悦。”塔西陀的看法与这位作者的看法不同,而且对人心的了解比这位作者深刻得多。如果这位作者的看法是对的,则大人物的仆从就不会对有产者们那么粗暴,就没有那么多游手好闲的食客在王公大臣的府第里表现得那么一副奴颜婢膝的样子了。心理状态健康到知道如何热爱自由的人是不多的。大家都想使唤他人,即使为此而必须服从另一主人,也在所不惜。一个小小的暴发户为了使唤十个仆人,竟不惜卖身投靠一百个主人。你看君主国中的那些贵族是多么骄傲;他们是多么神气十足地高声叫喊:“来人呀!”当他们有机会对国王说“愿为陛下效力”时,他们自以为是多么的显赫;他们是多么地藐视共和主义者啊!然而,共和主义者是自由的,比他们高贵得多。——作者

何，只要在治理人民的政府中不是某些人在起作用而是法律的机制在起作用，人民就都是自由的。总而言之一句话，自由是随着法律的命运前进的；它的兴亡是随法律的兴亡而定的。这一点，是最准确不过的了。

你们有很完善的法律，无论从它们本身来看，还是单单从它们已被大家公认为是良好的法律这个事实来看，它们都是很好的法律。由全体对每一个人规定的条件，对谁都不会是过于苛刻的。即使是法律之中最坏的法律，它也比最好的主人好得多，因为任何一个主人都是有他的偏向的，而法律则没有。

从你们国家的宪法有了一个稳定的形式之时起，你们作为立法者的任务便结束了。为了大厦的安全，你们当前的任务虽然是要多方设置防止破坏的屏障，但首先还是要着力寻求巩固它的方法。从这个意义上看，小议会的否决权是共和国的保证：《调停法》第六条讲得很清楚；* 在这一点上，我完全赞同《乡间来信》作者的观点；我认为他讲的道理是无可辩驳的，即使你们的官员要行使这项违背你们利益的权力，你们也只好忍受和默不作声。明理的人是不会闭眼不看事实和违背真理的。

大功已经告成，今后的任务是使之永不变易。人们须知：立法者的事业之所以发生变化和遭到毁灭，纯粹是由于执掌法律的人滥用法律，以法律的名义要求人们服从他们，而他们自己却不服从

* 《调停法》第六条是这样说的："任何提案在未经过二十五人议会审议和通过前，不得提交二百人议会；在未经过二百人议会审议和通过前，不得提交大议会。"——译者

法律。[1] 这样一来，从最好的事情中便产生了最坏的后果：原本是用来防止暴政的法律竟变得比暴政更可怕。正是为了防止这种情况的发生，所以你们的法律才明确规定了人们有提出不同意见的权利，尽管这一权利后来受到了限制，但得到了《调停法》的确认。这项权利使你们可以进行监督，不过，不是像从前那样对立法工作进行监督，而是对行政工作进行监督；你们的官员虽然可以借法律的名义行使权威，但他们也只能向立法者提出新的法律，由立法者加以审议，看他们是否背离了明文规定的法律。单单这一条，你们的政府尽管有好几个大缺点，但也能成为最好的政府，因为，在政府中，只要各部分都保持平衡，任何人就不能违犯法律，因为他要受到法官的监督；而法官也不能违犯法律，因为他们要受到人民的监督；这样的政府，岂不是比任何其他政府都好吗？

的确，要想从这一有利的地位中得到某些实际的好处，就不能把这一有利的地位建立在虚有其名的权利上；对任何一种权利的享有，都不能徒托空言。对一个违犯法律的人讲说他在哪一点上

① 只要首领们不违反法律，人民是绝不会起来反抗法律的。正是根据这个一定不移的道理，在中国*，当外省发生暴乱的时候，当局总是惩办该省的督抚。而在欧洲，各国的君主采取的办法则相反，因此，你看他们的国家到底是昌盛还是不昌盛？他们的人口每三十年就要减少十分之一，而中国的人口却一直没有减少。东方的专制主义依然很牢固，因为它对大人物比对人民更严厉；它从它本身找到了救治弊病的办法。**我听说奥托曼土耳其帝国政府已开始采用基督教的那一套办法；如果真是这样的话，我们不久就可看到它将产生怎样的效果。——作者

* 指作者写这段话时的中国，即 18 世纪的中国。——译者

** 卢梭在这段话中所说的中国的情况和得出的结论，大多采自耶稣会教士路易·勒贡特 1697 年发表的《关于中国现状的新回忆》中的第 9 封信。勒贡特的这本书，在 18 世纪的法国和欧洲流传甚广；书中的看法，有的正确，有的则得自表面现象。——译者

违犯了法律，这纯粹是多余的，因为他本人早已知道，并同你一样清楚。

普芬道夫说：权利是一项法定的资格，根据这个资格，我们有权获得我们理应获得的东西。一个人可以自由自在地发一顿牢骚，但这不能说是因为他有此权利；要说这是权利的话，那也是大自然让每一个人都有的权利，没有哪一个国家的法律曾剥夺过这种权利。谁曾说过要在法典中规定一条让打输官司的人有发牢骚的自由的法律？谁曾见过一个人因打输官司而发牢骚便受到惩罚？哪一个国家的政府（不论它是多么专制的政府）曾公布过一条法律不允许它的公民就他认为有益国家的事向君主或他的大臣提交谏书？如果一个国家的法律真的公布一条允许臣民有提交这类谏书之权的法律，这岂不反而令人好笑？这种事，不曾发生在一个专制国家，如今竟发生在一个共和国，发生在一个民主国家；他们竟公然说什么允许公民，允许主权者的成员有向官员行使这种在专制国家中连最卑贱的奴隶也可行使的权利。

什么！这项提《意见书》的权利，难道只独一无二地限于提交一份他们甚至连看都不看一眼的文件吗？对于这份文件，他们只干巴巴地说一声“不行”就了事了吗？[①] 这项如此神圣地规定的权利，是花了许多代价才换来的，难道只能在少数几种时机才能行使吗？提了《意见书》之后，什么结果也得不到吗？他们说：谁敢提交这样一种《意见书》，谁就是在指摘调停者用最卑鄙的手段欺骗日

① 例如1763年8月10日对大多数公民和有产者8月8日向第一执政官先生提交的《意见书》，他们就是这样答复的。——作者

内瓦的有产者，而且这样做的结果，等于是在否定全权代表们的正直和调停国的公正，不仅不合礼仪，而且还违背人之常情。

现在，我们不禁要问：这一权利究竟是什么样的权利？它的范围有多大？如何行使？这一切，为什么在第七条中不明确规定呢？人们有理由提出这些问题，其中的疑难值得我们仔细研究。

只要解决了其中的一个问题，其他的问题便可迎刃而解。现在，让我们来揭示这一机制的真正精神。

在你们这样的国家里，主权是由人民掌握的。立法者虽然不经常露面，但始终是存在的。他们只能够在大议会召开之时聚集在一起和发表意见；而在大议会闭会之后，他们并不因此就完全消失了；他们虽然分散在各处，但并没有死亡；他们虽然不能以法律的名义发言，但可以监督法律的执行者。这既是他们的一项权利，也是他们的一项义务，在任何时候都是不能被剥夺的。无论是一位公民或一位有产者提交的《意见书》，还是几位公民或几位有产者联合提交的《意见书》，都是他们就他们职责范围内的事情发表的看法。关于《意见书》的定义，在1707年公布的法律的第五条中已经讲得很清楚了。

在这一条中规定了当场签字这一程序；这是很有道理的，因为一签了字，就等于是投了赞成票，就像在大议会上那样按人数计算了票数。不过，大议会的形式是只有在它合法召开的时候才能采用，因此，提《意见书》这个办法有大议会的那个优点，而无大议会的这个缺点。当然，这不是像在大议会上那样正式投票，而只是对提交大议会审议的事项进行讨论，所以不计算票数；不投票表决，而只是发表各自的意见。不过，这个意见虽然只是某个个人或几个人的意见，但由于这些人是主权者的成员，有时候可以因为他们的人数众多，所以可以代表主权者，因此人们理应尊重他们的意见；虽然不把他们的意见看作一项决议，但应当把它看作一项希望得到采纳的提案；至于最终是否采纳，有时候还真的需要做出明确的决定。

这些《意见书》的内容，主要是两件事情；这两件事情的区别，将决定小议会采用什么办法对待这些《意见书》。这两件事情，一件是对法律进行某些修改，另一件是如何纠正某些违犯法律的行为。这一部分的内容最为全面，它包括了《意见书》中提出的一切问题。它将根据相关法律的规定，按照事情的内容分别用不同的词句，责成总检察长视公民向他提出的是“诉状”还是“要求”[①]而提出“公诉”或做出“批复”。

这个区别一经确定，收到《意见书》的议会就应当按照《意见书》中所涉及的两件事情中的每一件事情进行研究。在政府和法律已牢牢建立的国家中，人们应当尽可能不要变动它们，尤其是在小共和国，任何一点点儿变动都会牵动全局。对新法律的厌恶，是普遍存在的；尤其是你们，你们肯定是感到不习惯的，而政府又不能过分阻挠新法律的订立。当然，不论新法律多么有用，它们的好处的可靠性总是不如它们的弊害之显而易见的。从这个角度看，

① “réqwéui”这个词的意思，不仅仅是“要求”，而且是根据某项权利理应得到某种东西。在法院公布的含有这个词的各种法律文件中都是这样用的。我们可以说“理应得到补偿”，但从来不说“理应得到恩准”。因此，在这两种情况中，公民都有权把他们被下级议会否决了的“诉状”或“要求”提交大议会审议。然而按照1738年公布的法律的第六条中添加的那个词，这个权利便只限于将“诉状”提交大议会；这一点，我们在后文还将叙及。——作者

一个公民或一个有产者提出他的意见之后，他就尽到了他的职责，就应当相信官员们会认为他是了解他向他们提出的意见的好处的，而且，如果他们认为他的意见对公众的福祉有益，他们是一定会采纳的。因此，法律非常明确地规定：类似这样的新法律的制定，甚至类似这样的新建议的提出，没有议会的认可，就不能通过；他们之所以坚持认为他们有否决权，其原因就在于此，而我也认为这个权力是无可争辩地属于他们的。

第二件事情的主要目的，却恰恰相反；现在让我们从不同的角度研究它。它的主旨不是修改法律或制定新法律，相反，它要竭力防止人们修订法律；它不仅不制定新的法律，反而要竭力维护旧有的法律。当事物出现改变的倾向时，就应当不断地想办法加以阻止。对一切变革都严加防范的公民和有产者依法提出的意见，要达到的就是这个目的。立法者*始终密切注视着他们制定的法律的利弊，并仔细观察他们制定的法律是得到遵守还是遭到违犯，是得到正确的解释还是遭到曲解。他们无时不密切观察和监督。这是他们的权利，他们的职责，而且在誓言中已明确表明要忠实履行这个职责。他们在《意见书》中通篇陈述的就是这个职责涉及的事情；他们行使的就是这个权利；如果想把小议会的否决权扩大到否决这个权利，那是毫无道理的，甚至是很荒谬的。

就立法者来说，如果容许他们把否决权扩大到可以否决这个权利，那是违反理性的。因为这样一来，法律的神圣性就会荡然无存，国家的一切全都听命于小议会的意志，而不按法律行事；小议

* 指大议会，即组成大议会的全体人民。——译者

会就成了绝对的主人,可任意践踏、无视和更改法律对他们所做的规定。法律说“白”,他们偏说“黑”,把谁都不放在眼里。在这种情况下,与其在圣彼得教堂隆重集会批准根本就不起作用的法律,还不如索性对小议会说:“先生们,这是我们为国家制定的一部法律,我们请你们作这部法律的执行者,你们认为什么时候可以实行就什么时候实行,你们高兴在什么时候违犯就什么时候违犯。”

就《意见书》来说,若容许他们任意否决的话,那也是违反理性的,因为这样一来,在 1707 年的法律中明文规定而且在 1738 年的法律中又再次确认的权利,就会成为一种徒有其名的虚假的权利;表述意见的自由就会成为一句空话,说了也等于白说:从来没有任何人有异议的这一自由,若还需要法律来确认的话,这岂不可笑!

由此可见,这是很荒谬的,因为,假使真的出现了这种情形的话,人们就会怀疑调停者的公正,就会把你们的官员看作是骗子,把你们的有产者看作是容易上当的傻瓜,说他们花了那么多力气谈判、讨论和协商,为的竟然是把两方中的一方交给另一方去全权处理;做了那么大的让步,而得到的回报是空话连篇的“保证”。

这些先生们[*]也许会说那条法律的条文[**]讲得很清楚:“应首先经过二十五人议会的讨论和通过然后经过二百人议会的讨论和通过之后,才能提交大议会。”

首先应当指出的是:就我们目前讨论的问题来说,这条法律的条文,除了说明应当按照法律规定的程序进行以外,还说了其他的

* 指《乡间来信》的作者特农香及其支持者。——译者

** 指《调停法》第六条。——译者

意思吗？除了说明下级议会有先行讨论和通过提交大议会的事项的义务以外，还说了其他的意思吗？使法律规定的事项得以通过，这难道不是下级议会的职责所在吗？什么！如果下级议会不允许进行执政官的选举，人们就不能进行执政官的选举吗？如果人们提出的人选遭到否决，就不能再提其他的人选吗？

还有，这项赞成权和否决权，按照它的严格意义来说，是只适用于提出新法律的提案，而不适用于其目的是为了维护旧法律而提出的提案；这一点，谁不明白呢？你是否平心静气地想过：为了纠正违犯一项旧法律的行为，难道还需要先重新对该法律进行审议吗？在该法律颁布时，在文告中就已经包含了一切与它的执行有关的事项了。只要议会一通过，该法律便宣告生效，就应当得到遵守，因此，谁违犯它，谁就要受到惩罚。何况有产者们在他们的《意见书》中只要求纠正违犯该法律的行为而只字未提惩罚问题，这样一项议案难道还需要他们批准才能提出来吗？先生，这不是拿人开玩笑，又是拿什么开玩笑呢？

这里的分歧完全是这样一个事实问题：法律遭到了破坏还是没有遭到破坏？公民和有产者们说它遭到了破坏，而官员们说没有。我请你想一想：还有什么事情比官员们在这样的事情中运用否决权更不合理的？人们对他们说："你们违犯了法律，"他们回答说："我们没有违犯法律。"他们成了有关他们自身的案件中的最高裁判官；你看，就这么一句话，真理就在他们一边，就把明白无误的事实给否定了。

你也许会问我是否认为只要他们这样一说，就是他们违犯法律的明证？我没有这么说；我的意思是说：你们的官员们违犯法律之后，他们难免不利用他们所谓的否决权来否定他们违犯法律的事实。现在的问题已明摆在你们眼前：情况对谁最不利？如果不是确有其事，无权无势的老百姓怎么敢对明天就很可能担任他们的法官的官员说"你办事不公平"？这些老百姓，即使确信不会受到惩罚，他们为什么要做这么一件傻事？他们图的是什么？难道他们以为那些即使做了错事也十分高傲的官员会愚蠢到承认他们没有犯的错误吗？恰恰相反，他们历来是错了也不认账的；这不是很自然的吗？他们手中有权，做了错事也不会受到惩罚，在这种情况下，他们为什么要承认他们犯了错误？他们怎么会不受引诱去做错事？当弱者和强者为某事发生争执时（其实，弱者敢同强者发生争执的情况是很少见的），吃亏的总是弱者，而实际上，有过错的很可能是强者。

我当然知道不能用可能发生的情况作证据；不过，请问：在人所共知的违犯法律的事情中，如果许多公民都说事情办得不公平，而被指责办事不公的官员说没有，在这种情况下，由谁来当裁判官呢？如果不让了解情况的公众来当裁判官，又让谁来当裁判官呢？在日内瓦，不到包括双方在内的大议会去找了解情况的公众，又到什么地方去找呢？

在这个世界上，任何一个国家的人民在受到不公正的官员的伤害后都能通过某种途径向最高当局诉说他们的委屈；这使官员们感到害怕，因而防止了许多不公正的事情的发生。在法国，法院是极其严格地按照法律办事的，但就是在法国，也有多起案件经过司法途径被最高法院撤销了原判。日内瓦人没有这么幸福。被小议会判处的一方，无论案情如何都没有任何办法向最高的主权者提出上诉。不过，一个老百姓不能为个人的利益做的事，大家为公众的利益却可以做，因为一切违法的行为都是有损自由的，因此是涉及公众利益的事情；当大家都发出了不满之声的时候，就应当向主权者提出申诉；如果不这样的话，则世界上就没有哪一个法院、参议院或法庭不拥有那种只有你们的官员才敢窃取的可怕的权力了。任何一个国家的人民的命运都没有你们的命运这么糟糕。我认为你们的自由是一种有其名而无其实的自由！你想必会同意我这个看法。

如何行使这项提《意见书》的权利，是与你们的宪法的实施紧密联系在一起的。只有通过这个办法，才能把自由与服从结合起来，才能使你们的官员按法律行事而不对人民滥用权威。如果人民的诉求有确切的依据，而且理由很充分，就应当认为议会能秉公办理。如果他们不秉公办理，或者人们申诉的理由不足以使人不产生怀疑，则情况就会发生变化，就必须要由公意来解决了，因为在你们的国家里，公意是最高的裁判官和唯一的主权者。从共和国建立之初，公意就已经通过许多途径得到了人们的理解，而且这些途径在宪法中都是有明文规定的。因此，对建立在一项早已有之的权利和对这项权利的习以为常的行使方法的基础上的1707年法律，是用不着多作解释的。

调停者们奉行了这样一项基本原则，即：尽可能不背离旧有的法律，因此他们让这一条保持了原先的样子，甚至对它还着重重申。由此可见，根据《调停法》，你们在这方面的权利同以往是完全一样的，因为那条规定这项权利的条文原封未动。

然而，调停者们没有意识到：由于他们不得不对其他条文有所改动，因此就必须使这一条的意思更加明确，并增加必要的新解释。遭到忽视的个人的《意见书》终将变成公众的声音，并迫使官员们不敢不受理他们的诉求。这个转变是合法的，是符合基本法的规定的；无论在哪个国家，主权者最终都是以公众的力量来执行其意志的。

调停者们没有估计到官员会拒不受理人们的诉求；后来的事态发展表明他们是应当估计到这一点的。为了保证公众的安宁，他们很正确地使权利和权力分离，甚至禁止有产者的和平集会和成群结队地聚集在一起。不过，既然他们肯定了有产者们的权利，他们就应当以条例的形式规定行使这一权利的方法。然而他们没有这样做，因此他们制定的法律在这一点上是有缺陷的，因为，既然此项权利同以往是完全一样的，则它便应当保有原来的效力。

现在，请看你们的官员是多么巧妙地利用调停者们的疏忽，玩弄花招！不论你们的人数是多少，他们都把你们看作是单个的个人，加之他们已经禁止你们集会，所以把你们的集会看作是应被取缔的不法行为（事实上，你们的集会并不违犯法律，因为你们保持了你们的一切权力，你们始终是国家和立法者的主要的组成部分）；他们从这个错误的假定出发，给你们在责成他们召开大议会的权力的行使上制造许多根本就不存在的难题。事实上，只要他们遵守法律，则除了法律的权力以外，就没有其他的权力能召开大议会。不过，尽管他们可以违犯法律，但法律的权力依然掌握在立法者手中，因此，他们不敢公开否认这项权力是掌握在最大多数人的手里，便想方设法利用他们的否决权来否定行使这项权力的方法，然而，只要他们允许，这些方法使用起来是很简便的，毫不困难的，要防止滥用，也是很容易的。

由此可见，在这件事情上，根本不会产生骚乱或使用暴力的问题，因为这两者虽然有时候是需要的，但毕竟是可怕的，所以他们已经很明智地禁止你们采用，何况你们也从来没有随便采用过；而且，恰恰相反，你们从前也只是在迫不得已的时候，为了自卫才很慎重地偶尔采用（也许正是因为你们行事稳重，所以他们才允许你们还保有携带武器的权利，如果某些携带武器的人不随意使用的话），我祈求上苍，不论情况如何，今后在你们国家都永远不要出现那种以刀剑相向的可怕情景。《乡间来信》的作者多次在信中说："当情况坏到极点的时候，什么手段都是可以使用的。"即使他说得对，那也不能什么手段都可以采用；即使暴政的淫威使受暴政之苦的人遭到非法的迫害，他为摧毁暴政而做的努力还是有成功的希望的。他们会不会迫使你们采用极端的手段呢？我认为不会；万一你们真的采取极端的手段的话，我认为，你们反倒没有办法走出困境。从你们当前的处境来看，每错走一步路，都会带来极其严重的后果。一切引诱你们采取极端手段的事情，都是他们设下的陷阱；即使你们一时能当上主人，但用不了两个星期，你们就会被彻底击败的。不论你们的官员怎么做，不论《乡间来信》的作者怎么说，暴力都是不适合于用来实现正义的事业的。我不相信他们会迫使你们走到采用暴力这种境地，但我相信他们看见你们使用暴力反而会感到高兴。我认为，你们不应当把这种将使你们失去一切好处的办法看作是对付他们的好办法。正义和法律是在你们一边。我当然知道用这两者去对抗权势和阴谋诡计，显然是力量不够的，但你们只有这两种手段可以采取，所以你们要自始至终紧紧依靠它们去达到你们的目的。

唉！为了国家的安宁，我已经把我所有的一切都奉献于它了，我怎么能赞成你们为了一点点利益就去扰乱它呢？先生，你是知道的，许多人都盼望我，甚至请求我回到日内瓦，[*]说只要我一到日内瓦，我的权利就会得到恢复，我遭受的耻辱就会得到洗雪；还说只要我一露面，就至少会使那些迫害我的人感到震惊。现在，我正处于一种令人羡慕的地位：有一些爱出风头的人还巴不得有此机会把自己大事炫耀一番，然而我，我宁可永远流亡国外；我宁可放弃一切，甚至放弃了前途，也不愿影响公众的平静。我为公众的幸福奔走呼吁，我是值得人们相信我的真诚的。

公民们的和平集会，只有一个合法的目的，而且历来是由官员们依法召开的，如今为什么会遭到禁止呢？既然赋予有产者们提《意见书》的权利，为什么又不让他们按适当的程序提呢？为什么不允许他们在他们之间商讨呢？即使不召开人数过多的大会，难道不能让他们的代表聚在一起讨论吗？除了按连队开会[**]和按有产者们在他们还是国家的主人的时候采用的讨论方式以外，还有其他更好的和更合适的方式吗？看见三十个人代表他们的全体同胞来到市政厅，不是比看见全体有产者一窝蜂似地来到市政厅更

---

* 对于这一点，卢梭后来在《忏悔录》中说："我的朋友们，或者说那些自称为我的朋友的人，一封又一封地写信来催我回日内瓦去领导他们，并向我保证，公众一定会纠正小议会的错误。由于我担心我一出现在日内瓦就会引起骚动和混乱，所以我没有接受他们的邀请。"（卢梭：《忏悔录》，李平沤译，商务印书馆 2010 年版，下册，第 12 卷，第 793 页）。——译者

** 日内瓦登记在册的有产者曾一度按四个城区的划分编为四个团队，每个团队又分编成四十个连队，集体活动大都以连队为单位进行。——译者

井然有序吗？看见他们每个人都有意见要发表，但没有一个人是在为个人的利益发言，这难道不值得称赞吗？先生，你是亲眼见过的：人数众多的代表为了不发生拥挤和喧嚣的情形，便分成小组，每三十个人或四十个人一拨一拨地进入会场，一举一动都做得比法律要求的样子更庄重和更得体。日内瓦的有产者们的精神，就是如此。他们所做的一切，始终是他们权利范围以内的事情。他们有时候虽表现得言语很生硬，但从来不乱哄哄地聚众闹事。他们始终衷心遵守法律，敬重他们的官员，即使在气愤得快要发怒的时候，快要控制不住自己情绪的时候，他们也从不大发雷霆。他们心存公正，因而是性格最坚强的，心胸最宽宏的。那些对他们百般迫害的人，也是这样的吗？大家都知道他们从前使日内瓦的有产者们遭到了多么残酷的命运；他们今后还将使日内瓦的有产者们遭到什么样的命运，大家也是可以预料得到的。

真正配享自由的人们如今竟沦落到如此地步；他们从来没有滥用过他们的自由，然而却被当作最卑贱的群氓那样处处加以防范和束缚。日内瓦的公民和主权者，竟被视为臣民，甚至还不如臣民，因为在绝对专制的政府管辖下，人们尚且允许臣民们召开没有任何官员主持的社区会议嘛。

像他们那样做法，两个互相矛盾的规定是无法同时实行的：他们一方面允许你们有提《意见书》的权利，但另一方面又责怪你们缺乏凡事多加考虑的习惯，因而便不让你们行使这项权利。这是不公平的；他们在不允许你们集体行使这项权利之后，就不应当再反对你们以个人的名义行使。如果说《意见书》的多寡取决于提意见的人的人数，因而在大会上不可能让人们一个又一个地都提，那么，让官员们按照法律的规定接连不断地批阅一千个人的条陈或听一千个人的发言，这不也是很麻烦的吗？这一点，他们怎么没有想到呢？

要解决《乡间来信》的作者认为无法解决的困难，①有一个很简便的办法。如果官员们不愿意受理个人以《意见书》的形式提出的诉求，那就让有产者的连队分别在不同的时间和不同的地点集会，由连队大会派代表递交经大多数人投票支持的《意见书》，然后计算代表的人数，算出总数以后，立刻就可看出他们的意愿是否反映了全国人民的心意。

请注意：以上这段话的意思，并不是说这样分别以连为单位召开的连队会，除了陈述他们对《意见书》中所说的事情的看法以外，还有其他的权利。由于这种会是单独为此事召开的，所以除了个人的权利以外，便无任何其他权利。他们的目的不是修改法律，而是评说法律是否得到遵守；不是纠正不公正之事，而是指出如何防止不公正之事的发生。他们的意见，即使是全体一致的，也只能被看作是一份《意见书》。这样做，人们就可以很清楚地看出《意见书》中的意见是否值得采纳，或者，如果官员们允许的话，是否值得提交全体大会审议；或者，如果公民和有产者们愿意的话，是否由他们自己去解决他们提出的正当要求。

这个办法不仅简便，而且很稳妥，一点不便之处都没有；不但不需要为此而制定新的法律，只消把那道单独为禁止集会而发布的命令撤销了，就行了。如果这个办法依然使你们的官员感到害

① 见《乡间来信》，第38页。——作者

怕的话，还有另外一个也是非常简便易行的办法。这个办法也不是什么新办法；这个办法是：恢复定期召开的全体人民大会，[*]并限定它的目的只是讨论人们在上次大会和这次大会之间的休会期间以《意见书》的形式提出的要求，而不审理其他问题。由于一项重要的区别，[①]这样召开的大会不享有主权者的权力，而只享有最高级别的行政官的权力；不仅不能对现有的法规进行修改，而且还应竭力一方面防止有人在会上提出新的法案，另一方面还应努力把一切事务都纳入立法程序，让行使公共权力的立法机关毫无阻碍地放手行使它的职权。这样，官员们只需严格按照法律的规定行事，就可使这样的大会自行休会，因为，在没有任何事项需要提交全体大会审议的情况下，如果召开全体大会的话，那是没有用的，而且是很可笑的。看来，正如我在前面已经说过的，定期召开的全体人民大会很可能就是这样在 16 世纪失去它的用处的。

人们之所以在 1707 年恢复全体人民大会，为的就是达到我在前面讲的那个目的。今天重新提出的这个老问题，已经由接连三次召开的全体人民大会的最后一次会上通过的那条关于提《意见书》的权利的法律解决了。这项权利没有被他们否定，而是被他们搁置了。此前，官员们虽可以拒不满足有产者的要求，但他们不敢拒不把问题提交全体人民大会。然而，由于只有他们有召开全体人民大会的权力，所以他们总找借口推托，迟迟不召开。从而使有产者们一等再等，不了了之。现在，有产者的权利总算得到了他们

* 据史料记载，日内瓦的全体人民大会在 16 世纪后半叶以后就没有召开过。——译者

① 参见《社会契约论》，第 3 卷，第 17 章。——作者

明确的承认，只不过把原订 4 月 9 日召开的全体人民大会推迟到 5 月 5 日召开；据他们贴出的布告说："这样做，是为了消除在公众中广泛流传的谣言，即全体人民大会的召开将被搁置或大大推迟。"

切不可认为此次大会是由于某种暴力或者是由于某些很可能引起骚乱的事件迫使召开的；因为这一切都是由代表们按照大会的要求商讨决定的，而且公民和有产者们在开会时都是很安静的，尽可能避免人数过多或带有一种以势压人的气氛。我可以说，他们是如此的郑重其事，以致他们当中那些平常佩有宝剑的人都把宝剑摘下，然后才去开会。① 只是在一切都完毕了，也就是说在第三次大会结束时才有人叫喊"把刀拿来"！因为当时官员们举措不当，考虑不周，派了三个城防连队的士兵带着插有刺刀的枪强迫把两三百个还在会场的公民押送到圣皮埃尔教堂加以拘禁。

1707 年恢复的这种定期召开的大会，在五年之后又召开了一次，但是，是用什么方式和在什么情况下召开的呢？让我们看一下 1712 年的那道命令，就可以看出它是否有效。

首先，人们在最近眼见许多人被处死或被流放，因此胆战心惊，没有自由和安全感。他们发现那道大赦令完全是骗人的，* 是为了诱使他们中官员们的奸计而发布的；他们时时刻刻都提心吊胆，生怕那些在血腥屠杀中充当刽子手的瑞士兵** 来到他们的家

① 在 1734 年 3 月 4 日有一千或一千二百位公民和有产者参加的大会上，没有一个人腰间佩带宝剑。此种情形，在其他国家的人看来似乎是不值一提，而在民主国家的人看来却不是；它比任何其他更明显的特征都更能说明一个民族特有的精神。——作者

* 1707 年 5 月 26 日日内瓦的小议会发布了一道大赦令，但三个月之后，即 8 月 17 日，有产者的三位领袖人物就被逮捕并处以重刑。——译者

** 1707 年 6 月初，伯尔尼和苏黎世派了几百名士兵去加强日内瓦的城防部队，使小议会可以放手镇压有产者们的一切活动。——译者

门口。惊魂未定的人民在这道命令刚一发布时，便再次被投入到恐怖的气氛中，因此，他们只好什么都答应，什么都照办；他们意识到此次召开大会的目的，不是让他们制定什么法律，而是让他们全盘接受官员们的旨意。

官员们是由于担心定期召开的全体人民大会会给他们带来许多难题，所以才召开这次大会；他们的这种担心是毫无道理的，只要对你们的宪法和你们的有产者的心理稍有了解的人都是一眼就可看出来的。他们说目前正值瘟疫流行和饥馑与战争频仍的时期，好像因为饥馑和战争就不能召开全体人民大会似的；至于说到瘟疫，只要早早地多加预防就行了嘛。他们怕敌人，怕心怀恶意和搞阴谋诡计的人，但从来没有想到日内瓦人个个都是循规蹈矩的，何况过去的经验满可以使他们放心：在狂风暴雨频频来临的时候，正是经常召开的全体人民大会挽救了共和国（这一点，我们在后面还将谈到）并做出明智和果断的决策。他们说这种定期召开的大会是违反宪法的，但实际上这种会是宪法最强有力的支柱；他们说这种会是违反《调停法》的，但事实是这种会正是《调停法》规定的；他们指摘这种会是过去没有过的，但实际上这种会与日内瓦的法律一样古老。在《调停法》的序言中，没有一句是浮夸或不真实的假话。正是根据这篇精彩的序言，通过了定期召开全体人民大会的决议；尽管事先没有向与会的人散发材料告诉他们将提出这项建议，没有给他们时间进行讨论和思考，加之那时候的有产者们对政府的历史不十分了解，很容易受官员们的欺蒙，但定期召开全体人民大会的提议还是以绝大多数赞成票通过了。*

官员们还有一个更厉害的使全体人民大会等于白开的办法是:肆意违反法律规定的计算票数的方法。按1707年的法律第四条的规定,负责收票的是四个特任秘书,其中两个由二百人议会指派,另外两个由第一执政官当场从人民中选派,并在圣皮埃尔教堂进行宣誓,担任这一工作。然而在1712年的全体人民大会上,他们全然不顾上次法律的规定,擅自指派两位国务秘书收票。这一改变的理由何在呢?在如此重大的问题上,为什么会出现这一不合法的举动呢?这难道不是在恣意践踏刚刚通过的法律吗?他们从违反法律中的一条法律开始,接着又违反另一条!这难道不是得寸进尺吗?既然此次大会的公报说会上的提案已经“几乎全体一致通过,”①为什么公民们在走出会场时一个个都面带惊讶和疑

* 据日内瓦国家档案馆保存的《大会记录》记载,这项提案是以714票赞成通过的,提反对票的只有278人。——译者

① 采用他们的那套办法,要获得“一致通过”就一点也不难,因为整个过程是全由他们掌握的。

在这次大会开会前,国务秘书梅士特里扎就说过:“让他们全都来,我有办法控制他们。”据说,为了达到这个目的,他只说了“赞成”和“不赞成”这两个词;果然,后来在票上就真的只有这两个词,因此,不论人们选择哪一个词,其结果都是一样的,因为,如果选择“赞成”那就表明你是赞成小议会的意见而否定定期召开的全体人民大会的意见;如果你选择“不赞成”那就表明你是不赞成定期召开的全体人民大会的意见。以上所说,不是我编造的,我是经过权威人士的同意,才在这里讲述的,因此,我请各位读者相信这是真的;不过,我也应当实话实说,这个消息我不是从日内瓦得到的,而且我也不相信这是真的,我只知道这两个词的意思是含混不清的,使投票人搞不清楚究竟该选哪个词才能表达他自己的意思。此外,我还看不出他们有何必要或合法的借口在票数的计算方法上要改变法律的规定。事实上,再也没有什么事情比人民之所以默不作声地让这种违法的做法得到通过,更清楚地表明这完全是由于他们受到恐吓的结果。——作者

惑的表情,[①]而官员们却全都表现出胜利和满意的样子呢？这些刚刚“一致通过”这个意见的人的不同的面部表情,是自然的吗？

由此可见,他们为了强行通过此次大会的提案,是使用了威胁甚至欺蒙等手段的。不管怎么说,这些手段都是违背法律的。请大家想一想:这些手段与他们装模作样地称为神圣的法律是否协调？

即使此次大会的召开是合法的,而且也没有违反任何法律,[②]但是,人们不禁要问:召开此次大会的目的,除了使各项事情回到此次大会召开之前的状态,从而使有产者恢复他们原先拥有的权利,还能有别的什么目的吗？即使把一个东西打碎了,它的各个碎片不依然是它们原先的样子吗？

事实上,对官员们来说,定期召开的全体人民大会只有一个不利之处;不过,这个不利之处是很可怕的。这个不利之处是:它迫使官员和他们主管的各级机构只能办理他们职权范围以内的事。单单凭这一点,我就知道这些令他们如此不快的大会将永远也开不起来,甚至按连队召开的连队会也开不起来。不过,这不是我们要在这里探讨的问题;我也不在这里探讨该做什么或不该做什么,更不探讨将来做什么或不做什么。在这里,我只指出:我认为那些简便易行的办法是从你们的宪法中推导出来的,因此是不符合新

① 他们在走出会场时都交头接耳地议论纷纷,许多人都说:“我们总算是熬过了这一天。”第二天,许多人都抱怨说他们中了官员们的圈套,因为他们否定的不是全体人民大会的意见,而是小议会的意见。对于他们的这番话,官员们一笑置之。——作者

② 法律早有明文规定:“对任何法律的修改,不经最高议会的批准,都是无效的。”现在要弄清楚的是:对法律的破坏是否应看作是对法律的修改？——作者

的法律的，只有在他们的同意下才能被采用。有鉴于此，我认为，当前不仅不宜向他们提出这些办法，反而应暂时采用《乡间来信》的作者的办法来解决那些小小的反对意见。不过，我要明确指出：尽管这位作者一心想在事情的性质中寻找根本就不存在的障碍，但实际上这些障碍全都是小议会存心设置的，何况即使存在，我们也有许许多多消除这些所谓的障碍的办法，而且我们的办法实行起来，既不违犯你们的宪法，也不扰乱社会的秩序和公众的安宁。

现在让我们回过头来谈正题，并严格按照最近颁布的法律来分析问题，你将发现，在行使提《意见书》的权利方面，根本就不存在什么真正难以解决的问题。

一、首先，在确定提意见的人的人数方面，从最近颁布的法律本身来看，根本就不存在什么困难；它对人数的多少没有任何规定，也没有说只有一个人提出的《意见书》，其效力就不如一百个人联名提的《意见书》。

二、关于公民有提请召开全体人民大会之权的问题，这更不是什么难题了。* 因为这项权利不论是否会造成危害，都与提《意见书》的权利无关。由于每年都要召开两次全体人民大会举行选举，所以可以不必专门为此事召开一次特别大会，只需把经过小议会审议的此项提案提交最后一次大会表决就行了；[①]而且，开会的时

* 这个话题是针对《乡间来信》的作者而发的。《乡间来信》的作者认为"每个公民都有向小议会提出召开全体人民大会之权，这纯粹是异想天开，办不到的。"——译者

① 我已经在前面讲了在何种情况下小议会非把提案提出来表决不可，在何种情况下可以不提出来表决。——作者

间即使要延长,也延长不到一个小时。这一点,凡是熟悉会议程序的人都知道,不过,要注意:必须把这个提案提请在选举之前投票表决,因为,如果等到选举完毕之后才投票表决的话,执政官们说不定会像他们在1735年那样,在选举一结束的时候便立即宣布散会。

三、关于增加召开全体人民大会的次数的问题,这一难题也随着前面所说的那个难题的解决而解决了。既然没有困难了,还有什么危险的事情会发生呢?我不明白的,就是这一点。

如果只阅读《乡间来信》和1712年颁布的法律与舒埃先生的演说的话,人们是会不寒而栗的。不过,情况到底如何,现在让我们来仔细分析一下。舒埃先生说:只有少开这样的会,共和国才能得到安定。其实,他这个话应当反过来这样说:只有在共和国安定的时候,这些会才能少开。先生,请你阅读一下16世纪日内瓦城的《大事纪要》。城中的居民是怎样摆脱压在他们身上的双重桎梏的?他们是怎样粉碎那些试图分裂这个城市的叛乱集团的阴谋的?他们是怎样抵御那几个借援助之名行奴役你们之实的贪婪的邻国的进攻的?他们在城中是怎样建立宗教的和政治的自由的?他们是怎样使宪法得到巩固的?他们是怎样完善你们政府的体制的?发生在这个名留史册的时期的事件,真是一连串奇迹。暴君、邻国、敌人、朋友、臣民、公民、战争、瘟疫和饥馑,这一切都好像是不约而同地在为摧毁这个不幸的城市而努力。很难想象一个初具规模的国家能逃脱所有这些危险。日内瓦不仅逃脱了这些危险,而且正是在危机四伏的环境中完成了它的立法大业。正是由于经常召开全体人民大会[①]和公民们的沉着与坚定，人们才终于克服了重重障碍，使从前内部分崩离析的城市得到了自由和安宁。在国内把一切都纳入正轨以后，人们便集中力量对外进行光荣的战争。最高的议会完成了它的任务，此后就由政府来执行政府的任务了。日内瓦人今后要做的事情是：保卫他们赢得的自由；他们在战场上表现得是很勇敢的士兵，今后在议会里也将表现得是堂堂正正的公民：他们已经这样做了。从日内瓦城的《大事纪要》就可看出，全体人民大会在有关你们国家的大事中是起了很大的作用的，而你们的官员们却认为它是可怕的祸根；他们对它百般阻挠，但历史证明，他们的阻挠是不会成功的。

四、他们说你们的邻国都是大国，因此有遭到它们指摘的可能。其实，这个难题也是容易解决的；我认为，最好是用具体的事实来驳斥这一诡辩。大家须知：历次全体人民大会的决议都是充满了智慧和勇气的；决议中从来没有使用过张狂放肆的语言，也没说过胆小怕事的话；人们有时候还在会上发誓要为国捐躯。在人民最有影响力的几次大会中，哪一次大会曾因行事不当而使邻国感到不快？哪一次大会曾对邻国表现出俯首帖耳的样子？我敢说，这样的大会，谁也举不出一次，而对小议会的所作所为，我就不敢打这个保票了。这一点，在这里按下不说，让我们接着谈正题：

① 那时候，一遇到有关日内瓦城安危的大事，人们就按照法律的规定召开全体人民大会。在那狂风暴雨的多事之秋，这类事情是经常发生的，所以全体人民大会召开的次数，比今天二百人议会召开的次数还多。在这里，只举一个时期为证：在1540年的头八个月，就召开了十八次，而这一年并没有什么比上一年和后一年更特殊的事情发生。——作者

当问题涉及需要做出新的决议时，就应当先由下级议会提出，然后由全体人民大会决定是否采纳，此外，便既不多赞一词，也不对它发生争议。由此可见，他们的反对意见是没有道理的。

五、至于说到会引起人们对所有的法律产生怀疑和误解的问题，* 那更是站不住脚了。因为此事根本不涉及对法律的解释和斟酌词句的问题，而是要求把一项法律付诸应用的问题。官员们也许有办法把一件本来是非常清楚的事情说成是不清楚，但他们无法掩盖事情明白无误的事实。可见这些先生们是在试图改变问题的性质。根据一条法律的措辞来指出它遭到了破坏，这不是对那条法律产生怀疑。事实上，只要在法律的措辞中有一句话可用来证明小议会做得对，小议会就必然会在答复中利用这句话来证明。在这种情况下，《意见书》就会失去其效力，即使提意见的人坚持，在全体大会上也一定会被否决的，因为公众的利益太重要、太现实，而且牵连的范围太广，所以谁都不愿意动摇政府和法律的权威，不愿意在法律没有被破坏的情况下贸然宣称法律被破坏了。

由此可见，立法者和法律的起草者应十分注意，不要使法律的措辞含混不清；如果含混不清的话，那就要依靠官员一秉大公，在执行的时候明确规定它的意思。如果法律有几个意思，他有权采用他认为合适的意思。但这项权力不能扩大到改变法律条文所表述的意思，更不能添加它原来没有的意思；否则，就没有法律可言了。经过我们这样一说，问题就变得十分清楚了，就有利于正确意

* 《乡间来信》的作者说："如果人人都有审议法律的权利的话，则没有哪一条法律不会被批评得体无完肤。"卢梭认为这位作者的这个论点与这里所涉及的事情无关，因此是站不住脚的。——译者

见的发表并得到大会的采纳了。这样，不仅不会产生没完没了的争论，反而会防止争论；不仅可使人们不至于由于利益和个人情绪的驱使而对法律作随心所欲的任意解释，反而会使人们相信法律是怎样表述的，就是怎样的意思，人们尤其不会在每件事情上都怀疑官员们对法律故意加以曲解。如果一开头就采取这些办法的话，困难就不存在了；这难道不是很明白的吗？

六、至于说这是在强要小议会服从公民的命令，* 这个说法是很可笑的。因为，很显然，《意见书》不是命令；任何一个要求得到公正处理的人提出的上诉状，也不是命令。只不过官员们必须对上诉人提出的要求做出公正的处理；而小议会也应当满足公民和有产者们在《意见书》中提出的正当要求。尽管官员们的地位高于个人，但他们不能因为地位高，便拒不把个人应得到的东西给予个人。作为下属，个人虽然使用了谦卑的词句，但并不因此就失去他应得到该给予他的东西的权利。从这个角度看，我们可以说《意见书》就是给小议会下的一道命令，是下达给第一执政官的一道命令，要他把《意见书》转送大会。这是他责无旁贷地应当做的事情，不论他是赞同《意见书》中的意见或不赞同《意见书》中的意见。

此外，小议会还利用"《意见书》"这个含有"下级向上级呈递"的意思的词，说了一些谁也没有争议的事情。他们这样做，表明他们忘记了在《调停法》中使用的这个词，在他们提到的 1707 年的法律中并未作用；在 1707 年的法律中使用的是"《谏书》"；这个词的

* 这个话，是《乡间来信》的作者说的，他说："这哪里是什么《意见书》嘛，这简直就是对小议会下命令，要它把这样或那样的问题提到大会上讨论嘛……"（见《乡间来信》，第 102 页）——译者

意思，与《意见书》的意思有所不同；另外，还需指出：在官员们向主权者呈交的《谏书》与主权者的成员向官员们下达的《告诫书》之间，是有区别的。你也许认为我在这里对他们的这样一个反对意见也做出回答，简直是多此一举，不过，你要知道，他们的这个反对意见，也同他们的其他大部分意见一样，是需要加以驳斥的。

七、最后，关于他们所说的某一个有身份的人对小议会援用来惩办他的法律的意思提出异议的问题，以及关于他诱使公众对他表示支持的问题，我觉得我最好是不把他们所说的那些话看作真的是什么问题。啊！谁曾见过日内瓦的有产者们行事像一群奴隶？谁曾见过他们性情激动，处处模仿他人？谁曾见过他们头脑愚钝，而且敌视法律，轻易就为别人的利益而仗义执言？事实上他们每一个人都只有在自己的利益在公众的事务中受到损害的时候，才站出来发表议论，表示关心。

做不公正之事的人和搞阴谋诡计的人，往往都是有后台的，但公众是不支持他们的。在这一点上，人民的声音就是上天的声音，然而不幸的是，这神圣的声音在强权面前总显得很微弱。受压迫的无辜的人们哀声叫屈，而滥施暴政的人对他们毫无怜悯之心。用阴谋诡计诱使人们做的事，受益的都是那些站在统治地位的人；这一点，是从来没有例外的。玩弄花招，散布谬论，使用利诱、恐吓和笼络等手段，以及制造表面上政通人和的假象，这一切，都是那些掌权的和善于欺蒙人民的人的拿手好戏。在一个小城市里，无论是玩弄手段还是拼实力，哪一次不是那几个豪门大族占上风？他们把他们的亲朋好友和各种党羽串联起来，再加上小议会的权力，强词夺理，不是每一次都把那些敢到他们太岁头上动土的平民百姓打得一败涂地吗？你此时此刻看一下你周围发生的事情，就知道了。尽管有法律作你们的后盾，尽管正义和真理在你们手中，再加上你们对公众利益和个人的安全也极其关注，但这一切可以用来推动民众的有利因素也难以保证那些为反对明目张胆地违法行为而大声疾呼的可敬的公民不受压迫。他们问：在一个政治开明的国家里，一个头脑一热便随便提意见的人的利益，比国家的利益更能得到众多的人的维护吗？要么是我对你们的有产者和你们的首领们的了解不够，否则就真的是有那么一份《意见书》的理由不充分（这种情况我还没有听说过）；如果这两种情况都不是，那就是这位作者*值得怀疑了：我们虽不能说他是一个可鄙视的人，但至少可以说他是一个居心不良的人。

既然听我讲话的人都是日内瓦人，还用得着我来对官员们提出的这类反对意见进行驳斥吗？在你们城中，谁没有尝过他们心狠手辣的滋味？然而又有谁由于他们说了那么多困难就真的愿意放弃这项有法律依据的基本权利而不行使呢？没有；因为，就连提出这些困难的官员们自己也心知肚明它们是纯属子虚乌有嘛。恰恰相反，如果真的放弃这项受到限制的权利，那就必然会给臭名昭著的寡头政治集团打开滥用权力的大门；正如我们所见到的，那就一定会让他们发展到无需任何借口便可任意侵犯公民们的自由，无需经过任何法律程序便可公然违反法律的明文规定，不顾众人的抗议而任意关押公民。

他们对这些法律所做的解释，其践踏法律的程度，比借法律之

* 指《乡间来信》的作者特农香。——译者

名行暴虐无辜之实的暴政更有过之。他们对你们讲的那些理由，能成为理由吗？他们不仅把你们看作奴隶，甚至把你们看作小孩子。唉！他们怎么能对如此明确的问题说不知道呢？他们怎么能胡搅蛮缠到如此程度呢？先生，把问题都通通摆出来，不就把问题解决了吗？经过以上这番分析之后，我就打算结束这封信，而不想把它写得太长了。

一个人被认定应当收监的情况有三种：一种是根据另一个人对他正式提出的控告书；第二种是在作案现场当场被抓获，或者在众目睽睽之下重犯他过去犯过的罪行；第三种是根据上级的指示或某些秘密报告及某些迹象与官员们有充分的理由，而由官员下令逮捕入狱。

在第一种情况下，按照日内瓦法律的规定，原告应当同被告一起入狱。此外，如果他没有清偿债务能力的话，他还须交一定数量的诉讼费。这样做，对原告是有利的，因为这会使人们有理由相信被告不是被诬告而关进监狱的。

第二种情况的理由就在事实本身，因此，被告也会自行承认他之被关进监狱，是罪有应得的。

在第三种情况下，由于既没有第一种情况所说的一方提出的控告书，也没有第二种情况所说的明白无误的证据，因此就只能靠官员们秉公办案之心，按照法律行事，尽可能采取不出错误的办法办理。

以上所说，是立法者在这三种情况下应当遵循的原则，现在让我们来研究这些原则应如何应用。

在一方正式提交控告书的情况下，一开始就应当建档立案，按司法程序办理。这就是为什么案子首先要经过初审的原因。在"初审之后,如果没有得到法庭的允许,"①是不能强行关押的。正如你所知道的,日内瓦人所说的法庭,是由检察官和他的几名助手(人们称他们为陪审员)组成的。由此可见,控告书只能向法庭的法官提交,而不能向别人提交,更不能向执政官提交,由法官下令将双方加以关押,只有在两方中的一方"认为自己受到的处分过重"②时,才能向执政官提出上诉。《民法》第十二编的头三条指的显然就是这类罪行。

至于被当场发现的现行犯,不论他犯的是警察有权惩办的暴行还是其他罪行,虽任何人都可以捉拿他,但只有拥有某种执执权的官员,如执政官、小议会的成员、检察官或陪审员,才能将他关进监狱;而其他官员,无论是一个官员或几个官员,都是无权将他收监的。此外,法庭还必须在二十四小时内对在押的人进行审讯。很显然,无论是就案件的类型来看,还是就被告被称作"罪犯"来看,《民法》第十二编的第四、第五、第六、第七和第八条指的就是这种情形,因为在案子开审以前,只有现行犯和有前科的人才被称为"被告"。如果有人硬说"被告"与"罪人"这两个词是同义的话,则被强行关押的"无罪之人"与"罪人"也是同义语了。

《民法》第十二编的其余部分没有谈监禁问题;从第九条起(含第九条),讲的都是各种刑事案件的审理程序和审判形式,而对按上级指示关押人的问题,也一字未提。

① 《民法》第12编第1条。——作者

② 同上,第2条。——作者

不过，在《政治法》中，那条关于四个执政官的职务的法律条文又谈到了监禁问题。为什么呢？这是因为该条法律直接涉及公民的自由。在这一点上，执政官行使的权力是一种政府的权力，而不是法院的权力；一个普通的法院是不拥有这个权力的，因此，法律把这项权力只授予执政官，而不授予检察官或其他官员。

为了防止执政官产生我在前面所说的那些错误，法律规定：他们首先应当“召集有关人员进行研究和审查，”然后，“如果必要的话，才下令关押。”我认为，在一个自由的国家里，法律不能不对这一可怕的权力施加限制，公民们必须有种种合理的安全保证，才能在尽了他们的义务之后，安安稳稳地睡觉。

第十二编的另外一条关于现行犯和有前科的罪犯的表述，同《政治法》中关于刑事案件的第一条的说法是完全一样的；看来，这是重复该条的说法；区别在于：在《民法》中是从法律的角度表述的，而在《政治法》中则是从公民的安全这个角度表述的。由于这些法律是在不同的时期制定的，它们是人的作品，所以不能指望它们互相冲突的条文一条也没有，更不能指望它们是十全十美和一个缺点也没有的。只要在总体上把各个条文加以比较之后，能看出立法者的精神和他们之所以那样制定的理由，就够了。

补充一个看法。这些如此之合理合法的权利，持不同意见者们竭力争取的这些权利，在主教掌握主权的时期你们享受到了，纳沙泰尔的人民在他们君王的统治下也享受到了，而如今你们已经是共和国的人民，反而有人竟公然想剥夺你们的这些权利！请你看一下《阿德马鲁斯·法布里法》第十条和第十一条以及其他几条关于日内瓦的权利的表述。日内瓦人对这部法律的尊重，不亚于英国人对更古老的大宪章的尊重，可是《乡间来信》的作者公然对你们如此轻蔑地谈论你们的这部法律，然而我不相信他敢像对你们这样傲慢地到英国人那里去谈论他们的大宪章。

他公然说什么这部法律已经被共和国的宪法废除了。[①] 然而，恰恰相反，我在你们的法律中经常发现"同过去一样"这句话重申过去的做法，从而重申该法律赖以制定的权利。看来，那位主教已经预见到了那些本该保护这些权利的人将侵犯它们。我还发现那位主教在该法律中一再宣称这些权利是永久不变的，没有一个字说它们没有用处，更没有一个字说可以将它们废除。现在，请你看一下后面这个与《乡间来信》的作者的论调截然相反的说法：博学的舒埃执政官在他给托桑先生的信中说，由于改革，日内瓦人已经享受到了主教（这个城市世俗的和精神的君主）的权利。然而《乡间来信》的作者的看法却相反；他说日内瓦人现在已经失去了主教给予他们的权利。这两个人的说法完全不同，我们该相信哪一个呢？

唉！你们在身为自由国家的人民的时候反而失去了你们作为臣民享受的权利！你们的官员公然剥夺你们的君主给予你们的权利！如果你们的先辈获得的自由是这个样子的话，你们必然会为

① 他们* 也是这样在 1742 年践踏 1579 年的《索勒尔条约》，说该条约已经过时了，然而该条约已明确订明它的效力是永久的，而且从来没有被任何一个其他条约废除过，并多次得到重申，尤其是在《调停法》中更是着重表述它的效力是永久的。——作者

* 指《乡间来信》的作者及小议会的人。——译者

他们因争取这种自由而流的鲜血感到十分痛心的。这部独特的法律，过去曾经使你们成为主权者，尽管如今反而使你们失去了你们的权利，但我觉得，还是值得向人们大讲特讲的，而且，为了使它能深入人心，不论把它讲得多么神圣，都不为过。这部被废除的法律，现在怎么样了？很显然，要想运用这部独特的文献，首先就必须把它向公众讲解得十分清楚。

从以上所说，我敢肯定地得出这样的结论：不论在任何可能发生的案件中，日内瓦的法律都没有说执政官或其他什么人有任意将人关入监狱的绝对权力。然而实际情况却不是这样；小议会在给持不同意见者们的答复中却坚称他们有这项不可辩驳的权力；他们想怎么用这项权力，就可以怎么用这项权力。否决权的妙处就在于此。

我写这封信的目的，是想阐明提《意见书》的权利是与你们的宪法紧密联系在一起的；它不是一项徒有其名的权利，而是1707年的法律明文规定并由1738年的法律再次肯定的权利，因此是一定要实际运用的。在《调停法》中之所以没有提到这项权利如何运用，是因为它不属于《调停法》的范围；而它之所以不属于《调停法》的范围，是因为它本身是由你们的宪法的性质产生的，而且在宪法中还以另外一种方式对它给予了保证。只要有这项权利，再加上它的实际运用，就能使其他一切权利得到可靠的保证；只有这项权利能真正弥补他们从有产者手中夺走的权利。有了这项权利，就能使国家的各个部分保持牢固的平衡，并显示《调停法》的深远意义；没有这项权利，《调停法》就会成为世间难以想象的不公平的法律。至于他们所说的这项权利在行使方面的那些困难，是很可笑的，是他们任意杜撰的，是不能消除绝对的否决权带来的危害的。先生，我想阐明的就是这些问题；至于我是否把问题阐述清楚了，就要由你来判断了。

第九封信

《乡间来信》的作者的推理方法。他信中的真正目的。他是如何挑选例证的。日内瓦的有产者们的性格。用事实来证明。结论。

先生，我认为我最好是直接论述我想论述的问题，而不必花许多笔墨去先驳斥他们的论点。要逐一驳斥《乡间来信》的论点，必将陷入一个诡辩的深渊。我认为，把他信中的论点一一指陈出来，就等于是驳斥了。他的论点在理论的洪流中游荡，已经深深地掉进了漩涡，如果想在岸上伸手去援救的话，那一定会跟着它们一起被淹死的。

在结束我的信以前，我不能不对那位作者的《乡间来信》做简要的一瞥。我不想分析他用来欺骗你们的政治伎俩，我只评说一下他的理论要点，并举出几个例子来说明他的理论的荒谬。

你在前面已经看到了他针对我发表的那些怪论，至于他针对你们的共和国发表的那些论点，有时候简直是荒谬到了极点，没有一个能站得住脚。他信中唯一的真正目的，是在论证小议会所窃取的所谓的否决权是全权；他的信全都是围绕这个目的写的，有时候直截了当地翻来覆去说，有时候又拐弯抹角地玩弄许多花招来证明，极力在实质问题上欺骗公众。

他信中对我的那些指摘，属于第一种情形。小议会说我违犯了法律，持不同意见者们表示反对，提出了他们的《意见书》。为了行使否决权，就必然会拒不接受持不同意见者们的《意见书》；要拒不接受持不同意见者们的《意见书》，就需要证明他们错了。要证明他们错了，就需要想方设法把我说成是一个罪人，而且是如此之罪大恶极的一个罪人，以致要惩办我，就不能不打破法律的束缚。

第一次干恶事的人，如果发现他们今后将因此而陷入非再干恶事不可的困境，而且很可能因一念之差而终生成为坏人，直到把他们所迫害的那个不幸的人迫害致死：如果他们发现这一点的话，他们是一定会不寒而栗的！

由执政官主持法院的工作，这个问题属于第二种情形。自从小议会把执政官的权力与整个司法系统的权力合并以后，法院的工作便由执政官或法官主持；你以为这样做，他们会感到很大的不便吗？执政官从前是在全体人民中间选举的，[①]而现在只是在小议会的成员中选出，因此，他们既是其他法官的首领，同时又是其他法官的同事；在这件事情中，你可以很清楚地看出，你们的执政官只不过是一位法官而已，尽管他们对短暂的审理案件的权力不甚感兴趣。然而他们却煞有介事地把这个问题当作一个重要的问题来谈论，以便转移你们的视线，不去注意那个真正重要的问题，使你们以为第一执政官依然是由你们选举的，以为他们的权力同以前是一样的。

---

① 人们对执政官的选举是那样的重视，除了按才能选举以外，还不允许出现排斥某种人或偏向某种人等情形，而且曾经颁布过一部法律（这部法律现在已经废除了），严格规定两名执政官应在下城中选出，另外两名执政官在上城选出。——作者

对于这些次要的问题，我们就谈到这里为止；从《乡间来信》的作者谈论这些问题的语气来看，他也是不怎么把这些问题放在心上的。现在让我们集中精力分析他在为否决权辩护方面提出的理由；他在这一点上花的心思比较多，而我也认为：是否承认否决权，是唯一一件事关你们成为奴隶还是成为自由的人民的大问题。

在为否决权辩护方面，他最拿手的伎俩是把一个理论问题简化成一般的命题，因为，如果他老谈那个理论的应用问题的话，就很容易暴露出那个理论的依据之不足。为了转移你们对具体问题的注意力，他大肆夸赞你们的自尊心，把你们的视线转移到一些涉及面很广泛的问题上。当他把这些问题讲得玄之又玄，把他想诱骗的人弄得无法理解时，他就一个劲儿地糊弄和吹捧他们，把他们说成是什么政治家。他就是用这套办法把人弄得眼花缭乱、看不清方向的；他把只需凭常识就可解答的问题变成哲学问题，从而使一般人对这些问题说不出个所以然来。一般人既然听不懂他讲的话，因此也就不敢与他争辩了。

谁相信他那些抽象的诡辩，谁就会犯我指摘他的那些错误。他用他那套办法来谈论问题，是左右逢源，不会出什么错误的，因为，他在他的话中塞进了那么多可以从不同的角度来理解的词句，所以总有一言半语使人们从某个角度听起来他讲的话是对的。当一个人为一般的公众写一本政治著作时，他是可以想怎么谈高深的问题就怎么谈的，因为他知道那些了解各国的情况并熟知他所论述的问题的人是不会阅读和评论他那本书的，所以他可以毫无顾忌地放言高论，而在基本的实质性问题上，则只三言两语，不深入讨论。如果我只是对你一个人讲的话，我就可以采用这个办法。然而我这几封信谈论的问题,是涉及全国人民利益的大事;这个国家的绝大多数人虽然读书不多,没多大学问,但他们有丰富的智慧和判断力;他们虽不懂那些学者们的古里古怪的语言,但用简朴的语言向他们讲述,他们还是能听懂那些深奥的语言的意思的。在这种情况下,我们应当在作者的利益与读者的利益之间作出选择:谁愈想自己的书有益于公众,谁就愈不该夸夸其谈,炫耀自己。

产生错误和滥用否决权的另一个原因是"否决权"这个词的意思太笼统,太不确切,而且,用来说明使用这个权力的例子,也与这个权力风马牛不相及,毫不相干。他们在你们向他们提出的意见方面大做文章,以转移你们同胞的视线,不去注意他们真正的目的,并使你们的同胞产生骄傲的心理而失去理智,以便让他们花言巧语地说得从此不想比当今世界的主人生活得更自由。他们卖弄学问,大谈千百年前的往事和上古的居民,向你们列举了雅典之后,又列举斯巴达,接着又列举罗马和迦太基;他们向你们的眼睛里撒利比亚沙漠中的沙子,使你们看不见你们周围发生的事情。

现在,让我像以前那样尽可能细致地分析一下小议会企图使用的"否决权"到底是一种什么权力;我敢断言,在当今这个世界上,还没有哪一个国家的政府敢以行政手段束缚立法者的手脚;也没有哪一个国家的立法者在毫无保留地把法律交给政府执行以后,就干瞪着眼睛听凭它去任意解释、规避和违犯,而且,对于这种不法行为,除了嘀嘀咕咕发几句毫无用处的牢骚以外,就既拿不出任何一种抵制的办法,也没有任何一种进行干涉的权力。

让我们首先看一下那位匿名的作者*为了牵强附会地使用他举的例子，就把问题的性质扭曲到了什么程度。

他在《乡间来信》第110页说："否决权不是制定法律的权力，而是防止有人（不论他是什么人）任意动用制定法律的权力；它不允许任何人任意修改法律，因此它是一种防止有人修改法律的权力；它是直接为政治社会树立的大目的服务的，即：在维护宪法的过程中维护它自己。"

这样描述的否决权是很合理的，而且可以说它是民主宪法中的一个如此重要的组成部分，以致，如果立法权可以被宪法的每一个组成部分经常动用的话，则民主宪法就无法维系。正如你所知道的，要举出例子来证明这个如此确切的理由，是不难的。

但是，如果这个概念不是我们所批驳的那个否决权的概念，如果在这段话中没有一个字不与作者所说的这个权力的实际运用完全相反，则对这样一个完全不同的否决权的有利论断，就很不利于他想行使的否决权了。

"否决权不是制定法律的权力。"它虽然不是制定法律的权力，但它是一项不受法律约束的权力。一个人随心所欲地处处把自己的意志当作一项法律来执行，当然比按照一般的法律行事方便得多；这样一来，他本人也就等于是法律的制定者了。"防止有人（不论他是什么人）任意动用制定法律的权力。"这不是他真正的意思；他真正的意思是"防止任何一个有保护法律之责的人起来反对践

---

* 指《乡间来信》的作者特农香；特农香在首次发表他的这部作品时，没有署名。——译者

踏法律的人。”

“它不允许任何人任意修改法律。”怎么能不允许呢？谁能防止一个手握大权的人不修改法律呢？谁能要求他向人民报告他的行为呢？“它是一种防止有人修改法律的权力，”他这个话的真正意思是“防止人们反对修改法律。”

先生，你看他使用了多么巧妙的诡辩术；他这种手法，在我所批驳的这部作品中[*]经常使用。事实上，掌握行政大权的人是从来不需要大张旗鼓地修改法律的，他也不需要人们以某种郑重其事的方式批准他对法律的修改；他只需连续不断地运用他的权力一点一点地使事情按照他的意志进行，就够了。这样做，是根本就不需要兴师动众搞大动作的。

好在那些眼光相当敏锐、头脑相当清楚的人是会觉察到这一过程的发展和它将产生的后果的。为了阻止这一过程的发展，我认为可采取以下两个办法中的一个：或者，在官员们第一次只是在一些鸡毛蒜皮的小事上违犯法律的行为刚一出现时，就立即表示反对（这时候，官员们会把反对他们的人视为不安分和爱找碴儿寻衅滋事的人的），或者，在他们的这种行为愈来愈严重时，便明确提出批评，加以制止。我敢说，无论你们的官员多么横行，你们都可以这样制止他们，而不会受到责难。不过，如果要选择的话，最好是选第一个办法。因为，每当小议会的人要更改某种已成定规的做法时，他们都是有不可告人的秘密目的的。在一时摸不透他们的目的情况下，你们最好是一见到他们使出某种或大或小的新招

* 指《乡间来信》。——译者

时,就索性一律加以制止。执政官在进入小议会时,通常是先迈右脚,如果某一次他先迈左脚,我认为,你们就应马上加以纠正。

我们有确切的证据表明,采纳那位作者的意见,就可以很容易地得出是赞成还是反对的结论,因为,只需把他阐述小议会的否决权的那段话,用来阐述公民提《意见书》的权利,就够了。你将发现他那段话用来说你们比说小议会更合适。你们可以说:"提《意见书》的权利不是制定法律的权力;它的作用是防止当权者任意曲解和违犯法律;它不允许任何人任意修改法律和提出新的法规。它是直接为政治社会树立的大目的服务的,即:在维护宪法的过程中维护它自己。"这不就是持不同意见者们该说的话吗?《乡间来信》的作者的那段话,难道不是为持不同意见者们说的吗?对于有些词儿,我们切不可只看字面而不深入了解它们的意思。小议会的所谓的否决权,实际上是一项积极的权力,甚至是谁也想象不出它是多么积极的权力:它使小议会成了国家和法律唯一绝对的主人。而提《意见书》的权利,严格说来其本身乃是一项消极的权利,它唯一能起的作用,只不过是防止行政权的使用违背法律。

现在让我们根据《乡间来信》的作者的原话来分析他想表述的真正意思;只需添加两三个字,就把你们当前的情况表述得很清楚了。

"在一个国家里,如果负有执行法律之责的机关有权按照它一时的心血来潮而随意行使法律的话,则该国的人民就没有自由可言了,因为它可以把它最横暴的意志当作法律来执行。"

我认为他这段话是按照真实的情况描述的,可是在以下这段话里，你将看到一个与之完全相反的荒诞的描述。

"在一个国家里，如果人民不按规则行使立法权，则在这个国家里就没有政府了。"话是讲得不错，不过，谁曾见过人民不按规则行使立法权呢？

这位作者在这样解说了一种与我们所说的否决权完全不同的否决权之后，心里感到十分不安，不知道应当把不是我们所说的那种否决权交给何人掌握。在这一点上，他提出了一个原则性的意见（对于他这个意见，我不想和他争论）。他说："如果这种否决权可以毫无不妥地掌握在政府手里的话，那么，从事物的性质和效果来看，那就做对了。"接着，他举了几个例子；对于他举的例子，我不打算一个一个地加以评述，因为它们离我们太遥远，而且与我们所讨论的问题毫无关系。

只有这个有关英国的例子近在我们眼前。他举这个例子来作为平衡各部分权力的典范，是有道理的，是值得花一些时间探讨的。在这里，我只是根据他的原话把小国和大国的情况做一个比较。

"尽管国王的权力已经很大了，但英国人民也不怕给国王以否决权。不过，虽然国王长时间没有立法机构的支持便什么事情也做不成，但如果他过于频繁地让立法机构为他立法，那对他也是很不利的。因此，这种否决权事实上只不过是防止立法机构贸然立法的手段，何况英国的君主在宪法保证他享有广泛权力的情况下，是乐于保护宪法的。"①

① 见《乡间来信》，第117页。——作者

按照他这个说法，你也许会以为英国国王的权力比日内瓦的小议会的权力还大，以为英国国王的否决权与你们官员所篡夺的否决权是一样的，以为你们的政府也像英国的政府那样没有立法机构的支持便什么事情也不能做，以为这两者都同样乐于保护宪法。如果《乡间来信》的作者不想表达这几层意思，他为什么要说这段话呢？这个例子与他的主题有什么关系呢？

从各方面看，情况都恰恰相反。英国的国王虽按照法律拥有巨大的保护法律的权力，但他无权违犯法律。如果他不按法律行事，谁也不会服从他。每个人都怕掉脑袋；大臣们如果惹怒了国会的话，也会掉脑袋的，人们会对他们的行为进行追究的。在法律的保护下，每一个英国人都可以抵制国王的权威；最卑微的人稍微受到了一点儿冒犯，也可以要求并获得最适当的补偿。国王即使在一件微不足道的事情中犯了法，他的违法行为马上就会被揭露；他既没有任何权利也没有任何权力为他的违法行为进行辩护。

可是在你们国家，小议会的权力在各方面都是绝对的。它既是大臣又是君主，既是起诉人又是法官，既下命令又执行命令；它可以任意传讯人、逮捕人、关押人、审判人和惩办人；它手握大权，想干什么就干什么；它手下的人都是谁也不敢得罪的；它不向任何人汇报它自己的工作，也不向任何人汇报它的属员的工作；它不怕立法者，他让立法者讲话，立法者才能讲话；在立法者面前，它从来是不低头认错的。对于它所做的一切不公正的事情，它是有权不纠正的。遭受它迫害的人，只要能人身不受伤害就万幸了，而绝对不能指望得到满意的解决和赔偿。

现在让我们根据最近发生的事情来观察其间的差别。在伦敦出版了一本大肆讽刺大臣、政府和国王本人的书。[*] 印制这本书的人全都被逮捕，但法律是不允许逮捕印制这本书的人的，于是公众议论纷纷，政府只好将他们释放了；但事情并未到此就结束。工人们起诉控告大臣，并得到了巨额的经济赔偿。我们可以把这件事情与日内瓦的书商巴尔丹先生的案子做一个比较（如何比较，我在后面即将谈到）。再举一个例子。日内瓦城里发生了一起盗窃案；在毫无证据而只凭一些没有根据的怀疑，就把一个公民非法抓进监狱，并搜查了他的家；他们像对待坏人那样百般羞辱他，而最后查明他是清白无辜的，才把他释放了。他到处诉说他的冤屈；他们由他去说他的；事情到此就结束了。

现在假定我在伦敦因一时不慎得罪了朝廷，朝廷在毫无法律根据和毫无理由的情况下，以我的一本书为借口，下令将书烧毁并逮捕我，这时候我可以以遭到非法判刑为由向高等法院提出申诉，证明我无罪。我很可能获得极为满意的补偿，而官员们便很可能受到惩罚，说不定还会被革职。

现在让我们把威尔克斯先生[**]请到日内瓦，让他把他在伦敦毫无忌惮地批评政府、朝廷和国王的那些话的四分之一说出来批评小议会，并印出来向公众发表，我虽不敢断定他们一定会处死他（我估计他们是一定会置他于死地的），但我敢说他们肯定会立刻

* 指英国下议院议员约翰·威尔克斯匿名发表的一本批评英国政府对西班牙的外交政策的小册子。——译者

** 即前面提到的那位著书讽刺英国国王和政府的作者。——译者

把他抓进监狱并加以严厉惩罚的。[①]

人们也许会说威尔克斯先生是他的国家的立法机关的成员；我，我不也是我的国家的立法机关的成员吗？[*]《乡间来信》的作者认为人们不应当把公民的资格看得那么了不起；他说："审讯的规则对任何人都是而且应当是平等的，因为这些规则不是以城市居民的权利为依据而制定的，它们是以人类的权利为依据而制定的。"[②]

可是，对你们来说，事情却不是这样的，[③]在他那句说得非常好听的话中暗藏着一个很巧妙的诡辩。你们国家的官员经常用它来对付公民，而不对付外国人，而事实上，他们的职责是：在办理涉及公民的案件中，应当十分小心地运用法律，才能使被告不至于被

① 在这个问题上，威尔克斯先生是享有豁免权的，因此，必须采取另外的办法才能收拾他；这个办法是让教会来进行干预。——作者

* 卢梭是日内瓦的公民，是由全体人民组成的大议会的成员之一。大议会是日内瓦的主权者，一切法律必须经过大议会的批准才能生效，因此他说他是他的国家的立法机关的成员。——译者

② 见《乡间来信》，第 54 页。——作者

③ 根据法律的规定，请求赦免的权利原本是公民和有产者特有的，后来，由于他们的努力，这项权利和其他一些权利也给予了土著民和一般的居民；这两种人与他们有共同的利益，因此也需要在安全方面有同样的保护措施；在这方面，外国人依然被排斥在外。在刑事案件中选四个亲戚或朋友来帮助被告，这对被告虽无多大用处，但对官员们想使之倾家荡产的人是有用的，对按法律规定由他们的天然的敌人当法官的人是有用的。令人惊异的是，在经历了那么多可怕的事例之后，公民和有产者们在保护自己的人身安全方面并未采取更多的措施，一切刑事案件依然听凭小议会不按法规而按他们自己的意志任意判决。日内瓦人和其他一切正直的人们对《调停法》永志不忘的感激之情是：它把预审这一程序废除了。有许许多多的书都说欧洲人夸耀他们的人道主义，然而，当我看到那些书都出自那些还没有查清楚涉案的人是否有罪就滥施酷刑的国家，我嘴边就不禁露出一丝苦笑。我发现：滥施酷刑是强者逼他们想惩办的弱者招认强加的罪行的百无一失的手段。——作者

错判。然而，事实证明错判的事例真是多得不胜枚举。可是，对外国人错判的事例，自从共和国成立以来也许一个也没有；反之，在你们的历史中，对公民错判甚至重判的事例，谁知道有多少呢？是的，对公民们的人身安全应当采取的预防措施是可以毫无困难地扩大到所有的被告的，因为这些措施的目的不是拯救罪人，而是保护无辜。为了这一点，在《调停法》第三十条中没有说哪些人是例外，也没有任何一句话只适用于日内瓦人而不适用于其他人。现在，让我们言归正传，把两个国家中的否决权做一对比，看它们有哪些差异。

英国国王的否决权在两件事情上行使：可以召开和解散议会，可以否决议会向他提出的法律，但从来不阻碍立法权威对国王可能有的违反法律的行为进行审议。

此外，国王的否决权还受到相当大的制约。首先，按照《三年法》[①]，国王在一定时间之后必须召开新的国会；其次，由于他自己的需要，他几乎是经常要召开国会的；[②]最后，还受到众议院的否决权的制约，众议院的否决权的效力，并不比国王的否决权的效力小。

国王的否决权还受到这样两项制约：一是两院中的每一个院在为了提出和审议法律与政府的各项事务而举行会议时，便有权对国王的否决权加以制约；二是两院还可以联合或分别在了解公众疾苦和官员违法行为的众议院中，或者在作为审理刑事案件尤

① 由于一次失误，该法变成了《七年法》，对此，英国人民并不后悔。——作者

② 由于国会只拨给一年的补助金，因此，国王不得不每年都要向国会提出拨给补助金的申请。——作者

其是国事犯的最高法庭的贵族院中，行使一部分行政权力以对国王的否决权加以制约。

先生，英国国王的否决权就是这个样子。如果你们的官员想行使这样一种否决权的话，我劝你们不要反对他们。不过，在你们当前的情况下，我看不出你们的官员有什么必要要行使立法权；无论从哪方面看，都没有什么事情使他们不行使立法权就不能行动，因为，对高居法律之上的人来说，是根本不需要制定什么新的法律的，何况一个凭财政收入就可以运作的政府，眼下既不因战争而需要征收新的捐税，而且已经把政府首脑的大权都集中在他们推举的那几个头头手里，所以政府首脑的选举几乎可以被看作是一件无关紧要的事了。

我也看不出立法者*在哪一点上能控制他们，因为，即使立法者看起来很显赫，也只是显赫一会儿，也只是在他们向他的那个问题上发表意见。

是的，英国的国王有宣战权和缔结和约权，但这个权力也只是表面的，而非实际的，至少在宣战权上是如此；正如我在前面**和《社会契约论》中***已经讲到的，这不是你们应当插手的事情；如果要享受自由的话，最好是放弃这两个名义上的权力。是的，英国的

---

* 指由全体人民组成的大议会。大议会只是开会的时候才能行动，会议一结束，就各自分散，成为普普通通的个人，所以卢梭说他们即使很显赫，"也只是显赫一会儿。"——译者

** 指第七封信。——译者

*** 卢梭认为宣战权与媾和权不是主权行为，"因为这两种行为中，没有一种是法律，而只是法律的运用，是确定法律事件的行为。"（卢梭：《社会契约论》，第 2 卷，第 2 章）——译者

国王可以随心所欲地给予或剥夺议员的席位和收买个别的议员为他效力;这些做法,小议会当然也可以采用,不过它不需要采用这些做法,因为它可以花更小的代价就能束缚你们的手脚。贿赂公行是滥用自由的结果,也是人们享有自由的一个证明。但小议会用不着去贿赂它已经控制在手中的人。至于职务,且不说小议会议员或二百人议会议员的职务,就连更重要的职务,也是由它安排的,用它自己的人去担任的,这样做,对它更有利,因为,对自己亲手做的事情,总是比别人做的事情更放心。在英国的史书中,皇家政府的官员在国王违犯法律的时候便奋起抵制的事例是很多的,而在你们的国家里,你可曾看见过政府的官员抵制小议会的事例?甚至在最丑恶的事情中,他们曾对小议会说过半句反对的话吗?在日内瓦,谁被共和国雇用,谁就不再是公民了,他就只不过是那二十五个人*的仆从和走卒。那二十五个人一下命令,他就会去践踏祖国和法律。英国的法律不仅没有赋予国王任何一种做坏事的权力,反而赋予他一个很大的做好事的权力。从目前的情况看来,小议会是不会把它的权力用去做好事的。

英国国王因自己的利益有了保障,所以乐于保护英国现在的宪法,不想对它进行修改,而你们的官员则相反,他们只保留了你们宪法的形式,而完全改变了你们宪法的基本内容,从而把宪法作为他们篡夺权利的工具。他们今天正在采取最后一个最严厉的措施;这个措施一奏效,他们将比英国的国王更乐于保存你们现在的宪法。当然,他们保存宪法的动机,是与英国国王的动机完全不同

* 指小议会的二十五个成员。——译者

的。我认为，英国的政治状况与你们国家的政治状况之间的差异，就是如此；我请你判断哪一个国家的人民享有自由。

《乡间来信》的作者在向你们举了英国的例子之后，又向你们大谈古罗马的例子。他带着鄙夷的口气说古罗马的保民官办事毫无章法，而且爱发表煽动性言论，因此他对他们大加谴责。他对在这个混乱不堪的政府管辖之下的古罗马人的悲惨命运深表同情。然而，真实的情况是：没有你们那一套官僚制度统治的罗马城却享受了五百年的光荣与繁荣，成了世界的首都。诚然，这个城市最后还是覆亡了。世上的一切事物都有一个终结的日子；它覆亡的原因，是由于罗马的大人物——执政官和将军们采取蚕食政策，一步一步地篡夺了保民官的权力。它之所以覆亡，是由于保民官的权力过大的缘故，然而他们的权力正是由于政府的良好用心而赋予的。从这一点看，我们可以说罗马是被它的保民官摧毁的。①

① 保民官是从来不走出罗马城的，他们在罗马城外毫无权威。因此，为了躲避他们的监督，执政官有时候就到乡下去召开人民大会。罗马人的枷锁不是在城里打造的，而是在军队中打造的；正是由于他们到处攻城略地，他们才失去了自由。这一过错，不是保民官造成的。

就像苏拉利用元老院那样，恺撒也利用保民官。每个人都采用他认为最便捷可靠的办法来达到他的目的。总有一个人登上宝座，至于这个篡夺权力的人是马里乌斯还是苏拉，是恺撒还是庞培，是屋大维还是安东尼，这有什么分别呢？不论哪一方得胜，都是不可避免地要篡夺权力的。前方的军队需要首领；肯定无疑的是，这些首领之一必将成为国家的主人，对此，保民官是无可奈何，一点办法都没有的。

《乡间来信》的作者今天对人民的保民官所作的这种批评，早在 1715 年已经由国务秘书德・尚波鲁日先生在致总检察长的一份备忘录中说过了。当时担任总检察长的路易・勒福尔先生在对那份备忘录的复函中告诉德・尚波鲁日说："保民官的威望和权力是共和国安宁的保证。他们的失败，不是由于他们自身的原因，而是由于执政官的阴谋。"很显然，总检察长勒福尔没有预料到在我们今天有人又重新提出他早已驳斥过的说法。——作者我不能原谅罗马人的过失。对于他们的过失，我在《社会契约论》中已经说过了；我要责备他们篡取了他们只应加以保护的行政权。[①] 我指出了保民官制应按照什么原则建立；我还指出了他们的权力的界限以及这一切应如何进行。这些法则，罗马人本来是能够很好地遵循的，但他们没有。你从保民官所犯的那些过失就可以看出，如果对他们好好地加以引导，他们岂不是可以大有作为吗？我不大明白《乡间来信》的作者在这个问题上的看法；为了批驳他，我就用他所举的例子来说明我的看法。

其实，我们用不着到远古的年代去寻找其本身是那么伟大而且也难以仿效的例子；你们切莫因为别人说为人处世要自尊，便束缚自己而不敢行动。不论同什么人相比，你们都太渺小了。因此，你们要事事从你们自己出发，就你们现在的处境来说，你们万不可盲目行事。古代的人已不再是我们现代人的模特儿；现代人在各方面都与古代的人大不相同；尤其是你们日内瓦人，千万要站稳你们的立场，切不可去追求他向你们描述的那些高大的目标，因为那些高大的目标是他用来掩盖他为你们挖掘的陷阱之用的。你们既不是罗马人，也不是斯巴达人，更不是雅典人。把这些与你们毫不沾边的响亮的名称扔到一边去吧。你们是商人、工匠和有产者；你们成天忙碌奔波的，是你们个人的利益、工作和生计；对你们来说，甚至自由也只不过是为了没有阻碍地取得这些利益并平平安安地拥有这些利益的手段。

① 见《社会契约论》，第 4 卷，第 5 章；这一章的文字不长，人们在这一章中将看到我对这个问题的简要评述。——作者

从当前的情况看，你们需要采取一些特殊的做法。你们既然不像古人那样悠闲，就不可像他们那样没完没了地眼睛老盯着政府；不过，为了使你们不需要那样监视政府，政府的建制就应当以便于你们观察它的活动和发现它的弊端为前提。对你们来说，每一件为公众的利益而做的事，都必须做起来很方便，因为你们做这些事情是要付出代价的，而且不是自己主动想做的。但是，如果你们想完全摆脱这些事情，那就等于是不想要自由。正如那位爱行善事的哲学家*所说的："不愿忍受劳动之苦的人，必然是干活偷懒的人，二者必居其一。"

一个国家的人民如果成天浮躁不安、懒懒散散，没有什么事情可做的话，他们是喜欢多管国家的事情的；我认为对于这样的人民，是需要加以约束的。不过，我倒要问一句：日内瓦的有产者们是这种人吗？他们不但不是，而且处处与这种人相反。你们国家的公民成天忙于他们的家务事，而对其他事情一点也不关心，只是在他们自身的利益受到侵害时，他们才开始过问公众的利益。他们很少想到要对首领们的行为了解得一清二楚，等到首领们为他们打造的枷锁套在他们身上时，他们才感觉到这枷锁的滋味。他们大大咧咧，对一切事情都满不在意；他们一再受人愚弄，而且总把心思用去做别的事情，甚至在最重大的关键问题上也受人欺骗；他们始终想不出什么良好的办法来防止这些弊端。由于过分小心谨慎，他们总是左顾右盼，拿不定主意，及至最后决定采取行动时，

* 指波兰国王斯坦尼斯拉斯・勒辛斯基。"爱行善事的哲学家"是人们给这位国王起的雅号。——译者

已事过境迁，为时晚矣。如果不是由于官员们操之过急的行为引起他们的注意，如果不是由于官员忙于篡夺最高权威，因而使他们意识到危险已经来临，他们那样颟顸行事，也许早已经使他们毁灭一百次了。

仔细阅读一下你们政府的历史，你不仅一方面将发现小议会因过分急于完成他们的图谋，反而由于操之过急而功败垂成；另一方面你还将发现日内瓦的有产者们却依然按老规矩办事，听任小议会我行我素，而不加以反对。

1570 年，国家不仅债台高筑，而且还遭遇了几次大灾害。由于在这种情况下很难经常召开全体人民大会，便有人提议授权小议会在必要的时候可自己设法筹款；这个提议被通过。从此以后，小议会就一直把厘定税收的权力抓在自己的手中，在长达一个世纪的时间里，谁也没有提过半点反对的意见。

1714 年，出于某些秘密的动机，[①]小议会既不征求大议会的意见，又违背法律的规定，就擅自开工构筑一项庞大而可笑的城防工事。为了实施这项美好的计划，他们连续加征了十年的税，而从来没有人问过这项计划的好处在哪里。虽然有少数几个人表示不满，但小议会根本就不屑于理睬他们，而他们也就什么话也不说了。

1725 年，增加税收的年限届满；小议会提出要延长。对有产者们来说，这正是他们重新行使遭到如此长时间搁置的权利的大好时机，虽然已为时过晚。然而，由于马赛瘟疫流行和王家银行已停止交易，每个人都只关心自己的财产是否会受到损失，而忘记了

① 这一点，我在前面已经讲过了。——作者

自己的自由是否会受到侵犯。可是小议会没有忘记它的计划，在二百人议会上通过了延长增税年限的方案，连招呼都不给大议会打一个。

在第二次增加税收的年限到期的时候，公民们觉醒了。在沉睡一百六十年之后，他们终于要求行使他们的权利。这时候，小议会采取的对策不是暂时答应或缓和公民们的要求，而是策划一个大阴谋。[①] 他们的阴谋被揭露。有产者们拿起武器奋力反抗。由于这一可怕的阴谋没有得逞，小议会一下子就失去他们篡夺了一百年之久的果实。

表面上事情好像已经平息，但时隔不久，不甘失败的官员又策划了另外一个阴谋。他们再次借用武力，让相邻的几个国家进行干预，于是在他们和那几个邻国之间签订了互相承认的权利。

1650 年，下级议会*采用了一种新的计票方法；这个方法虽然比过去的方法好，但不符合法律的规定，而大议会依然采用原来的计票方法。旧的计票方法有许多流弊，在行使了五十多年之后，公

① 事情的起因是：政府要在市政厅所在的高地上修一座碉楼，并用一道围墙把碉楼围起来，以便监控全城的人民。修碉楼的木料已经预备好了，如何防卫这一碉楼的计划也已制订，并向卫戍部队的长官下达了有关命令，武器和弹药也从军火库运到了市政厅，而且在稍远的一条街道上还架设了二十二门大炮，在其他几条街上也架设了大炮。总而言之一句话，没有经过其他议会的同意而擅自由掌握卫队的执政官和其他几位官员暗中策划的这一可怕的阴谋的准备工作已完全筹备就绪。不过，在这一阴谋被揭露时，这些人所做的事情尚不足以构成向他们起诉的证据，也不足以证明他们确实是有什么图谋，因此，当时在日内瓦还处于优势的有产者们只是让他们平平静静地撤离，而一点也没有为难他们，也没有到他们家里去搜查和传讯他们的家属；对于他们的财产，更是一点也没有触动；而要是在其他国家，人民首先就会把策划阴谋的人通通处死并抄没他们的家产的。——作者

* 指二百人议会。——译者

民们才开始指出它有违法律的精神，因此要求在大议会中也采用类似下级议会的那种方法。当他们最后决心提出采用新的计票方法时，令人不可置信的是，小议会居然用它自己已经破坏了半个世纪之久的法律来反对大议会。

1707 年一位公民被秘密非法审讯，被判处监禁，最后被枪杀在狱中。另外一位公民仅仅是由于有人伪造了一份证据便被绞死。还有一位公民被发现横死街头。这一切都无声无息地过去了，直到 1734 年才有人谈起这几件事情，才有人向官员们打听三十年前已遭到枪杀的那位公民的消息。

1736 年设立了没有执政官参加的刑事法庭，当时正值全国混乱时期，公民们成天忙忙碌碌，没有时间考虑其他事情。1758 年，官员们故伎重演；受他们迫害的那个人想诉说委屈，他们不许他讲话，而其他人也跟着一句话也不说。1762 年，他们又来这一套；① 第二年公民们终于起来表示反对了，但小议会却回答说："你们开口得太晚了；这种做法已成定例。"

① 请看他们是在什么事情上又来这一套的！他们是在一次令人震惊的对一个所谓的国事犯进行审判的过程中又来这一套的：在一个自由的国家里，一位公民因在给一位友人的信中用极其委婉的词句谈论官员们对另外一位公民的做法就被当作刑事犯来惩办，这谁相信啊？你在最专制的政府中可曾见过这么横暴的事例？在希卢埃特先生退休的时候，我给他写过一封信。这封信，后来在巴黎尽人皆知；信中的词句之放肆，就连我本人也找不到可与之相比的先例。这也许是我一生当中所写的唯一一个最该受批评的作品了。然而，谁曾对我这封信说过一言半语？连提都没有人提过嘛。在法国，只惩办那些写诽谤性文章的人；人们做得对。人们允许个人与个人之间可以自由谈论国家大事，从来没有听说过什么人因在信中对法庭所做的事情发表毫无讥刺和咒骂字眼的意见便受到指摘。我在青年时期是那么地热爱共和国政府，到了老年，会不会因发现在君主国比在我们共和国有更多的真正的自由而改变我的看法呢？——作者

1762年6月,有一位公民[*]因遭到小议会的忌恨,小议会就以这位公民的著作为由头来谴责他,并公然违背法律下令逮捕他。他的亲友们感到震惊,递交了一份申请,要求告知逮捕令的内容。他的亲友们的申请被拒绝;[**]对此,人人保持沉默,谁都没有说过一句话。等了一年之后,这位受到屈辱的公民眼见没有一个人提出抗议,便放弃了他的市民权。[***] 这时候公民们终于睁开了他们的眼睛,纷纷起来反对破坏法律的行为,但为时太晚了。

有一件虽然是小事,但由于其情况特殊,还是值得一提的。这件事情是:书商巴尔丹托他的同行代购了二十本刚出版的新书。在他订购的书还未寄到以前,这本书被禁止发售了。这位书商去向官员们讲述这件事情,请官员们告诉他该怎么办。官员们告诉他说:在书寄到时就立即通知他们。于是,在书寄到时,他便去告诉官员。官员们把书扣留了;他等待着官员把书发还给他,或者付给他书款。官员们既没有把书发还给他,也没有给他书款。他再次要求把书发还给他;官员们依然把书扣留。他正式书面提出要求:要么把书退回原地,要么把书发还给他,要么付给他书款。官员们对这三个办法都表示拒绝,巴尔丹先生从此就失去了他那二十本书,而保留那些书的人,正是那些负责惩治盗窃犯的官员。

---

* 这位公民就是卢梭本人。——译者

** 参见本书第12页作者注①。——译者

*** 对这件事情,卢梭在《忏悔录》中说:“我白白地等了一年多,一直没有人站出来抗议这一没有经过法律程序而发布的逮捕令,于是,我终于下定了我的决心,……给那一年的首席执政官法弗尔先生写了一封信通知他:我正式放弃我的市民权。”(卢梭:《忏悔录》,李平沤译,商务印书馆2010年版,下册,第794页)——译者

请你分析一下这件事情发生的环境。我不相信你在任何一个其他国家的议会、元老院、政府或法院中能找到一个类似的例子。如果想在毫无理由、借口和根据的情况下侵犯他人财产的话，那就再也没有什么办法比他们这种做法更是公开的掠夺了。然而事情平平静静地过去了，谁也没有说话，谁也没有就这件事情发出怨言。至今还没有被揭露的这类事例，还有多少呢？

前面这件事情的本身并不重要；现在再举一个情况大不相同的例子。先生，请注意看这件事情：我谈完这件事情以后，就不再谈其他类似的事情了。

1763年11月20日，大议会开会选举警察总监与财务总监。公民们发现，他们手中所持的那份印发的选举条例与国务秘书向他们宣读的条例原件大不相同。对财务总监的选举，应当按前一个条例与执政官的选举同时进行；按后一个条例，对财务总监的选举应与警察总监的选举同时进行。公民们还发现，按照条例的规定，财务总监的选举是每三年一次，而不是按惯例每六年一次，而且在三年结束时还须对现任财务总监进行一次确任表决。

小议会手中的条例原件与印发的条例之间的差别，从前一直没有被人注意，现在被人发现了，而且发现还有其他的差别，因此引起了人们的不安。尽管公民们从过去的经验中知道他们的《意见书》是没有用的，但他们还是对这件事情提出了他们的意见。他们问：条例的原件是存放在法院的档案室还是存放在小议会任意指定的某个机关；他们还问在什么地方可以把原件与印发件加以比较。

先生，你想必还记得1738年的《调停法》第四十二条规定：国家的法律应尽早*把所有的法律和条例汇总编成一部《法律汇编》印发给公众。可是这部《汇编》却搁置了二十六年之后才印发；在此期间公民们却谁也没有吭声。[①]

先生，你想必还记得，在1745年印发的一份备忘录中，一位被二百人议会除名的议员对1713年印制的那部法律的初版本和1735年的再版本的忠实性提出怀疑；这两个年份印制的本子都有问题。他把这两个印刷本同该法律的原本详细核对了一下，发现印刷本中有许多错误；他对他发现的错误做了一个记录。他说，1556年的法律中的许多原话，在那两个印刷本中都被删去了。对于这一严厉的指摘，小议会没有作任何回应，而公民们也保持沉默，什么话也没有说。

当然，小议会十分威严，对一个被除名的议员的指责可以不回答。然而，正是由于它的威严和荣誉受到了影响和那两个印刷本的忠实性受到怀疑，它才应当对那两个印刷本加以检查和做出必要的改正，而提出这些问题的人也有权获得回答。

这一切都没有发生。小议会说他们是按照过去的成例做那些改动的；大议会既然当初没有提出异议，今天就无权表示反对了。

---

* 着重号是原有的。——译者

① 他们用什么理由和借口把一个如此明确规定和如此重要的条文拖延不办而不被人觉察，这真令人想不通。当偶尔同某些官员谈起此事时，他们总是冷冰冰地回答说："每一部法律都印了单行本，你们把它们汇总在一起就行了。"按照他们的这个说法，好像所有的法律都一个一个地全都印发了似的，好像把那些零零散散的小本本收集起来就可以成为一部法典，成为一部具有第四十二条所说的那种权威性的《法律汇编》。这些官员竟这样履行一项如此重要的职责吗？这样严重的失职行为将产生多么严重的后果呢？——作者

对于小议会手中的原件与印刷本之间之所以有差别的原因，他们说是由于原件是由几部法律与后来的改动合编而成的，对此，大议会什么话也没说，这就等于是表示同意了，而印刷本则完全是按照大议会上通过的文本印刷的。

至于对财务总监的确认是不是符合法律规定的问题，小议会依然用过去的成例来辩解，然而按照法律的规定，应当是另选一个新的财务总监的。公民们没有发现小议会用过去违法的做法来肯定今天违法的做法更是一项错上加错的违法行为。公民们的反对意见没有一个不遭到小议会的驳斥，而且还批评他们为什么不早提出来呢。

至于要求看法律原件的问题，他们干脆拒绝，[①]不是说“这不符合规定，”就是说公民和有产者们只能看印发的法律条文，尽管小议会采用的是另外一个文本，而且还要求大议会也遵照实行。[②]

那些制定法律的人因在该法律的副本中发现异文，因而怀疑

① 他们在每一次拒绝公民们既合理又正确的《意见书》时，口气虽然显得很生硬和坚决，但却显得很不自然。日内瓦的小议会的成员大部分都是很精明的人，他们怎么没有意识到拒不向自由的人民、不向立法机关的成员提交法律的正式文本是一件很卑劣甚至是令人震惊的事情呢？他们这样做，会引起人们对他们产生满腹狐疑和猜测，这有什么好处呢？至于我，我认为他们拒不提交原件，其结果对他们是不利的。然而，他们给他们自己立了这么一条规矩：对所有的《意见书》都给予一个否定的答复，使公民们的《意见书》都石沉大海。谁能保证最有耐心的人在《意见书》次次都杳无回音的情况下不灰心呢？何况二百人议会已经决定要传讯最近几个提《意见书》的人，案由竟然是要追究他们行使法律赋予他们的权利。今后谁还敢提交明知不仅毫无结果而且还要受到追究的《意见书》呢？此事，如果是出于小议会的授意，那么，我们应当承认二百人议会只不过是奉命办事而已。——作者

② 见小议会1763年12月7日的《大事纪要》中所记载的对六位公民和有产者11月21日的口头质问所作的回答。——作者

有人篡改了法律，要求查阅原件：他们这样做，竟被认为是不合规定！同一部法律竟然有两个不同的文本，一个给公民，一个给政府，这反倒认为是合乎规定！这样的咄咄怪事，你可曾听说过？然而，对于这些事过多年之后才发现的事情，对于这些令人气愤的拒绝态度，公民们在多次合法的要求被拒绝之后，都依然保持沉默，静静等待，始终是那样无可奈何的样子。

先生，以上所述都是发生在你们城中的怪事；对于这些怪事，你比我更清楚。此类怪事我还可以举出一百件，这还不包括那些我不知道的。这里所讲的这些事情已足够使人们很清楚地看出日内瓦的有产者们究竟是不是那种爱惹是生非和制造事端的人？同时还可以看出他们可曾十分警觉地起来保卫他们法律明文规定但遭到公开侵犯的权利？

《乡间来信》的作者说："一个心性十分活跃和冲动而且非常关心自己政治权利的民族是很有必要授予他们的政府以否决权的。"[①]根据他对否决权所作的解释，我们原则上是同意他这个说法的。不过，他这句话是否可以用来指你们呢？难道他忘记了他在另外一个地方说你们比其他国家的人民都更冷静吗？[②] 他怎么能说日内瓦人非常关心自己的政治权利呢？因为他明明知道日内瓦人是直到后来很久才开始关心自己的政治权利嘛，而且是迫不得已的嘛，只是在危机已经来临，迫使他们不得不过问的时候才开始关心的嘛，事实上，只要不那么粗暴地侵犯有产者们的权利，小

① 第 170 页。——作者

② 第 154 页。——作者

议会是可以想办法使他们永远也不关心他们的政治权利的。

现在让我们把双方加以对比,看哪一方的心性活跃更令人担忧,看否决权应当掌握在哪一方的手里,才能缓和这一心性活跃的后果。

我发现一方的人数不太多;他们的性格十分平和,都是一些终身勤劳的人,一心只关注自己的利益。为了自己的利益,他们衷心服从法律和执行法律的人;他们成天忙于自己的生意或活计。在权利上,他们是平等的,从不以财产的多少来决定地位的高低。在他们之间,既没有首领,也没有党羽。由于他们的商贸活动、社会地位和宁静的生活都有赖于官员们的维持,所以他们必须多方讨好官员,谁都怕得罪官员。如果他们想插手公家事务的话,那对他们是有害而无益的。一方面由于有许多家务事要做,另一方面由于他们为人处世十分谨慎,所以他们深深知道,在他们这样一个小国家里老百姓的一举一动时时都是在小议会的监视之下的,如果冒犯了小议会,那是十分危险的,所以他们都甘愿牺牲一切,以保平安:只有平安无事,他们才能过好日子。因此,每一个人都在个人利益的驱使下宁肯依靠官员们的保护而不要我行我素的自由:为了自己的切身利益,他们不得不百般顺着官员们的旨意行事。

至于另一方,我发现在一个城小事少的小城市里,既独立行事而又终身任职的官员们十分悠闲。他们集中精力做的最主要的事情自然是不断强化他们的统治。贪婪之心总是愈贪愈想贪的,同样,野心也总是得寸进尺,愈来愈大的。一个人的权力愈扩张,就愈是想总揽一切大权,继续不断地用令人难以觉察的办法拉大他与他的同胞的距离。他把他的同胞看作下属,甚至把他们看作他的臣民。他手中掌握一切权力,他手握大权,可以动用政府的力量,可以随意解释法律,甚至不受法律的约束。他把政府的力量和法律变成他手中的一种进攻的武器和防卫的武器,使他成为一个既令人害怕又令人尊敬的神圣不可侵犯的人。他想整谁就整谁;他甚至可以以法律的名义肆无忌惮地违反法律。他表面上是在维护宪法,而实际上是在破坏宪法;谁敢挺身而出,保护宪法,他就把谁当作叛逆严加惩办。日内瓦的官员们就是这样想做什么事,就做什么事的,谁也无权加以阻止,甚至连问都不能问。他们想办事就办事,想拖延就拖延,想搁置不办就搁置不办;谁反抗他们,他们就威吓谁和惩办谁。对于他们干的这些事情,他们有时候也找个借口,但那完全是为了敷衍了事而不是真的需要作一番解释。他们想把他们的权力扩张到多么大就扩张到多么大;他们想用什么办法做他们想做的事,就用什么办法做他们想做的事。日内瓦的小议会与日内瓦的有产者们相对比的状况就是如此。请问:在这两方当中,哪一方该拥有阻止另一方任意行事的否决权?《乡间来信》的作者认为是小议会。

许多国家中的内乱都是由一群粗鲁愚昧的下层人民开始的。他们首先是因为不堪忍受欺压而起来闹事的,然后由某些有本事的野心家暗中鼓动,使内乱愈演愈烈的。不过,我们能说日内瓦的有产者们也是这种乘机作乱的人吗?我们能说为了维护法律而与强权作斗争的这一部分人也属于前面所讲的那种粗鲁愚昧的人吗?无论在任何时候,这一部分人都属于富人和穷人之间、国家的首领与群众之间的中间等级。这个等级的人,在财产、社会地位与知识方面都差不多是相等的;他们的境况既不好到使他们有某些奢望,也不差到使他们没有什么可失去的。他们最大的向往与共同的利益是法律得到遵守,官员们公正廉明,宪法得到维护和国家保持安宁。这个等级中的人,谁也不在某一方面享有优于别人的好处,谁也不为了个人的利益而拿别人的利益作牺牲。他们是共和国中最安分的人;只有这一部分人的一言一行除了为大家的利益着想以外,便无其他目的。你看:当他们共同行动时,他们总是那样地有礼有节和稳重,始终保持着一种为了维护自己的权利和履行自己的义务的严肃表情。你再看另一部分人。这一部分人与他们恰恰相反。在这一部分人中,有些人家资巨万,而有些人则是人民当中最赤贫的人。生活在这两个极端的人,一个生来就是买者,另一个生来就是卖者,哪里谈得上热爱正义和法律呢?使国家每况愈下的,就是他们。富人把法律放在自己的钱袋里,而穷人则喜欢面包更甚于喜欢自由。只需把这两部分人加以比较,你就可以看出第一个侵犯法律的是哪一部分人了。再查一下你们的历史,所有的一切阴谋,不都是你们的官员们搞的吗?当公民们遭到官员们的阴谋迫害时,他们可曾得到过政府的保护?

在谈到公民们所要求的权利将产生什么后果时,《乡间来信》的作者说:首先遭受阴谋、暴乱和野心家危害的,是这个国家。他这种说法,简直是在拿人开玩笑。小议会手中的否决权的威力之大,是迄至今日从来没有见过的;它将产生哪些恶果呢?如果它坚持行使否决权,而有产者们也坚持行使他们的权利,这两不相让的结果,必将形成可怕的局面。如果我们用从两百年的繁荣史中得出的结论来反驳他,他将怎样回答呢?你可以替他这样回答:那时候的政府是时代的产物,有许多理由使它得以存在,其权威久已得到公认，而且政绩斐然，从来没有行使过小议会所行使的这种否决权：这样的政府岂不比独断专行的政府好吗？在这个独断专行的政府治理下，我们从来没有过过幸福的生活，也不知道它与我们的幸福生活有什么关系，从各方面看，我们今天的生活已经到了苦不堪言的地步：这一切，难道不是事实吗？

详细列举对方的弊病，而不列举自己一方的弊病，这是狡诈的诡辩家常用的伎俩，每一个头脑清醒的人都应当对之多加防备。两方的弊病都应当一一说清楚，因为双方都难免有过错；不过，这并不是说双方造成的后果是相等的。任何一种弊病都是一件坏事，而且往往是不可避免的，我们不能因为要革除弊病，就把本身是好的东西也一起丢掉了。不过，一加比较，你就会发现，一方的弊病将产生严重的后果，是很可怕的，而且其影响所及，是没有尽头的；而另一方的弊病虽然是很大的，令人憎恶的，但历时是很短暂的，而且发生之后，也是有办法纠正的。因为，再说一次，只有遵守法律即公意，才有自由；公意是不会损害大家的，而个别意志是有害于其自身的。虽说滥用自由与滥用权力是同样自然的事情，但这两者之间有这样一个区别：滥用自由，只有害于滥用自由的人；他自己的过错将惩罚他自己，迫使他想办法纠正，因此，不会形成危机，不会成为常态。反之，滥用权力，受害的不是拥有权力的强者，而是弱者；而且，由于其自然的倾向，权力的滥用是没有边界、没有节制的，只有在受害的人被毁灭之后，才能停止。因此，我认为，政府的工作可以交给少数人掌管，而对政府的监督，则应由广大的人民来进行。虽说双方的弊病都是不可避免的，但宁可让人民由于自己的过错而遭受痛苦，也不可让他们受他人的压迫而坠入深渊。

人民大众最关心的第一件事情是公平，都希望各种条件对大家都是平等的；“公平”二字的含义就是这种平等。* 公民们希望事事有法可依，所有的法律都得到遵守。在人民当中，每一个人都知道，如果有人是例外，可以不遵守法律，那对每一个人都是不利的。因此大家都害怕这种例外之人；对例外之人感到害怕的，都是热爱法律的老百姓。官员们与老百姓大不相同；他们的地位优越，事事都居高临下，占居首位。① 他们之所以大谈法律，其目的，不是为了服从法律，而是为了任意摆弄法律。他们之所以需要法律，是为了以法律的名义使人们对处在他们那种地位的人产生恐惧心理。他们这样做，真是得心应手，一举数得。他们利用他们已有的权力去篡夺他们还没有的权力。他们经常以法律的名义（实际上是非法地）宣布：谁敢以法律为武器来反抗他们，谁就是煽动者和叛逆，就该被处死。至于他们自己，他们是可以想办什么事情就办什么事情，而不会受惩处的，即使最不顺利，顶多也只不过是没有把事情办成功而已。如果需要支持，他们到处都可以找到人支持：强者的联盟是一种天然的联盟；弱者的弱点是不能够像他们那样联合在一起。人民的命运是：无论在内部或外部，都要以自己的死

* 关于“平等”一词的概念，请参见《社会契约论》第2卷第11章的解说。——译者

① 人民中的公平，是一种政治美德；而国家首领们的暴虐无道，则是一种政治罪恶。如果我们这些老百姓处在他们的地位，我们也许也会变得像他们那样横暴、专权和不公正。如果某些官员来向我们吹嘘他们是多么廉洁、多么谦逊和公正，那纯粹是骗人的鬼话，是为了打消我们的怀疑，骗取我们的信任。对于这样的官员，我们即使不说他们没有他们吹嘘的美德，也可以说他们是例外的，而法律是不允许例外的。——作者

对头作自己的法官。如果人民能找到公正廉明的法官，那就太幸运了！因为这样的法官不仅不按法官们习以为常的做法行事，反而按深深刻画在人心中的原则，像维护自己的利益那样维护人民的利益。你们曾一度获得了这种幸运，而且完全是出乎意料之外获得的。当你们接受调停的时候，他们以为你们是被打垮了，但你们当时有贤明而坚定的保护者，有公平正直的调停者为你们主持公道。正义和真理取得了胜利；但愿你们能再次如此幸运！这样，你们将享受到一种令那些压迫你们的人感到惊讶的幸福。

《乡间来信》的作者在向你们数落了一个与你们的宪法同样古老但从未产生过任何弊病的权利*的种种想象的坏处以后，就开始一个劲儿地淡化甚至否认他们所篡夺的并在今天已经使人觉察到的新权力**的种种恶果。尽管他不得不承认政府能滥用否决权，以致把它变成难以容忍的暴虐手段，但他却认为人们担心的事情并未发生，并把今天发生在你们眼前的一切说成是有可能发生但并未真的发生过的事情。他公然敢说："谁也没有说过政府不公正，手段不平和。"请注意，他这个话，是在给公民们抱怨政府行事不公和粗暴的《意见书》的答复中说的。这位作者真不愧是刀笔老手，其辩才不亚于伯里克利斯***。伯里克利斯在和修昔底德****搏斗时，明明被修昔底德打得仰面朝天，竟公然向观众说是他把修昔底德打翻在地。

* 指公民和有产者们提《意见书》的权利。——译者

** 指小议会手中的否决权。——译者

*** 伯里克利斯(公元前 495—前 429)，古希腊政治家。——译者

**** 修昔底德(约公元前 460—前 400)，古希腊史学家。——译者

他们在毫无任何借口的情况下掠夺别人的财产，在毫无理由的情况下把无辜的人关进监狱，不经过审讯就判处一个公民，而对另外一个公民又进行非法审讯，对诲淫诲盗的书大加保护，而对宣扬美德的书却下令焚烧并迫害书的作者，向公民们隐瞒法律的原件，拒不满足公民们最合理的要求并行使最专制暴虐的手段，摧毁他们本该维护的自由，压迫他们本该像父兄那样呵护的乡亲：这些先生们有如此之多的暴行，反而自吹自擂地说他们为人十分公正，施政非常温和，甚至公然说，在这些事情上，全体人民无一个不赞同他们的意见。我非常怀疑他们所说的“意见”是你们大家的意见；我至少可以肯定这不是持不同意见者们的意见。

但愿我不会因为个人的利益而持论不公。在各种倾向中，我时时注意防止的，就是这种倾向；我希望我已经尽力抵制了这种倾向。你们的官员在处理一些微不足道的小事的时候是公正的，甚至可以说他们是一贯如此。他们的薪俸也不多；他们天天办案，从不懈怠。就个人来说 ，他们每个人都是正直无私的。我也知道，在这个如此专横的小议会中也存在着一种廉明正直的气氛。在向你阐述否决权的后果的过程中，我讲得比较少的是他们成为当权者以后应当做些什么，而讲得比较多的是，他们为了掌权，还在继续不断地做些什么。只要他们认识到他们要行事公正，才符合他们的利益，他们从今以后就会公正行事的。但如今不幸的是，谁敢谈法律和要求自由，谁就会遭殃！在迫害不幸的人们方面，他们认为什么手段都可以使用，什么手段都是合法的。在统治欲面前，公正和道德，甚至物质利益，都不值一提。原本公正的人一旦成了主人，就会不择手段地采用不公正的办法来保持他的地位。

暴君们常用的办法不是直接侵犯公众的利益，因为这样做，将导致人们起来保护自己的利益。因此，他们往往采取各个击破的办法打击那些保卫自己利益的人，并吓唬那些试图仿效他们的人。暴君们告诉大家说：公众的利益不是你们个人的利益；他们的话也果然使大家都相信了。奴隶制就是这样建立起来的，因为，如果每一个人都戴上了枷锁，还有什么大家的自由可言呢？谁敢说话，谁就会立刻被打翻在地；在这种情况下，谁又会去步他的后尘呢？如果每一个人都三缄其口，谁又替大家说话呢？这样下去，政府就可以放手惩治那些一心为公众鸣不平的人，而特意对其余的人表现得很公正，最后的结局是：它对所有的人都可以肆无忌惮地任意处置。由此可见，它口中的公正，只不过是一种为了不无偿地失去它自己的利益而采取的手段而已。

因此，从某个意义上来说，小议会是公正的，而且，由于他们的利益攸关，他们也应当公正行事；但从另一个意义上说，由于他们处处以主权者自居，从而做了许多不公正的事，因此可以说他们是不公正的。你将发现，有千百个事例说明：一旦遭到官员们的憎恨，单靠法律的保护是远远不够的。当他们运用手中的否决权，从而变成唯一绝对的主人之后，他们就可以毫无约束地想做什么事，就做什么事，就可以毫无阻碍地为所欲为；这样下去，其后果将如何呢？在一个小小的国家里，想躲在人群堆里，是躲不过去的；谁不怕某个天天见面的同胞有朝一日当了大官？在大国里，老百姓离君主和首领是那样远，是不会被君主和首领们瞧见的。老百姓正因为渺小，反倒得救了，只要交纳钱粮，就可平安无事了。可是你们却无处不感到身戴枷锁。你们主人的亲朋好友和走狗甚至比你们的主人还更仗势欺人。你们既不敢维护你们的权利，也不敢要求得到什么好处，而且还生怕得罪了什么人。暴政无处不在，你们即使躲在一个叽里旮旯儿的角落里，也是躲不了的。你们要么当它的仆从，否则就必然会成为它的牺牲品。你们既受到政治奴役，同时又受到经济奴役，甚至连自由自在地呼吸空气也成问题。先生，小议会一旦按照他们的方式运用手中的否决权，你们的处境就必然如此。我相信他们也许不会这样滥用否决权；但是，如果他们真的想滥用的话，他们是一定会能滥用的。现在，可以肯定无疑的是，他们即使做了不公正的事，也是不会受到惩罚的，及至你们感到灾难临头时，那已经是到了不可挽救的地步了。

先生，我已经向你陈述了你们的宪法在我现在看来是什么样子。从我的陈述中得出的结论是：这部宪法从总体上看是好的，是很完善的；它既规定了人们的自由的界限，同时也使人们的自由具有它应有的可靠性。因为一方面政府对立法者想改动法律有否决权，另一方面人民对小议会想篡夺权力也有否决权。在这种情况下，只有法律是至高无上的，对所有的人都有权威；国家的头号人物对法律的服从，并不少于国家中的最卑微的人。谁也不能违犯法律。没有任何个人的利益可以改变法律；宪法永远是不可动摇的。

反之，如果法律的执行者变成了法律唯一的仲裁人，执行或不执行法律全由他一个人说了算；如果作为法律和自由唯一的保证的提《意见书》的权利成为徒有虚名的权利，在任何情况下都不能产生任何效果，那么，我认为，你们所受的奴役，在世上就再也没有谁是像你们这样严重的了；你们的自由就会成为一种一文不值的骗人的诱饵;让正直的人们享受这种自由,等于是在糟蹋人。既然小议会的意志是唯一的法律,再召集立法者来开会,还有什么意义呢?官员们早就是你们的法官了,而且从这次选举中获得的权力,实际上是他们早已行使的权力,为什么还要多此一举以隆重的仪式选举官员呢?你们乖乖地俯首称臣吧,而他们也别再玩这一套儿童游戏了:他们的那一套做法,已经成了一种无聊之举,只不过是再愚弄你们一次而已。

你们行将面临的这一最坏的境况,也有这样一个好处:让大家都知道只有改变现状,才能改善你们的处境。如果有眼光有见识的人认识到并决心采用这个办法的话,这个办法的效果一定是很巨大的。既然已经知道你们的处境已经坏到不能再坏的地步,你们就应当起来果断行动!不过,请记住:如果你们产生分歧,如果你们当中有些人决心采取行动,而另一些人却袖手旁观,你们就永远不会走出深渊。

先生,我的信写到这里就该结束了。在向你们阐述了你们当前的景况以后,我就不再向你们指出应当从哪条道路才能走出困境了。如果真有那么一条道路的话,那条道路就在你们眼前,而且你和你的同胞们比我看得更清楚。只要你们知道你们现在身在何处,知道此后应当走向何方,你们自会向那个地方走去的。

《乡间来信》的作者说:"如果人们发现政府有使用暴力的倾向,那就不要等到它的暴虐手段得到加强之后才去纠正它。"[①]他还假定了一种他认为是虚幻的情况;他说:"幸而我们有一种可怕

① 《乡间来信》,第 172 页。——作者

的但是是合法的方法；在极端的情况下，我们可以像外科医生用他手中的刀切除坏疽那样使用这个办法。"[①]他这个话，正是我想说的话；不论你们现在是不是处于他认为是虚幻的境况，他的话都适用。既然他已经指出了这个方法，我的主意就不再需要了，因为他已经代我提出了。在反对不公正之事方面，一切手段（只要它们是和平的）都可以使用，尤其是法律许可的手段，更可以使用。

当法律在某些情况下遭到破坏时，你们有提《意见书》的权利去加以纠正；而在这种权利本身遭到反对时，那就要运用《调停法》提供的保证来保护它。我并未把这一保证列为可以使《意见书》发生作用的方法之一；调停者们也没有把它看作是有效的方法。他们已明确表明他们不愿意使国家的独立受到丝毫影响，由此可见，他们已把钥匙交给政府手中了。[②] 在某些情况下，如果《意见书》被否决，就需要召开全体人民大会来解决；如果提《意见书》的权利本身遭到拒绝，那就要运用《调停法》提供的保证来解决了。一部机器必须具有一切应有的部件才能运转，如果机器停止不转动了，就应当叫工人来修理，使之再次开动起来。

这个办法将产生怎样的后果，我看得十分清楚。每一想及，我的爱国之心不禁为之战栗。因此，我再说一次，我什么话也不说，我敢说吗？你去和你的同胞们商量，在权衡利弊之后，再按大家的

① 《乡间来信》，第101页。——作者

② 为此，在日内瓦设立了一个调停法庭，专门审理官员们违犯法律的案件。这个法庭一成立，共和国的主权不久虽被摧毁了，但公民们的自由反倒比没有提《意见书》的权利的时候更有保障。由此可见，空有"主权者"这个虚名，是没有多大的意义的；只有享受自由才是最重要的。——作者

意见去做吧。对于冲动的青年人,对于傲慢的富人和贪图钱财的穷人,你们要多加小心,这些人是提不出什么好意见的。你们要去征求那些心地忠厚而不受利诱、没有野心的人的意见,去请教那些一生清白而可敬的老人,去听取那些对公共事务经验丰富的人的指导,去同那些没有奢望并一辈子甘当公民的人磋商,最后,去同那些一言一行都处处为祖国的福祉和法纪的维系考虑并以他们的美德赢得公众的尊敬和同胞的信任的人共商大计,决定今后应当采取的行动方针。

最重要的是:你们要团结一致,如果分裂的话,你们将无可挽回地遭到彻底的失败。在面临如此一个生死存亡的紧急关头,怎么能起可耻的意气之争呢?花那么大的代价去闹无聊的情绪,值得吗?难道还要让你们的孩子们将来在枷锁的重压下哭泣着说:"这就是我们的先辈们意见不合给我们造成的结果"吗?总之,当前的问题,不是空谈,而是协同行动。如何选择对策,这不是什么大问题;即使所选的对策不好,你们也要大家共同执行;只要你们共同执行,它就会变成好对策。只要你们齐心协力去做,你们就会把一切该做的事情做得非常圆满。先生,以上就是我的忠告;我以提忠告开始写这几封信,也以提忠告结束这几封信。按照你们的嘱托,提了这些忠告之后,我便尽到了我对祖国最后的义务。现在,我要向居住在日内瓦的人道别了;从今以后,他们想伤害我,也伤害不了了,而我想为他们效劳,也无法效劳了。*

* 流亡途中的卢梭的这句话是有感而发的。他认为他遭到了他的同胞的抛弃,在关键时刻没有人站出来为他说话。关于卢梭与日内瓦的恩恩怨怨,请参见卢梭:《忏悔录》,李平沤译,商务印书馆 2010 年版,下册,第 12 卷。——译者

简明年谱

尽管我的社会地位和家庭出身都不显赫，但我有另外一种只有我这个人才愿意花那么大的代价买到的名声：我以多灾多难出了名。

卢梭：《忏悔录》草稿[①]

1712 年

6 月 28 日，让-雅克·卢梭诞生在日内瓦一个钟表匠家庭。

1728 年

3 月 14 日，卢梭到日内瓦郊外散步，因贪看乡村风光，回城时发现城门已经关闭，遂在郊外露宿一夜，次日凌晨决定从此离开日内瓦，开始过流浪生活。

4 月 21 日，流落异乡的少年卢梭在都灵改宗天主教。他在《忏悔录》中说："我是为了混饭吃才入天主教的。"[②]

1749 年

10 月，参加第戎科学院以《论科学与艺术的复兴是否有助于使风俗日趋纯朴》为题的有奖征文竞赛；论文获奖，收到一枚价值三百利弗尔的金质奖章。

① 卢梭：《一个孤独的散步者的梦》，李平沤译，商务印书馆 2008 年版，第 212 页。

② 卢梭：《忏悔录》，李平沤译，商务印书馆 2010 年版，上册，第 77 页。

1750 年

1750 年年末，获奖论文一发表，立即“轰动九霄，”[1]原本默默无闻的卢梭一夜之间便登上法国文坛，名扬全欧。

1754 年

6 月，卢梭回到阔别二十六年的日内瓦；8 月重新皈依新教，并恢复日内瓦公民身份。

1755 年

参加第戎科学院第二次有奖征文竞赛；征文的题目是：《人与人之间不平等的起因是什么？这一现象是否为自然法所容许？》卢梭认为原题中后一个问题的提法不妥，将原题改为《论人与人之间不平等的起因和基础》。这篇论文没有获奖，“落选的原因，表面上是说他的文章写得太长，‘宣读起来超过了规定的三刻钟的时间’，但真正的原因是那些认为私有财产是神圣不可侵犯的院士们觉得他的文章具有很大的颠覆性，所以没有投他的票。”[2]

1761 年

1 月，书信体小说《朱莉，或：新爱洛伊丝》出版，取得巨大成功。

1762 年

4 月，《社会契约论》出版。

5 月，《爱弥儿》出版。

6 月 3 日，巴黎警察局奉命没收各书店门市及库存的《爱弥儿》。

6 月 7 日，巴黎索尔邦神学院发表文告，谴责《爱弥儿》及其作者。

---

① 卢梭：《忏悔录》，李平沤译，商务印书馆 2010 年版，下册，第 472 页。

② 卢梭：《论人与人之间不平等的起因和基础》，李平沤译，商务印书馆 2007 年版，第 4 页。

6 月 9 日，巴黎高等法院下令逮捕《爱弥儿》的作者让-雅克·卢梭；卢梭得到友人的通风报信后，便连夜从蒙莫朗西逃离法国，从此开始他长达八年的流亡生活。

6 月 11 日，《爱弥儿》在巴黎高等法院被当众撕成碎片焚毁；日内瓦小议会宣布《爱弥儿》和《社会契约论》为禁书。

6 月 14 日，卢梭逃到伯尔尼治下的伊弗东，住在友人丹尼尔·罗甘家。

6 月 19 日，日内瓦政府下令焚烧《社会契约论》和《爱弥儿》，并下令逮捕卢梭。

7 月 1 日，伯尔尼政府下令将卢梭逐出伯尔尼领土。

7 月 10 日，卢梭逃到普鲁士王国治下的莫蒂埃村。

8 月 28 日，巴黎大主教博蒙发表训谕，谴责《爱弥儿》及其作者。

1763 年

5 月 12 日，卢梭致信日内瓦首席执政官法弗尔："我正式放弃我的市民权。"[①]

9 月，日内瓦总检察长特农香发表《乡间来信》谴责《爱弥儿》和《社会契约论》，并为小议会发布的逮捕卢梭的命令进行辩护。

1764 年

12 月，卢梭发表《山中来信》，对特农香的《乡间来信》进行驳斥。

12 月 18 日，《山中来信》传到日内瓦，立即被当局下令没收和焚毁。

① 卢梭：《忏悔录》，李平沤译，商务印书馆 2010 年版，下册，第 794 页。

1765 年

1 月 22 日,《山中来信》在海牙被焚毁。

3 月 19 日,《山中来信》在巴黎被焚毁。

9 月 6 日,莫蒂埃的村民在当地的教士煽动下,趁一个星光不明的夜晚向卢梭的住所投掷石头,要砸死这个“反基督者”。

9 月 12 日,卢梭从莫蒂埃逃到圣皮埃尔岛。他说:“我下定决心,要在这个岛上度过我的余生……真巴不得人们把我这个安身的地方建成一个永久的监狱,把我在这里关一辈子……可是人们让我在这个岛上居住的时间连两个月都不到。”①

10 月 16 日,伯尔尼政府将卢梭逐出圣皮埃尔岛。

1766 年

1 月 4 日,在英国哲学家休谟的陪同下到达伦敦。

1767 年

6 月,从英国潜回法国,化名勒鲁,隐居在特里。

1770 年

6 月,在孔迪亲王的疏通下,巴黎当局默许卢梭回到巴黎,但条件是:卢梭今后不得再乱写文章,如再乱发议论,将导致对他的旧案重提,执行 1762 年下达的逮捕令。

1778 年

5 月,应吉拉尔丹侯爵的邀请,到侯爵在埃默农维尔的山庄作客。

7 月 2 日,早餐后不久突然不适,延至上午 11 时与世长辞。

7 月 4 日,卢梭被安葬在埃默农维尔湖中的白杨岛上。

---

① 卢梭:《一个孤独的散步者的梦》,李平沤译,商务印书馆 2008 年版,第 60—61 页。

1794 年

10 月，根据法国国民公会的决议，重置新棺，将卢梭的遗骸从白杨岛移葬首都巴黎供奉不朽的人的殿堂——先贤祠邦德翁。

后　　记

1989年9月,我到法国蒙莫朗西参加国际卢梭学术研讨会,会后,唐吉·拉米诺先生(Tanguy L'aminot)邀我到他在巴黎北郊的乡下旧居做客,住了十多天。拉米诺先生是法国国家科学研究中心(CNRS)卢梭研究组组长,家中藏书甚多,我从书架上取出一本《山中来信》,在他家做客期间大致翻阅了一下。1995年9月,我再次去蒙莫朗西参加第二次卢梭学术研讨会,与拉米诺先生老友重逢,又谈及这本书,他便将此书赠送给我,我将此书带回北京,放在小书橱里,搁置了十余年,直到此次翻译此书,才取出来,拂去尘封,细细阅读,边读边译。现在回忆二十年前与拉米诺先生在乡间谈论此书时的情景,是一件令人很高兴的事情。

拉米诺先生送我的这本《山中来信》,字体甚小。近年来我的目力锐减,阅读起来,十分吃力,承商务印书馆译作室王曦女士热心帮助,将此书放大复印,使我的翻译工作得以顺利进行,在此全书译事告竣之际,谨志一言对王曦女士表示诚挚的谢意。

在第一部分第二和第三两封谈论宗教信仰和耶稣基督行奇迹的信中,卢梭引用了许多《圣经》的原文;对引录的《圣经》原文,本书均照录中文本《圣经》的译文。中译本《圣经》的译文,总的说来是很好的,但它是许多年前译的,遣词造句和我们今天的汉语有很大的不同，个别地方拗口难读，因此，凡引录《圣经》的句子，均注明出处，以备读者查改，查到出处，上下文联起来读，意思就明白了。

《山中来信》的篇幅虽不长，但涉及的面很广，举凡政治学、法学、宗教学和史学等，都涉及了。在翻过程中，我参与了巴黎伽里玛出版社"七星丛书"《卢梭全集》第三卷中的《山中来信》，改正了米涅奥本中个别排字上的错误，并选用了该书编者所作的一些注释，以有助于理解《山中来信》中提到的人物、事件和文献。

《山中来信》是一部论战类文章，这类文章中的"论"，重在析理，析理要透彻；"战"，重在笔锋，笔锋要犀利。这两者，在原书中都铺叙得很周密和明快，但译文的表达，限于水平，实难尽善，不足和不妥之处，敬希读者指正。

李平沤

2011 年 5 月于北京惠新里

图书在版编目(CIP)数据

山中来信/(法)卢梭著;李平沤译. —北京:商务印书馆,2017
(汉译世界学术名著丛书:120 年纪念版:珍藏本)
ISBN 978-7-100-14539-8

Ⅰ. ①山…　Ⅱ. ①卢… ②李…　Ⅲ. ①卢梭(Rousseau,Jean Jacques 1712—1778)—书信集 ②政治哲学—法国—近代　Ⅳ. ①B565.26 ②D095.654.1

中国版本图书馆 CIP 数据核字(2017)第 153945 号

汉译世界学术名著丛书
(120 年纪念版·珍藏本)
山 中 来 信
〔法〕卢梭 著
李平沤 译

商 务 印 书 馆 出 版
(北京王府井大街 36 号 邮政编码 100710)
商 务 印 书 馆 发 行
北京市十月印刷有限公司印刷
ISBN 978-7-100-14539-8

2017 年 12 月第 1 版　　开本 710×1000 1/16
2017 年 12 月北京第 1 次印刷　　印张 19¼
定价:100.00 元